# 근육 변호사의 멘탈 PT

## 근육 변호사의 멘탈 PT

**초판 1쇄 발행** | 2025년 10월 10일

**지은이** | 윤성민
**펴낸이** | 박영욱
**펴낸곳** | 북오션

**주 소** | 서울시 마포구 월드컵로 14길 62 북오션빌딩
**이메일** | bookocean@naver.com
**네이버블로그** | blog.naver.com/bookocean_rabbit
**페이스북** | facebook.com/bookocean.book
**인스타그램1** | instagram.com/bookocean777
**인스타그램2** | instagram.com/supr_lady_2008
**X** | x.com/b00k_0cean
**틱톡** | www.tiktok.com/@book_ocean17
**유튜브** | 쏠쏠TV・쏠쏠라이프TV
**전 화** | 편집문의: 02-325-9172  영업문의: 02-322-6709
**팩 스** | 02-3143-3964

**출판신고번호** | 제 2007-000197호

**ISBN** 978-89-6799-900-1 (03190)

\*이 책은 (주)북오션이 저작권자와의 계약에 따라 발행한 것이므로 내용의 일부 또는 전부를
 이용하려면 반드시 북오션의 서면 동의를 받아야 합니다.
\*책값은 뒤표지에 있습니다.
\*잘못 만들어진 책은 구입하신 서점에서 교환해 드립니다.

MENTAL PERSONAL TRAINER

# 근육 변호사의 멘탈 PT

윤성민 지음

무기력한 당신을
일으킬
뜨거운 이야기 …

운동하는 미국 변호사의
동기부여

> SBS Plus 〈나는 솔로〉 1기 '영수'
> SBS 〈모닝와이드〉 법률자문
> Youtube 채널 〈버프성 타운〉
  13만 구독자 보유!

"루틴은 선택이 아니라 생존이다"

**EXCLUSIVE**
멘탈 강화 루틴 전격 공개!

무너진 멘탈을
다시 세우고 싶다면
이 책을 읽어라!

'감성운동' 창시자가 알려주는
매일 흔들리지 않고
자신감을 만드는 실전 루틴

지친 당신에게 필요한 멘탈 PT 트레이너

Yo! Wassup guys?

북오션

# @구독자 댓글 하이라이트

**@스켑퍼 · 11개월 전**
뭐지 왜 후광이 느껴지죠. 빛이나요 사람한테서.

**@cockyoriginal6944 · 10개월 전(수정됨)**
하아... 오늘도 헬스장 시선이 두려워서 사람들 없는 타임에 가려다가 시간 놓치고 그냥 공원에 러닝 뛰러 갔다가 거기도 사람 많아가지고 눈치 보여서 빠르게 걷기만 하고 왔음...

이 영상 두고두고 보면서 이것도 하나의 도전이란 생각으로 이겨내볼게요.
👍 127

**@jokjok18-u7t · 1년 전**
찐 알파메일 이 시대의 리더
👍 2

**@오늘도두리왕 · 10개월 전**
전문직 시험 준비중에 저도 아버지가 돌아가셨어요. 아파하고 방황했습니다. 아니 아직도요 하지만 다시 극복할 예정입니다. 버티고있어요. 저에게도 용기가되는 영상 감사합니다.
👍 1.2천

**@spectatorlol9487 · 11개월 전**
이형이 말하면 뭔가 네거티브가 느껴지면서 몸에 전율이 느껴짐 어떤말을 하던간에 계속 몸이 떨림
👍 3

**@박희철-z9g · 11개월 전**
형님 동기부여 잘 받고 갑니다. 항상 형님 말 떠올리면서 긍정적인 마인드로 살겠습니다.

**@junjeong9807 · 11개월 전**
최근에 본 동기부여 영상중에 단연 최고다
👍 5

**@CPTYoo · 10개월 전**
항상 자랑스러운 형님입니다. 동생들의 장난도 다 잘 받아주시고. 슬픈 과거가 있어도 우리들 앞에서는 항상 웃어주고 장난도 받아주고 형이 있어서 너무 행복합니다.
👍 2

**@센도아빠 · 11개월 전**
최고의 운동자극 영상입니다. 멱살캐리 감사합니다
👍 1

**@새키위 · 10개월 전**

영상 보다가 유학을 꿈꾸게 되었고 공부와 아르이트를 시작하고 자격증도 취득했습니다.
우울증과 공황으로 힘들었는데 조금씩 힘내면서 하루하루 살아가려 합니다.
덕분에 오늘 하루도 버텼습니다. 꿈이 생기니 하기 싫은 것을 결국 하게 되었습니다.

**@구비비-g2u · 10개월 전**
최선을 다하는 삶이 얼마나 고통스럽고 힘든 길인지 점점 더 뼈저리게 느껴집니다 어릴때는 자고 공부하는것만하면 최선의 삶인줄 알고 살았는데 그게 최선이 아니라 더 최선이 있더라구요 다시한번 마음다잡고 살게요 제 눈에 들어온것 감사합니다.
👍 45

@그냥사람-m1h · 1개월 전
형. 저는 형의 다른 영상들 안 봐요. 이 영상만 보고 또 봐요. 강한 유, 포기하지 않는 유를 만나 그에게 손을 내밀 때까지 보고 또 볼게요. 감사합니다.

@훈토스 · 11개월 전
진짜 최고의 동기부여.. 애매하게 배가불러져 게으르고 나약한 나를 정말 박살내야 하는데 도움이 될듯합니다...
👍 223

@룡농이 · 11개월 전
쇼츠 보다가 감동해서 마음에 공감드는건 처음인거 같아요 어줍잖은 동기부여나 영상제작을 위한 얘기가 아닌 본인이 겪었던 얘기들과 경험을 토대로 얘기한다는게 목소리와 표정에 훤히 드러나는게 정말 멋있어보여요 항상 응원합니다
👍 87

@grilledokra · 3주 전
형님 오늘 유독 운동 안되서 집 가려다가 이거 듣고 다시 돌아와서 바벨컬 땡겼습니다. 팔뚝 따라잡겠습니다. 딱 기다리십쇼. 💪💪💪

@영진-m9c · 4개월 전
거짓말 치는 게 아니라 운동할때 이 쇼츠 무한재생하고 하는거 같아요 좋은 말 감사합니다

@쿠마-k5p · 11개월 전
이 형님이 말하는건 다른사람들보다 뭔가 많이 와닿음
👍 61

@maleema4721 · 11개월 전
오늘 매우 지친 하루를 보내다. 당신의 영상을 보았습니다. 아직 남은 나의 하기 싫은 일을 이어가보려 합니다. 고맙습니다.
👍 1

@아메바-x4t · 11개월 전
생각없이 넘기던 쇼츠에서 생각지도 못한 위로를 얻게 되네요 새로 들어간 회사 업무 적응하기 힘들어서 고민이 많았는데 버텨보겠습니다.
하루하루 이겨내보겠습니다 감사합니다

@퓨퓨-f1d · 10개월 전
이형님 인사이트가 장난 아니시네
👍

@난내가아닐걸 · 1년 전
정말 신기하네요.....
중학생때 120kg찍고 여러가지 합병증으로 일상생활까지 지장이 생겨버려서 항상 자괴감들고 자책만 하다가 결국 쓰러져서 구급차 타고 자신에게 들었던 생각, 자신에게 했던 질문과 비슷하네요......
방법은 다 알지만 하지 않던 것들, 할 수 있고 심지어 하고싶은일들마저 하지 않던 나를 후회하고 이제라도 정말 시작해보자는 생각으로 살다보니 체중도 30kg가량 감량 성공하고(턱걸이도 가능해졌고 계속 빠지는중이라 만족)지난날들의 꿈에도 자연스래 가까워졌네요 ㅋㅋㅋ 정말 뭔가 되고싶다면 일단 해보는게 맞는것 같긴 합니다
오랜만에 다시 강한 동기가 생긴것 같네요 앞으로도 이 마음가짐으로 꾸준히 노력해봐야겠습니다.
👍 51

@yuribottari84 · 11개월 전
이분같은분이 진짜 많아져야되는데. 존경합니다^^
👍 11

# 쇼츠들

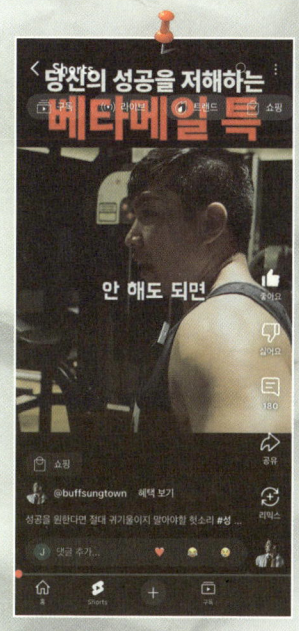

\###

## 머리말

"그냥 겉모습만 봤을 때는 몰랐는데 실제로 말할 때 목소리와 눈빛, 표정을 보면 진짜 치열하고 깊이 있는 인생을 사신 게 느껴져요. 그래서 버프성님의 꿈은 무엇인가요?"

"그냥 미국에서부터 탄탄대로의 삶을 살아오신 것 같은데 영상에서 말씀하시는 실패는 대체 어떤 실패를 말하는 건가요?"

"요즘 동기부여, 자기계발 장사꾼들이 판을 치는 세상인데 이 형은 진짜다. 이 형의 말엔 실체가 있고 장황하지 않고 직관적이다. 무엇보다 자신의 말을 실제 자신의 삶 속에서 행동으로 입증하는 사람이다."

내가 누군가와 새로이 알게 되고 이야기를 나누고 나면 늘상 듣는 말이다. 참 치열하게 앞만 보고 달려왔다. 어릴 때부터 미국은 신기하고 마음 설레는 나라였다. 부모님께 미국에 가겠다고 말한 이후 단 한 번도 나의 내면의 목소리에 귀를 떼어본 적이 없는 것 같다. 마음을 먹고 하고자 하는 일은 어떻게든 불도저처럼 밀어붙이며 실컷 도전하고 넘어지고, 깨지고, 다치고 뉘우치고, 다시 일어나기를 반복하면서 40년이 넘는 세월 동안 쉴 새 없이 달려왔다.

위험한 인생 롤러코스터를 타면서도 열심히 공부하여 미국 변호사가 되었고 즐겁고 충만한 회사 생활을 하던 중 작은 속삭임에서 시작했던 내면의 목소리가 점점 커졌다. '내 사업을 하고 싶다. 내가 살아 있는 이 시간을 온전히 나를 위해서 쓰고 싶다.' 언제 죽을지도 모르는 불확실한 인생 속에서 그저 남의 성공을 위해 소중한 일분일초를 쓰는 게 아니라 내가 하고 싶은 일을 하기 위해 회사를 그만두고 사업을 시작했다.

그렇게 과감하고 자신 있게 시작한 나의 사업은 유례없는 코로나 사태를 맞아 폭풍우에 휩싸여 버렸고 이후 수없는 고난과 역경, 허무함과 좌절의 시간이 이어졌다. 대체 어쩌다 이렇게 되었을까? 이렇게 인생이 망하는 것인가? 난 그저 내가 생긴 대로 살고 싶었을 뿐인데. 남들처럼 그냥 무색무취로, 사회에서 정해진 모델처럼 살았어야 하는 건가? 다시 일어나려고 처절하게 발버둥 치는 과정에서 여러 번 내가 한 선택을 후회하고 자꾸만 벌어지는 손쓸 수 없는 사건들에 하늘을 원망하기도 했다.

그런데도 나는 지난 날 나의 선택을 후회하지 않도록 죽을 힘을 다해 살았다. 그동안 썼던 시간과 돈, 수많은 기회비용을 날리지 않고 앞으로 나아갈 수 있는 디딤돌로 만들기 위해 정신과 몸을 다잡으며 스스로를 채찍질하며 살아왔다. 그러다 보니 어느새 나는 도전과 실패를 기반으로 많은 사람에게 동기부여를 해주고 자기계발을 응원하는 사람이 되어 있었다. 나의 고난과 역경이 사람들의 마음을 울리고 그들이 움직일 수 있도록 독려했다. 그제서야 나는 이 모든 것이 내 인생에 주어진 소명이라는 걸 알았다. 이제껏 내게 일어난 불행과 역경, 심지어 나의 영웅이었던 아버지의 죽음조차도 내가 짊어지고 앞으로 나아갈 수 있도록 하늘이 정해준 소명이었다.

나의 꿈은 어느 날 죽음이 찾아왔을 때 내가 걸어온 길을 돌아보고, 인생이라는 내 도화지에 수많은 색의 물감과 다채로운 그림들을 보고 뜨거운 눈물을 흘리며 갈 수 있게 되는 것이다. 이때 아버지를 만나서 아버지께 부끄럽지 않게, 아버지 못지않게, 굵은 땀방울에 흠뻑 젖어 아버지가 주신 대로, 내 생긴 대로 최선을 다해 인생 그림을 그리고 왔다고 말할 수 있게 되는 것이다. 살아 계실 때 아버지는 내가 무언가를 성취하고 돌아오면 흐뭇한 표정으로 수고했다고 말하며 악수를 해주시곤 했다. 그때처럼 언젠가 내가 아버지를 만날 때 아버지와 악수를 하며 수고했다는 말을 듣는 것이 내 꿈이다.

어떤 이는 내게 묻는다. "구체적으로 어떤 성공을 하셨길래 성공의 아이콘인 것처럼 동기부여, 자기계발 이야기를 꾸준히 하시나요?" 나는 결코 성공의 아이콘이 아니다. 대신 나는 자신의 삶을 개척하는 개척의 아이콘이고 실패의 아이콘이자 끊임없는 도전과 극복의 아이콘이라고 말하고 싶고 사람들에게 그렇게 기억되고 싶다. 그렇기에 오늘도 나의 소명을 다해 내 인생을 땀 흘리며 살아간다.

그런 나의 인생 중간점을 기록하는 것이 이 책이다. 이 책의 뿌리가 되는 나의 유튜브 쇼츠 영상들이 많은 이들에게 전달되고 마음을 울린 것처럼 이 책을 통해 하늘에 계신 아버지께 열심히 살아온 내 인생 스토리가 전해질 수 있으면 좋겠다. 그런 의미에서 한평생 자식만을 위해서 희생과 절제의 삶을 살아오신 아버지께 이 책을 바친다. 크게 눈에 띄는 성공을 이룬 건 아니지만 그저 남의 시선을 의식하지 않고 나답게 살아온 이야기에 귀 기울여주시고 공감해주신 팬 여러분께 진심으로 깊은 감사의 마음을 전한다. 고난과 역경으로 인한 불운한 사람이 아닌 동기부여가의 소명을 가진 행운아로서 앞으로도 사람의 마음을 울리고 행동을 만들어내는 활동으로 보답하고자 한다.

## 차례

머리말 ······················································································· 8

### 1장. 감성운동이 꼭 필요한 이유

약쟁이는 모르는 천연 스테로이드 ································· 16
'세트당 횟수' 이걸로 종결 ············································· 24
약쟁이는 이해불가한 일반 직장인 내추럴 운동인의 세계 ········· 31
자신의 한계를 뛰어넘는 마법의 주문 ····························· 41
시간이 지나야만 비로소 알게 되는 것들 ························ 47
감성운동으로 3대 500 씹어먹는 방법 ···························· 55

### 2장. 한국에서 빡세게 살아가기

싫은 일을 즐거운 일로 바꾸는 마법 ······························ 66
끈기가 부족한 당신이 성공할 수 있는 방법 ···················· 74
당신의 성공을 저해하는 베타메일 특 ···························· 92
운동하는 직장인 시절 근육시의 벌크업 식단 ·················· 103
X 같은 놈이 성공하는 이유 ·········································· 111
타인에게 가볍게 보이지 않는 방법 ······························· 120
운동하는 직장인을 위한 근육시의 동기부여 ··················· 130
"영어가 제일 쉬웠어요." 킬러 노하우 ··························· 134
이미 늦었다고 자포자기하려는 20대들에게 ···················· 143

## 3장. 미국에서 나의 모습 발견하기

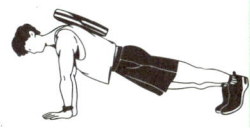

**1부**

남들의 무시를 박살내고 자존감을 되찾는 방법 ·············· 155
나쁜 습관이 매번 고쳐지지 않는 이유 ························· 160
인종차별? 그딴 건 그저 박살의 대상일 뿐 ···················· 166
인생의 고난에 휩쓸리지 않는 마인드셋 ······················· 171
후회가 망상일 수밖에 없는 이유 ································ 180
모두가 가봐야 할 세상 가장 행복한 그곳 ····················· 188
미국 변호사가 알려주는 공부 잘하는 필살기 공개 ·········· 196
면접에서 완벽한 에이스가 되는 법 ····························· 201
페라리, 람보르기니 20대 오너들의 정체 ······················ 215
성공을 위해 당장 버려야 할 말버릇 ···························· 221

**2부**

진정한 자신감을 찾고자 하는 이들에게 ······················· 232
나약한 내 모습을 박살내는 강력한 방법 ······················ 244
매일 핑계 대는 당신의 눈을 뜨게 할 자극 한 사발 ·········· 253
취미 생활 만렙 N잡러가 되는 방법 ····························· 258
깝치는 망나니에서 알파메일로 거듭나는 과정 ··············· 267
긴장감을 극복하는 유일한 해결방법 ···························· 277
힘들 때마다 기댈 수 있는 최고의 친구 ························ 287
일요일의 우울감을 겪고 있는 당신에게 ······················· 293
외모 콤플렉스를 이겨내는 첫걸음 ······························ 301
헬스장에서 오로지 자신에게만 집중하는 방법 ··············· 308

# 1장

# 감성운동이 꼭 필요한 이유

## 약쟁이는 모르는 천연 스테로이드

》QR 찍고 쇼츠 보기

나는 미국에서 고등학교를 다니던 때 미식축구팀에 들어가면서 처음으로 웨이트 트레이닝을 시작했다. 그 이후로 지금까지 약 24년 동안 웨이트 운동을 꾸준히 해오고 있다. 운동은 내게 있어 단순히 멋진 몸을 만드는 것이 아니라 몸이 만들어지는 과정에서 얻을 수 있는 강인한 정신과 매일 인생을 살며 필연적으로 찾아오는 스트레스, 화, 우울, 짜증, 후회, 두려움 같은 부정감정들로부터 자유롭게 하는 필수적 피난처exit의 의미가 더 크다.

운동하는 시간은 부정감정들에 정면으로 맞서 대항하고 싸워 이길 수 있는 기회다. 운동하며 내 몸에 느껴지는 근육통에 지지 않고 운동 세트와 횟수를 달성했을 땐 나 자신과의 싸움에서 승리하게 되고 오늘도 목표를 향한 한 걸음을 잘 내디뎠다는 성취의 기쁨을 느낄 수 있다. 이렇듯 부정감정을 불러와 운동을 하면서 이들을 하나하나 깨부순다고 상상할 경우 단순히 운동 성과뿐만 아니라 부정감정에 지배당하지 않고 오히려 이들을 능동적으로 통제하고 정복한 것과 같은 승리의 기쁨을 느낄 수 있다.

그렇게 매일 자신을 괴롭히는 부정감정을 때려잡고 승리와 지배의 기쁨을 느끼고 새로운 나, 더욱 강해진 나로 내일을 시작할 수 있게 해주는 게 운동인 것이다. 나는 이것을 '감성운동'이라고 부른다. 감성운동을 꾸준히 하면 건강하고 멋진 몸을 내 것으로 만들 수 있을 뿐만 아니라 내면이 더욱 단단한 사람으로 거듭나게 된다. 또 그런 마음과 정신으로 인생을 살다 보면 반드시 직장에서의 성과, 주변인들과의 관계 또한 풍족하게 만들 수 있게 된다. 더불어 많은 운동인이 고된 식단 관리에서 벗어나 보다 자유로워질 수 있다. 감성운동은 인간의 본능 중 하나인 먹을 것을 통한 즐거움까지 누릴 수 있게 하여 궁극적으로는 인생 전반이 나아지고 어느새 행복에 다다를 수 있게 해주는, 배신하지 않는 인생의 파트너로서 평생 우리를 지켜준다.

이러한 운동 철학을 가지고 고등학교부터 로스쿨을 마치기까지 미국에서의 어린 시절 각종 고난과 서러움, 어려움과 후회들을 버텨내고 맞서 싸워 이겨왔다. 그렇게 한국에 와서 변호사 생활을 하기까지 20년이 넘는 세월 동안 운동은 단 한 번도 손에서 놓아본 적 없는 세상에 둘도 없는 가장 소중한 내 인생 파트너였다. 나는 이러한 운동의 참된 의미를 더 많은 사람에게 알리고자 강남구 청담동에 내 운동 철학을 바탕으로 하는 헬스장을 오픈하고 직접 트레이너로 일까지 했다. 인생에 있어 운동이 줄 수 있는 순기능을 더욱 많은 사람에게 널리 전파하려 애썼고, 내게 그랬듯 운동이라는 세상 가장 강력하고 변치 않는 파트너를 이들이 만날 수 있도록 힘썼다. 이러한 감성운동 캠페인을 통해 오프라인에 국한되지 않고 현재까지도 여러 유튜브 영상을 통해 많은 독자에게 감성운동과 운동의 참된 의미를 교육하고 있다.

그런데 몇 년 동안 피트니스 센터를 운영하면서 나의 온·오프라인 활동에 중대한 걸림돌이 있다는 사실을 깨닫게 되었다. 그것은 바로 아나볼릭 스테로이드와 같은 불법 약물 사용자와 이들로 인한 여러 폐해였다. 피트니스계에서 불법 약물 사용자는 오래전부터 존재했지만, 최근에 와서야 이로 인한 폐해들이 수면 위로 올라와 여러 미디어에 의해 널리 알려지게 되었다. 많은 사람이 약물이 건강에 위협이 된다는 점을 알고는 있으나 약물 사용자들이 약물로 만든 몸으로 보디빌딩 대회에서 입상하고 SNS에서 주목을 받고 이를 통한 경제적 이득을 취하자 많은 운동인이 이를 추종하고 따라 하기 시작했다.

웨이트 운동 또는 보디빌딩은 본래 자세를 익히고 근성장을 이루는 것으로, 말은 쉽고 간단하다. 하지만 어느 정도 레벨에 도달하기까지 오랜 시간과 함께 피나는 노력을 투자해야만 근성장을 이루고 감성운동을 통한 정신 강화를 해낼 수 있다. 정신 강화는 인생의 어려움을 이겨내는 내공을 주지만 불법 약물은 그 모든 것들을 무시하고 단시간에 엄청난 근육만 만들어준다. 감성운동과 다르게 꾸준한 노력이 수반되지 않았기에 감성운동이 가져다주는 정신적인 강인함과는 거리가 멀고 단기적인 성과에 심취하게 한다.

문제는 약물 사용에 빠지는 사람은 애초에 노력의 가치보다는 편법을 찾는 사람이라는 것이다. 정신력 자체가 굉장히 약하기에 정신 강화가 누구보다 필요한 사람임에도 약물 사용을 선택함으로써 더욱더 약한 정신의 굴레로 빠지게 된다. 더욱이 자신의 목숨을 담보로 갑자기 커진 몸을 얻었기 때문에 허영이 만든 자신감 또는 우월감이 생겨 우쭐대기 시작하고 주변 사람을 무시하는 언행을 일삼는다. 약물 사용은 호르몬의 균형을 깨뜨리기에 약물 사용자는 대개 감정적으로 굉장히 불안하고 습관적으로 감정변화 mood swing가 나타나는데 이를 로이드 레이지 Roid Rage라고 부른다.

분노조절 장애를 일으키는 이들의 폭력적인 언행은 이미 여러 미디어에 보도된 바 있다. 아울러 이들은 그렇게 쉽게 만든 몸을 SNS에서 뽐내며 추종자들을 만들고 그 추종자들에게 불법 약물을 판매하거나 이들에게 전문적이지 않은 트레이닝 수업을 판매해서 부당한 이득을 취하는 등 공익에 해로운 영향을 미친다. 물론 자신들이 약물을 사용하여 몸을 만들었다는 사실을 숨기며 자신들의 코칭만 받으면 추종자들도 얼마든지 그런 몸을 만들 수 있다고 현혹한다. 무엇보다 이들에게 속고 이용당하는 사람 중에 대부분은 약물로 인한 치명적인 건강의 위협을 제대로 알지도 못하는 20대들이라 불법 피트니스 약물의 문제는 매우 심각하다.

물론 미국에서부터 운동한 내가 불법 약물 사용자를 못 봤을 리는 없다. 사실 미식축구팀 내에서도 아나볼릭 스테로이드 사용자들이 몇몇 있었고 나 역시 어린 나이에 약물의 유혹을 경험했다. 하지만 그들은 국내의 약물 사용자들과 달랐다. 특히 그들은 자신의 약물 사용을 당당하게 공개했고 보는 이들에게 약물 없이 거대한 몸을 만들 수 있다는 헛된 희망 false hope을 심어주지 않았다. 물론 약물 사용의 불법성과 그로 인한 도덕적인 문제는 논외로 하고 약물 사용으로 인해 공익에 직접적으로 해로운 영향을 끼치는가 안 끼치는가 측면에서만 바라봤을 때 말이다. 그들은 그저 묵묵히 자신만의 운동을 했다. 우쭐대거나 남을 무시하지 않았다. 스테로이드 분노로 불리는 로이드 레이지로 폭력적인 모습을 보이지도 않았다. 이들 중에는 유명 미식축구 프로 선수도 있지만 SNS상에서 자신의 약물 사용을 오픈할 뿐만 아니라 약물 사용의 위험성, 단점을 분명히 알리려 노력했다는 점에서 국내의 약물을 사용하는 유명 보디빌더 또는 운동 인플루언서들과는 엄격하게 다르다. 따라서 바로 이 점 때문에 누군가가 약물은 그저 개인의 선택 문제라고 치부하는 것은 말이 될 수 없다고 비판한다. 만약 자신의 꿈이 약물 사용 없이는 결코 불가능한 IFBB(국제 보디빌딩&피트니스 협회) 프로가 되고 올림피아Olympia 대회에 나가는 것이라면 개인의 선택이라 할 수 있겠지만, 이로 인한 공공의 피해를 불러일으켜선 안 된다.

불법 약물로 만든 유명세에 숨어 남들에게 목숨을 담보로 내놓아야 하는 약물을 선택하게끔 해서는 안 되는 것이고 그러한 영리활동은 결코 비판에서 자유로울 수 없다. 운동을 통한 인생 동기부여가로서 노력, 끈기, 절제, 성실함, 꾸준함, 진정성을 통한 자기계발을 외치는 내 입장에서는 더더욱 오로지 몸만 커지면 된다는 식의 운동을 인정할 수가 없다. 그러한 배경에서 공익에 피해를 주는, 꾸준함, 성실함, 진정성보다는 지름길, 편법, 반칙을 선택한 불법 약물 사용자들을 약쟁이라 일컬으며 이들을 공공연하게 비난했다. 반면 그들이 주로 자신들의 거대한 풍선근육에 비해 작은 몸을 가졌다고 무시하는, 나처럼 정공법으로 묵묵히 운동을 통한 인생 정신 강화와 성공을 이루려 노력하는 이들에게 내추럴 운동인을 대표하여 뜨거운 용기와 격려, 응원을 보내주고 싶다.

단순 피트니스 매니아에서 피트니스 업계의 일원이 되어보니 약쟁이들은 대개 단순한 삶을 살고 있었다. 대부분 헬스 트레이닝을 하지만 이는 그저 자신의 풍선근육을 통해 돈을 버는 수단일 뿐, 아침, 점심, 저녁 일과가 오로지 자신의 몸을 키우는 것에만 초점이 맞춰져 있었다. 물론 이는 개인의 선택이지 옳고 그름의 문제가 아니다. 하지만 그런 사람들이 나와 같이 직장 생활을 하는 와중에 정신 관리를 위해 매일 몇 시간씩 꾸준히 운동하는 생활 운동인을 무시하는 것은 말 그대로 어불성설이다. 자신들은 불법 약물에 의존하고 온종일 몸만 보고 살면서 더욱 어려운 환경에서 정정당당하게 스스로에 지지 않기 위한 운동을 하고 있는 자들을 무시한다는 것은 지나가는 개도 웃을 일이다. 약쟁이들은 자신들이야말로 스스로와의 싸움에 질 것이 두려워, 싸워볼 용기도 의지도 내지 못하고 약물로 반칙한 멘탈이 나약한 인간이라는 비판에서 결코 벗어날 수 없다.

미국 변호사가 되기까지 나는 수많은 어려움과 고난 속에서 내추럴로 운동했다. 그래서 나처럼 직업을 가지고 일상을 살아내는 사회인들에게 몰려오는 스트레스와 싸울 수 있는, 성공으로 가는 길목에서 버틸 수 있는 힘을 운동을 통해 주고 싶었다. 여러분들도 약물의 유혹, 약쟁이들의 무시를 뒤로하고 내추럴 운동을 꾸준히 하다 보면 단순히 멋진 몸뿐만 아니라 강인하고 건강한 마음, 부정감정의 박살로 인한 인생의 활력, 자신감·자존감의 향상, 그로 인한 직업적 성취와 삶의 질 향상, 건강한 인적 네트워크 등 인생 행복으로 가는 여러 무기를 허리춤에 채울 수 있음을 증명하며 현재를 살아가게 될 것이다.

아직까지도 SNS상에서는 약쟁이들의 폐해, 치명적인 건강 악화로 인한 비참한 말로보다는 그들의 화려해 보이는 풍선근육, 표면적인 화려함이 더욱 각광을 받고 순진한 자들의 추종을 받고 있다. 그러나 언젠가는 목숨을 담보로 하는 일시적인 단순 몸 키우기가 아닌, 당당하고 건강한 운동이 생활의 일부가 되어 삶의 질이 향상되고 인생의 행복에 도달할 수 있는 날이 모두에게 오기를 기대하며 나는 오늘도 운동과 인생 동기부여가로서의 활동에 더욱 박차를 가하고 있다.

( 1장 ) 감성운동이 꼭 필요한 이유

## 。'세트당 횟수' 이걸로 종결

≫ QR 찍고 쇼츠 보기

　미국과 같은 피트니스 선진국에서는 어릴 때부터 웨이트 운동을 시작하고 나이가 들어서까지도 주기적인 운동을 통해 건강을 유지한다. 요즘 우리나라도 점차 미국과 같은 피트니스 문화를 따라가며 국민 대부분이 헬스장에 다녀봤을 정도로 웨이트 운동에 익숙해져 있고, 많은 사람이 건강하고 멋진 몸을 만드는 자기계발과 자기관리의 중요한 수단으로 웨이트 운동을 하고 있다. 하지만 미국과 한국의 피트니스 문화는 한 가지 측면에서 큰 차이를 보인다. 그것은 바로 운동을 시작하고 지속해나가는 이유, 동기부여가 다르다는 것이다.

　우리나라 사람들에게 웨이트 운동을 시작하게 된 이유를 물어보면 대개 근육 만들기, 다이어트를 주된 이유로 꼽는다. 그렇게 운동을 시작하고 나름대로 열심히 운동하면 근성장 또는 다이어트 효과를 볼 수 있다.

이를 통해 자기만족을 느끼고, 자기만족은 자존감을 상승시키고, 상승된 자존감은 자신감의 양분이 된다. 이런 사이클을 처음 겪은 헬스 초보자의 경우 운동을 시작하고 나서 자신도 모르게 거울을 자주 보는 것을 발견하게 될 것이다. 이처럼 성취의 맛을 보고 운동에 서서히 중독되어간다.

열심히 쇠질을 하면 할수록 내 몸에 변화가 생기는데 이 얼마나 신기하고 재미있는 일인가? 더욱이 힘도 세지고 체력도 올라가는 것을 느끼면 나 혼자서도 세상을 움직이고, 무엇이든 할 수 있을 것 같은 알 수 없는 자신감이 팍팍 생긴다.

그렇다면 미국의 운동인은 어떠한가? 일단 대다수의 미국인은 그냥 아무 생각 없이 헬스장에 간다. 왜? 부모든 형제든 친구든 누구든 남들 다 가니까. 피트니스는 미국인들에겐 문화 그 자체인 것이다. 따라서 헬스장은 말 그대로 건강을 위해 필수적이다. 그렇게 헬스장에 첫발을 들이고 쇠질을 시작하다 보면 앞서 말한 것과 같이 몸이 변화하는 것을 느낄 수 있다. 운동이 자존감과 자신감 상승의 근원이 되어 운동 중독이 시작된다.

일단 여기까지는 미국과 국내의 피트니스 문화에서 차이는 크지 않다. 하지만 점점 웨이트 중·상급자로 레벨 업이 진행되면서 우리는 뭔가 예전 같지 않음을 느끼게 된다. 어느새 아무리 운동해도 예전처럼 몸의 변화가 생기지 않는 것이다. 우리는 이를 운동 정체기라고 부른다. 바로 운동 정체기를 겪어나가는 과정에서 한국과 미국의 운동 문화의 차이점을 느낄 수 있다.

운동 정체기가 오면 우리는 무기력함과 우울감을 느끼고, 자존감과 자신감이 올라가는 게 아니라 오히려 붕괴하는 것을 느끼게 된다. 어떤 사람들은 그런데도 꾸준히 연구하며 운동 방법을 바꿔보는 시도를 통해 정체기를 돌파하려 부단히 노력한다. 하지만 대부분 정체기를 극복히지 못하고 운동을 포기해버리고 만다. 미국의 운동인은 어떠한가? 마찬가지로 운동 정체기를 수시로 겪지만, 이들에게 운동은 그저 큰 근육과 멋진 몸, 다이어트를 위해서가 아니라 건강한 삶을 살기 위한 신체적 활동을 의미한다. 그렇기에 정체기가 오더라도 하루하루 일정량의 활동을 운동을 통해 소화해내고, 묵묵하고 꾸준하게 자기관리를 해낸다.

자기관리는 신체적 관리일 뿐만 아니라 건강한 정신을 갈고닦는 것을 의미하기도 한다. 즉, 운동을 통해 하루 중 겪었던 스트레스를 해소하고 분위기를 조정하고 정신을 가다듬는 일을 매일 해나가는 것이다. 그렇기에 아무리 운동 정체기가 오더라도 그러든지 말든지, 근육이 커지든지 말든지, 살이 빠지든지 말든지 매일 운동을 지속하는 것이다.

운동을 통해 정신적인 강인함을 만드는 게 운동의 진정한 의미라는 건 내가 지난 몇 년간 부단하게 주장해오던 감성운동의 핵심이다. 우리는 왜 감성운동을 해야 하는가? 감성운동이야말로 운동 정체기와 그로 인한 우울감, 낙담, 무기력함 따위를 날려버릴 수 있는 유일한 방법이다. 감성운동을 하게 되면 일상 생활을 하며 겪는 스트레스를 비롯한 각종 부정감정과 정면으로 맞서 싸우게 되고, 운동을 하며 깨부수고 나면 승리자로서의 새로운 자신으로 거듭나 일상으로 돌아갈 수 있게 된다. 그걸 매일하다 보면 어떤 어려움에도 흔들리지 않는 강인한 정신을 갖게 되고, 감성운동이라는 강력한 평생 파트너를 얻게 되는 것이다. 크고 멋진 근육, 날렵한 몸매는 감성운동의 당연한 부산물이다.

한참 재밌게 운동하다가 근성장이 멈추면 우울해지고 무기력해지는 게 아니라 정신적 강인함을 위해 매일 묵묵히 운동하다 보면 운동 정체기는 사라지게 된다. 물론 정체기는 또 온다. 하지만 또다시 감성운동으로 정체기를 돌파하고 다시금 성장 사이클에 탑승해 끝없는 성장의 길로 들어설 수 있게 되는 것이다.

하지만 앞서 말했듯 국내의 많은 이들이 오로지 근육의 사이즈, 모양, 다이어트만 보고 운동을 하기에 정체기가 오면 심하게 휘둘리고 이내 불법 약물에 손을 대거나 운동포기자로 전락한다. 결국 몸만 보고 운동하면 그렇게 될 수밖에 없다. 초보자일수록 근성장이 빠르지만 중·상급자가 될수록 속도가 굉장히 더뎌지기 때문이다. 또 근육은 나이가 들면서 점차 자연스레 줄어든다. 운동을 통해 근성장을 만들어도 근육의 자연감소와 상계되어 보상 자체가 필연적으로 줄어든다. 그래서 나는 오래전부터 감성운동을 전파하려 애쓰는 것이다. 감성운동은 육체적 증진뿐만 아니라 정신적 강화를 통해 인생을 변화시키기 때문이다. 즉, 몸의 성장은 느려지더라도 정신은 나날이 강해지므로 지속적으로 감성운동을 한다면, 인생에 수난이 닥쳐도 휩쓸리지 않고 더 나아질 수 있게 된다.

그렇다면 감성운동은 구체적으로 어떻게 하는가? 많은 사람이 하는 웨이트 운동이란 무게를 걸며 점진적 과부하 방식으로 일정한 세트와 세트당 횟수를 수행하는 것이다. 하지만 이렇게 하다 보면 인간은 본능적으로 무리하지 않으려고 무겁게 들거나 하는 도전을 하지 않는다. 아마도 그냥 대충 가벼운 무게로 정해진 횟수를 채우는 것에만 집중할 확률이 높다. 분명 더 힘이 더 남았는데도 그냥 횟수를 채웠기에 멈추는 것이다. 그렇게 되면 당연히 운동 효과는 미미하고 자연스레 운동으로 인한 보상과 만족감은 적을 수밖에 없다. 따라서 더 할 수 있음에도 멈춰버리는 운동

방식은 본인의 잠재력을 제대로 쓰지도 못할 뿐만 아니라 성장을 더디게 하고 운동 정체기를 불러온다.

신체적인 보상뿐만 아니라 정신적인 차원에서 얻는 것 또한 마찬가지다. 무언가 일상적이지 않은 노력으로 자신이 기존에 하던 한계치를 넘어서야만 도전 끝에 해냈다는 성취감 또는 승리감이 생긴다. 그런데 매번 하던 대로 열 개에서 멈춘다면 과연 어떤 성취감을 논할 수 있을까? 편안함을 추구하는 본능과 대항하여 싸워보지도 이겨보지도 못하고 어떤 승리감을 논할 것인가? 아니 어떤 일말의 변화를 꿈꿀 수 있을 것인가?

반면 감성운동은 다르다. 이 정도면 됐다고 안주하는 본능의 목소리가 아닌 더 할 수 있다는 잠재적 자아의 목소리에 귀를 기울인다. 즉, 세트당 열 개로 정하고 열 개에서 끝내는 것이 아니라 열 개부터 잠재력을 끌어다 쓰는 영역으로 넘어가고 그때부터 횟수를 카운트하기 시작한다. 그게 오늘 나의 기록이 되는 것이고 이 기록을 기준으로 나는 횟수를 계속 늘려가는 것이다. 운동의 원리는 매우 간단하다. 무거운 무게로 더 많은 횟수를 수행하면 근육은 더욱 크고 강하게 성장한다. 또 운동 과정에서 자세가 무너지지 않기 위해 고도로 집중하기에 무게를 다루는 컨트롤 능력, 즉 운동신경 또한 더욱 빠르게 개발된다.

이렇게 하다 보면 매우 힘듦을 느끼고 어느새 이를 악물고 목청에서까지 힘을 가져다 쓰는 자신을 발견하게 된다. 여러분은 운동할 때 목청에서 나는 '으윽' 소리를 경험해보았는가? 이것이 감성운동을 할 때 여러분이 듣는 즐거운 메아리가 되는 것이다. 매 횟수를 수행하며 '으윽' '끄윽' 소리를 내며 힘을 쓸 때 나도 모르게 나를 괴롭혔던 여러 가지 부정감정들이 생각날 것이다. 이때 포기하면 그 감정들에 무릎을 꿇는 것이므로 절대로 포기하지 않는다. 단순히 열 개 채우고 끝이 아니라 한계점을 돌파하고 계속해서 유효횟수를 채워가는 것이 부정감정들과 정면으로 부딪쳐 싸우는 과정이고, 그렇게 전보다 더 많은 유효횟수를 수행했을 때야말로 비로소 내가 이긴 것이다.

이때 느끼는 승리감과 자존감, 자신감은 이루 말할 수 없는 환희 그 자체이다. 실제로 그렇게 운동했을 때 정신적인 성장뿐만 아니라 근성장의 속도 역시 훨씬 빠르다. 바로 이것이 여러분을 변화시키는 운동 방법이자 운동 정체기를 부수는 방식인 것이다. 바로 이것이 여러분이 운동 정체기 따위에 흔들리지 않고 평생 운동할 수 있도록 만들고, 일상을 변화시키고 당신을 행복과 승리의 세상으로 인도하는 진정한 운동의 세계인 것이다.

결국, 하나하나 카운트되는 유효횟수야말로 매일 나약해지고 게을러지려는 나약한 우리의 정신을 채찍질하고 정체기를 부수는 변화의 횟수 transcendent rep이고, 그렇게 하는 운동이 우리 삶에 변화를 만들어내는 감성운동이자 변화의 운동 transcendent workout이다. 그렇기에 나는 자신 있게 독자들에게 말하고 싶다. 하루빨리 감성운동의 방식에 도전해보시라. 여러분의 목청에서 '으억' '끄억' 소리가 날 때까지 포기하지 말고 횟수를 수행해보시라. 자신이 정해놓은 횟수에 다다르면 끝내는 것이 아니라 그때부터 진정한 변화가 시작된다고 생각하시라. 거기에서 멈춘다면 변화는 없다. 곧 운동 정체기가 찾아올 것이고 당신은 극심한 우울과 무기력함을 느끼고 패배자 또는 운동포기자로 전락할 수 있다. 반면, '으억' '끄억' 소리가 나면 날수록 당신은 변화하고 있고 부정감정들을 하나씩 부수고 있으며 승리자로서 거듭나고 있음을 잊지 말자.

그렇게 감성운동의 세계로 당신이 걸어 들어가면 세상 어떤 고난과 어려움도 당신을 파괴하고 주저앉힐 수 없도록 감성운동은 당신의 몸과 정신, 마음을 굳건하게 지켜줄 것이다. 그러니 어서 변화의 횟수를 시작하시라. 그렇게 인생 모든 과정에서 당신을 절대 배신하지 않을 평생 파트너인 감성운동과 첫인사를 나누시라.

## 약쟁이는 이해불가한
## 일반 직장인 내추럴 운동인의 세계

≫ QR 찍고 쇼츠 보기

나는 지금껏 약 24년간 웨이트 운동을 해왔다. 미국에서 인종차별을 견뎌내는 방법 중에 하나로 미식축구 팀에 들어가서 웨이트 운동을 시작했고, 그때 이후로 대학교 때 밴드 활동에 미쳐 있던 약 2년간을 제외하고는 운동을 놓아본 적이 없다. 이미 앞에서 말한 적이 있듯 내게 있어 웨이트 운동의 진정한 의미는 건강한 몸과 체력뿐만 아니라 나의 정신을 강하게 조여주어 내가 나아가는 길에서 마주한 여러 고난과 역경을 이겨내게 하는 것이다. 그리하여 궁극적으로 나의 목표를 달성하게 해주고, 내가 추구하는 인생의 행복에 가깝게 해주는 것이다. 지금껏 걸어온 길에서 수많은 고난과 역경을 마주했다. 그때마다 나는 굳은 의지와 집념으로 정면돌파를 선택했고 그 결과 수많은 전쟁 흉터battle wounds를 얻었다. 원하는 것을 얻기 위해 스스로 엄하게 채찍질해야 했으며 과정에서 마주한 불운과 예기치 못한 사건들에 심적인 괴로움과 마음의 병을 얻기도 했지만, 그때마다 나를 탈선하지 않노록 잡아주고 버티낼 힘을 믿들어준 것이 바로 감성운동이다. 이 감성운동을 모든 운동하는 사람에게 전파하는 것이 나의 바람이자, 인플루언서로서 행사하고 싶은 선한 영향력의 핵심 가치이기도 하다. 나는 감성운동이야말로 단순한 취미, 건강을 위한 운동을 넘어 자신의 인생을 나아가게 하고, 자신이 추구하는 목표를 달성하게 하며, 행복에 다다를 수 있게 해줄 것이라 확신한다.

  2015년 겨울, 갑작스런 아버지의 작고로 인해 약 13년간의 미국 생활을 접고 한국으로 돌아왔다. 그렇게 국내에서 사내변호사로 활동하면서 아버지 없는 삶에 점차 익숙해지고 있었고 이때도 감성운동은 나의 평생 파트너로서 나의 희로애락을 함께했다. 아버지가 돌아가신 이후에도 몇 년간 아버지에 대한 그리운 마음, 허전한 마음, 황당한 마음, 억울한 마음, 안타까운 마음, 애처로운 마음 등이 계속됐다. 나는 이때마다 두세 시간 동안 쇠질을 하며 복받치는 감정을 쏟아내고 하소연했다.

  그렇게 땀과 눈물로 뒤범벅되어 세 시간 동안 정신없이 쇠질로 감정을 쏟아내고 나면 나는 늘 새로운 사람으로 거듭날 수 있었다. 아버지를 여읜 슬픔과 억울함을 비롯해 내 인생 속에서 나를 괴롭히던 여러 감정들, 그 감정들에 짓눌리고 이들에 얽매인 인질처럼 사는 대신에 과감하게 이들을 내 눈앞으로 불러내서 감성운동이라는 나만의 회초리로 두드려 패고 나면 짜릿한 승리의 기쁨을 맛볼 수 있었다. 또 내 인생에 벌어졌던 불행들로 인해 생긴 부정감정들을 내 성장을 위한 동기부여의 양분으로 쓸 수 있게 되는 마법을 경험할 수 있었다.

  그렇게 헬스장을 나서는 순간 한 움큼 더 성장한 사람이라는 자신감으로 다시금 세상과 마주하며 과감하게 도전할 준비가 된 사람으로 거듭났다. 그렇게 나는 감성운동을 세상 모든 고난과 역경, 그로 인한 부정감정들을 다스리고 관리하는 강력한 회초리로 삼아 매일 두세 시간 동안 만나며 현재까지도 내 인생의 길을 과감하게 개척해 나가고 있다.

그렇기에 헬스장은 내게 경건하고 숭고한 곳이다. 감성운동이라는 소중한 친구와 만나 이야기를 털어놓고, 감정을 쏟아내며, 땀과 눈물을 흘리는 우리만의 드라마를 찍는 곳이다. 하지만 한국의 헬스장을 찾는 이들에게 있어 웨이트 운동은 그저 몸을 키우는 것에만 초점이 맞춰져 있음을 알게 되었다. 운동의 정신적인 효과고 뭐고 누가 더 큰 근육을 빨리 만드는가, 최소한의 노력으로 더 크고 멋진 근육을 만드는 가에만 모든 초점이 맞춰져 있었다. 그러다 보니 너무나 많은 사람이 아나볼릭 스테로이드를 비롯한 불법 약물을 사용하고 있었다. 오죽하면 헬스장의 청소와 청결을 유지해주시는 미화원 분이 화장실 청소를 하다가 웬 헬스장 쓰레기통에 주사기가 이렇게 많이 들어가 있냐고 놀랐다는 이야기가 하루가 멀다 하고 들려올까. 보디빌딩을 전문적으로 하는 선수들이나 쉬쉬하며 몰래 써오던 약물이 대학생, 회사원 등 직업을 가리지 않고 일반인에게 독처럼 퍼진 것이다. 국내에 몸짱 열풍이 불면서 급속하게 퍼져나간 피트니스가 오로지 미용적인 면을 강조하는 문화로 번지고, 우리나라 특유의 남들과 비교하는 문화와 결합하여 수많은 불법 약물 사용자들을 양성하고 이들의 악영향이 급속도로 퍼져나가기 시작한 것이다.

그렇다면 이들의 악영향이란 과연 무엇인가? 단순히 불법 약물 사용자라는 것을 제외하고 어떤 사회적 문제가 존재하는 것일까? 불법 약물 사용자들의 폐해는 직·간접적으로 여러 가지가 있다. 불법 약물을 사용하여 몸을 만든 이들은 헬스장이나 기타 운동 시설에 취업하는 경우가 대부분인데 여기서 회원들을 상대로 운동 코칭을 한다. 회원들은 그들이 약물 사용자인 줄 모른 채 그들의 몸을 보고 운동 전문가라고 착각하고는 그들의 운동 방식에 의존하게 된다. 그러나 문제는 이들의 몸은 약물을 써서 만든 몸이지 결코 운동 관련 학문을 전공하거나 공부한 적도 없으며, 노력과 성실로 만들어진 것이 아니라는 점이다. 즉, 이들의 코칭 방법은 헬스장 회원의 대다수를 차지하는 일반 생활 운동인들에 적용할 수 없는 것이다.

스테로이드를 비롯한 각종 불법 약물의 효능은 실로 엄청나다. 세계적인 학술지에서 리서치한 결과, 아무런 운동도 하지 않고 스테로이드만을 투약한 사람과 나처럼 매일 두 세시간 쇠질하는 내추럴 운동인의 근육 증가량을 비교해보면 전자의 근육량 증가가 압도적으로 많다는 것을 알 수 있다. 물론 그에 따른 부작용도 어마무시하다. 여기서 끝나지 않고 불법 약물 사용자의 잘못된 코칭은 계속된다. 아무리 그들의 코칭 방법을 열심히 따라 해도 몸이 바뀌지 않고 체력도 좋아지지 않은 회원은 스스로에게 실망하면서 정신적으로 무너지게 되며 더더욱 불법 약물 사용자 코치에게 의존하게 된다. 이때 이들은 회원의 약점을 파고들어 부당한 이득을 취하려 한다. 그것은 바로 이들에게 불법 약물을 권하는 것이다. 결국 불법 약물 사용자에서 유통자로 변하여 자신들이 구입하는 약물의 몇 배의 값을 회원들에게 요구하며 부당한 이득을 취한다.

무엇보다 심각한 것은 그렇게 계속해서 불법 약물 사용자들이 증가하게되고 회원들의 건강에는 매우 위험한 적신호가 켜지게 된다. 멋지고 건강한 몸을 만들어보려다가, 졸지에 심장을 비롯한 각종 장기 비대증, 급성 심정지, 뇌졸중 등 각종 심혈관계 질환에 노출되어 돌이킬 수 없는 강을 건너게 되는 것이다. 결론적으로 건강한 운동을 가르치고 전도할 의무를 가진 자가 건강은커녕 오히려 독을 전파하는 자로 변질된 것이다.

불법 약물 사용자들이 일으키는 피해는 간접적으로도 막대하다. 약물로 풍선근육 같은 몸을 만든 자들은 대개 여러 소셜 미디어에서 '헬스 인플루언서'로서 그들의 존재감을 과시한다. 인스타그램, 유튜브 등의 공간에서 헬스 관련 콘텐츠를 만들어 추종자를 양성하고 이들로부터 금전적인 이득을 취한다. 소셜 미디어를 통해 돈을 버는 것 자체는 문제가 없지만 잘못된 영향을 전파하며 부당한 이득을 취하는 것에는 충분히 문제제기를 해야 한다.

이들 중 대부분은 불법 약물을 사용하면서 자신의 약물 사용 사실을 숨기며, 이 사실을 모르는 추종자들은 이들의 운동, 식사 및 기타 생활 습관을 따라 하며 실제로는 건강에 다분히 해로운 운동 문화에 물들고 만다. 그렇게 영향력을 키운 인플루언서들은 추종자들에게 여러 제품을 판매하여 경제적 이득을 취하고 롤 모델로서 거듭나게 된다. 하지만 추종자들이 이들의 습관을 따라 함에도 불구하고 그들과 같은 몸을 갖지 못하는 것을 깨닫고 나면 이윽고 불법 약물에 손을 대고 만다. 역시 다시는 돌아오지 못할 강을 건너게 되는 것이다. 결국, 소셜 미디어의 헬스 인플루언서의 영향력은 지속적인 불법 약물 사용자들을 양성하는 것으로 발휘된다.

피트니스의 선진국인 미국에서도 불법 약물 사용자들은 즐비하다. 이들 역시 여러 소셜 미디어에서 영향력을 발휘한다. 하지만 미국의 헬스 인플루언서들은 미국 특유의 당당함과 남의 신경을 쓰지 않는 개인주의

문화의 영향으로 자신의 약물 사용을 인정하고 약물 사용에 대한 장·단점을 공개적으로 알리는 노력을 기울인다. 이들 중 유명한 예시로 리치 피아나Rich Piana를 들 수 있다. 그는 유명 보디빌더였는데 자신이 운영하는 소셜 미디어에서 약물 사용을 오픈하고 운동을 위해 약물을 사용할 때 신중을 기해야 한다는 것을 늘 강조했다. 즉, 그저 약물로 거대한 몸을 만드는 것에만 초점을 맞춘 콘텐츠가 아닌, 약물로 인한 인생의 변화에 대한 콘텐츠를 통해 자신을 추종하는 이들에게 무작정 근육만을 보고 자신을 추종하지 말고, 약물 사용이 인생에 가져올 모든 변화에 대해 심각하게 고민해보기를 독려한 것이다.

반면에 국내의 헬스 인플루언서들은 약물 사용에 대한 의심을 받을 때마다 부인하기에 급급하거나, 오히려 약물 사용은 문제가 없다는 식의 태도를 보인다. 그렇게 자신들의 거대한 근육, 대중의 부러움, 경제적 이득, 미디어에서의 주목, 물질적으로 풍요롭고 즐거워만 보이는 라이프 스타일 등의 콘텐츠를 생산하며 추종자들의 부러움과 동경심을 자극하는 것이다.

그렇다면 헬스 인플루언서들의 소셜 미디어 활동들은 피트니스 문화와 일반 생활운동인에게 어떤 영향을 미치는가? 2000년대에 들어 피트니스 문화가 급속도로 전파되면서 헬스에 대한 관심도가 높아졌고 매일 헬스를 하는 생활운동인이 굉장히 많아졌다. 또한 이들 중 전문 트레이너로 진로를 정하거나 다른 일을 하다가 트레이너로 진로를 바꾼 사람들 역시 나날이 증가했다. 하지만 요즘 피트니스 업계는 자신을 운동 전문가로 칭하는 이들이 매우 많은데 안타깝게도 실제 전문가들은 그리 많지 않다. 자격과 경력 및 이력을 표시하는 프로필에도 거짓 정보가 난무하고, 자격이 없는 트레이너들이 업계의 주를 이룰 만큼 현재 피트니스 업계는 말 그대로 아수라장이다.

그렇다면 소비자들은 대체 뭘 보고 이들을 자신들의 코치라 여기고 돈을 지불하는 것인가? 바로 불법 약물을 통해 빠르게 몸을 만들어 소비자들로 하여금 운동 전문가처럼 보이도록 현혹시키는 것이다. 이들이 늘상 봐오던 헬스 인플루언서들의 영향력이 나날이 커지고 이들의 '성공'을 매일같이 보다 보니 어느새 자신들도 이들 인플루언서처럼 되기 위해 약물 사용을 선택하는 것이다. 매일 자신의 헬스장에서 운동하고 거대한 몸을 뽐내고 페라리, 람보르기니를 타고 출퇴근을 하는 모습을 보면 대다수의 젊은 추종자들은 현혹될 수밖에 없다. 그러고는 '아, 나도 저 사람처럼 약물을 써서라도 몸을 만들어서 보디빌딩 대회에서 수상하고 트레이너 하면서 내 헬스장도 차리고 유튜브에서 물건 팔아서 떼돈 벌어야지!' 소셜 미디어상에서 비춰지는 그들의 화려해 보이는 그림 뒤엔 엄청난 어둠과 고통이 숨어 있음을 모른 채 말이다.

아나볼릭 스테로이드는 인간의 정상적인 호르몬 활동에 치명적인 영향을 주고 건강상의 악화뿐만 아니라 정신적, 감정적 안정에도 굉장한 부작용을 만들어낸다. 약물 사용자들은 주기적인 약물 투여로 인해 호르몬의 급격한 변화가 생겨 자주 감정적으로 폭발하거나 주변인들에게 폭행을 가하는 것이다. 이미 여러 번 뉴스에서 전해진 바 있듯이 실제 약물 사용자의 폭력성과 사건 사고는 끊임없고 빈번하게 일어나고 있다. 한 약물 사용자이자 헬스 유튜버는 자신의 영상에서 이렇게 말했다. 헬스장에 들어갈 때 누군가와 눈이 마주치면 아무 이유없이 그에게 폭행을 가하고 싶은 충동을 자주 느꼈다고.

실제로 약물 사용자들이 많은 헬스장에 가보면 이들의 감정적인 불안정함으로 인해 벌어지는 문제들을 볼 수 있다. 약물 사용자들은 원래 정신력이 약하고 남들의 시선을 굉장히 신경쓰며, 자신감이 결여되어 있는 경우가 많다. 따라서 약물로 인해 갑자기 커진 몸에 대해 엄청난 자존감을 느끼는 동시에 그 자존감이 남들을 향한 무시로 굴절되는 경우가 많다. 쉽게 말해 자신의 약물 근육으로 우쭐대며 주변에서 운동하는 이들에게 불필요한 위화감을 조성하거나 이들을 비하하는 언행을 일삼곤 한다. 또한 대부분의 약물 사용자들은 약물 없이 오랫동안 운동하다가 IFBB와 같은 세계적인 대회나 무대에서 경합하고자 레벨업을 위해서 약물을 사용하는 것이 아닌, 그저 단기간에 몸을 만들어 돈을 벌거나 남들에게 인정받고자 하는 인정욕구가 강하기에 이들의 운동 내공은 매우 얕을 수밖에 없다.

반면에 오랫동안 꾸준히 운동한 사람들의 내공은 곧 타인에 대한 배려와 매너로 나타난다. 하지만 대다수의 약물 사용자들은 타인을 배려하기는커녕 주변인들의 인정을 받고자 운동 중 소리를 지르고 눈을 부라리고 사람들을 째려보거나 주변 원판을 죄다 갖다 쓰고는 정리하지 않고 가버리는 등 온갖 방식으로 운동 내공의 결여를 보여준다.

그렇기에 이들과 같은 헬스장에서 운동하는 일반 운동인은 대개 불편함을 토로한다. 때로는 눈치를 보고 개인 운동에 집중을 못 하거나 약물 사용자들의 위화감 때문에 그냥 자리를 뜨기도 한다. 그런 사람들이 갈수록 많아지고 약물 없이 끈기와 노력으로 자신만의 운동을 하는 사람들이 설 자리가 점차 사라지는 게 나는 안타까웠다. 강한 정신을 만들어주는 운동, 꾸준히 노력하여 결실 맺는 마인드셋을 함양시켜주는 운동, 어려움을 버티고 이겨내는 힘을 만들어주는 운동을 지향하는 자들이 약물 사용자의 얕은 운동 내공과 풍선근육에 무시당하는 것에 나는 환멸감을 느꼈고 우리나라의 피트니스 문화가 대단히 잘못되어가고 있다고 생각했다.

급기야 자신들의 풍선근육으로 인기를 얻은 약물 사용 인플루언서들은 약물로 만든 자신의 근육이 그 근육이 마치 자신들의 끈기와 노력, 정신력, 그리고 마인드셋의 결과인 양 헛된 주장을 늘어놓으며 피트니스 소비자들을 기만하기에 이르렀다. 그때 나는 결심했다.

'진짜 건강한 몸과 정신을 만드는 운동을 전파하는 채널을 만들어야겠다. 단기간에 근육을 만들려 약물에 빠져 인생을 망치는 유혹에 빠지지 않도록, 운동으로 진정 건강하고 매력적인 삶을 살아가는 모습을 직접 증명해 보여야겠다. 그냥 하루종일 운동만 하고 약물로 빚어낸 근육을 뽐내고 그로 인한 우월감과 자기만족에 빠져 사는 모습이 아니라, 누구나 평범한 일상 속에서 명확한 인생목표를 달성하도록 도와주는 운동, 오랫동안 정신적·신체적으로 건강하고 지속가능한 운동, 진정으로 선한 영향력을 발휘할 수 있는 운동을 전파해야겠다.' 그렇게 나는 유튜브 채널을 오픈했고 여러 운동 관련 콘텐츠를 만들어 많은 사람에게 감성운동에 대해 알리게 되었다.

하지만 아직도 요즘 소셜 미디어에서는 약물 사용자들의 화려한 근육이 운동인 다수의 이목을 끌어 헬스에 입문하자마자 약물에 손을 대는 사람이 많다. 소셜 미디어에서 약물의 위험성을 알리는 인플루언서의 존재는 아직까지도 미미하며 그보다는 약물을 써서라도, 목숨을 걸어서라도 풍선근육으로 무장한 헬스 인플루언서가 되어 얻을 수 있는 인기와 경제적 이득만을 바라보는 이들이 즐비하다.

그럼에도 묵묵히 자신만의 운동을 하는 사람들이 있다. 회사 생활과 같이 일상적인 삶에서도 운동을 통해 인생에서 마주하는 어려움을 이겨내고자 하는 이들에게 힘을 실어주고 싶었다. 온종일 운동만 하고 약물로 몸 만드는 데만 혈안이 된 이들의 무시와 비아냥에 절대 낙담하지 말고, 운동의 진정한 의미를 추구하고 매일 자신의 업무를 충실히 마치고 운동까지 해내는 여러분이야말로 실로 대단한 사람들이라고 알려주고 싶었다. 남에게 잘 보이고 우월감을 표출하느라, 눈앞의 단기적 이익에만 눈이 팔려서 소중한 건강을 악마에게 갖다 바치는 얕은 정신에 기반한 운동쇼가 아닌, 바쁘고 힘든 지친 일상 속에서도 어떻게든 삶의 발전을 만들어내려 정신을 쥐어짜며 흘리는 땀과 운동은 감히 약물 사용자들이 겪어보지 못한 세상의 것임을 내추럴 운동인이 꼭 알았으면 했다.

또 나는 내추럴 운동인이 자신의 삶에 자부심과 자신감을 가지고 운동을 통해 자신들의 인생목표를 멋지게 달성해나가길 바란다. 16살 때 처음 접했던 웨이트 운동이 내 인생의 험로에서 나를 괴롭혔던 어려움에 과감하고 당당하게 맞서 싸우게 해주는 감성운동으로 거듭나 나의 몸과 정신을 지켜줬듯, 더욱 많은 사람이 감성운동과 하루빨리 만나기를 희망한다. 그리하여 단순히 멋진 몸과 근육을 만드는 운동에서 끝나는 것이 아닌, 각자의 인생길에서 필연적으로 만나게 되는 고난과 역경, 불운 속에 당신이 초능력을 발휘하게 만드는 참된 운동이 더욱더 많은 사람에게 전파되길 바란다.

## 자신의 한계를 뛰어넘는 마법의 주문

≫ QR 찍고 쇼츠 보기

나는 어릴 적부터 미국에 건너가 약 13년의 세월을 독립적으로 살았다. 외지에서 혼자 사는 데 가장 중요한 건 끊임없는 셀프 컨트롤과 마인드 컨트롤을 통해 강인한 정신력을 만들고 자존감과 자신감을 유지하며 자신의 우선순위에 집중하는 것이다. 그러나 아무리 스스로 통제하고 관리해도 타지에서의 외로움, 인종·문화적 차이로 인한 갈등과 위축으로부터 자존감을 유지하고 자신감을 북돋는 일은 마냥 쉬운 일이 아니다.

다행히 나는 감성운동을 일찌감치 알게 되고 터득하게 되어 어떤 어려운 상황에서도 강인한 의지와 정신력을 길러내는 필살기를 만들어낼 수 있었다. 또 어릴 때부터 미국에서 자라다 보니 미국 사람들 특유의 'just do it' 정신을 흡수할 수 있었다. 'just do it'은 나이키의 슬로건일 뿐만 아니라 자신감을 불어넣어 주는 주문이다. 스포츠든 요리든 뭐든 처음 할 때는 잘하지 않는다. 잘못하면 왠지 민망하고 창피하다. 하지만 괜찮다. 누구나 다 똑같기 때문이다. 바로 이런 메시지를 모든 국민에게 알리고 문화로 자리 잡게 한 것이 바로 나이키 슬로건이다.

'just do it'을 실행하고 나면 곧 마법이 일어난다. 처음에 못 했던 게 점차 익숙해지고 어느새 능수능란해진다. 그렇게 자기도 모르게 자신감이 생겨 더욱 적극적으로 하다 보면 성과가 나오게 된다. 그럼 '와, 내가 이걸 해내다니. 나 스스로가 대단한데?'라는 생각이 들고 자존감이 가슴속 깊은 곳에서 솟아나는 것이다. 아무도 옆에서 이래라저래라 하지 않고 잘하든 못하든 넘어지든 일어나든 우울하든 낙담하든 늘 외지에서 혼자였던 나는 일찌감치 미국의 'just do it' 정신을 익히고 연습하여 자신감을 부스트하고 자존감을 생산해내는 사이클을 꾸준하고 묵묵하게 돌려왔다. 여기에 내 특유의 감성운동 방식으로 운동을 하며 거울 속에 비친 스스로에게 전달하는 강력한 메시지들을 통해 나는 어떤 상황이든 이겨낼 수 있음을 상기시키고 반드시 결과로 입증하라고 주문해왔다.

'넌 반드시 할 수 있어. 넌 최선을 다했어. 그건 우리 둘 다 알아. 이제 우리가 빛을 발할 시간이야. 절대로 포기하지 마. 계속 전진해. 지치고 힘든 거 알아. 때때로 스스로한테 실망한 것도 알아. 하지만 내 말을 믿어. 피니쉬 라인이 바로 코앞에 있어. 함께 나아가자.'

/ *Dedication, hard work, dedication, hard work. I'm one man army. One man army. The world can go against me. I'll still come out on top. I got God on my side.*
헌신, 노력, 헌신, 노력. 나는 일인 대군이다.

일인 대군. 세상이 나를 쓰러뜨리려 해도 좋다.
나는 무조건 버티고 승리한다. 신은 언제나 나와 함께한다. /

내가 가장 좋아하는 전설적인 복서 플로이드 메이웨더Floyd Mayweather의 명언이자 나의 감성운동 타임에 빠지지 않는 거울 속 나에게 보내는 메시지다. 그렇게 열여섯 살 소년이 마흔두 살 어른이 되기까지 감성운동을 매일매일 하며 의지와 정신의 칼날을 갈고닦아왔다. 운동할 때 나를 괴롭히는 근육통은 세상의 각종 어려움과 같다. 그 누구도 내게 변호사가 되라고 하지 않았고 사업가가 되라고 하지 않았다. 내 스스로가 선택한 것이다. 그렇기에 여기서 오는 고난과 역경들은 내가 흔쾌히 버텨야 한다. 버틸 뿐만 아니라 적극적이고 공격적으로 싸워서 이겨야 한다. 그렇게 성장하고 성취하며 자신을 알아간다.

운동도 이와 똑같다. 아무도 내게 무거운 무게를 들라고 하지 않았다. 강해지기 위해 스스로 선택한 것이다. 그렇기에 운동 중에 느끼는 몸의 고통은 당연히 버텨내고 혼신의 힘을 다해 무게를 들어올려야 하는 것이다. 그렇게 강인한 몸과 정신이 길러지는 것이고, 그렇게 스스로 가능성을 극대화해나가는 것이고, 자신은 무엇이든 할 수 있는 존재라고 믿게 만드는 것이다.

몇 년간 유튜브 활동을 하면서 근육시 캠프를 만들었다. 근육시 캠프는 자기계발과 성공에 지대한 관심이 있는 2030세대를 대상으로 하는 일종의 훈련소다. 캠프에서는 내가 만든 운동 프로그램을 진행하는데, 이 프로그램은 최대 100kg짜리 샌드백을 들어 올려 가슴에 얹고 뛰는 식으로, 체력적 한계 상태까지 스스로 끌고 가서 자신과 싸우게 만든다. 그렇게 해서 받은 자극은 가슴속에 깊이 박도록 설계되어 있다. 이때 느끼는 도전자의 자극이 자신의 인생에서 펼쳐지는 각종 어려움을 직면할 때 상기되도록 하여 포기하지 않고 싸워서 이겨내도록 하는 것이 목표인 것이다.

  이 모든 운동 프로그램을 나는 직접 현장에서 통솔하는데 이때 내가 참가자들에게 항상 해주는 말이 있다. 운동 프로그램의 시작점에서 누가 먼저 할 것인가를 물을 때 보통 서로 눈치를 본다. 처음 만나는 사람들이라 어색한 것도 있을 테지만 인간 본성의 두려움과 긴장이 개개인을 억누르는 것이다. 이때 나는 나 자신에게 말한다. '나 같으면 무조건 처음이야. 왜? 무조건 내가 1등이거든. 내가 하고 나면 무조건 나는 1등이야. 매일 스스로 응원했잖아. 내가 가진 모든 걸 신나게 쏟아붓자. 나는 위너야, 위너답게 멋지게 쏟아내는 거야.' 물론 먼저 해서 1등이 돼도 금방 뒤로 밀려날 수 있다. 하지만 잠시라도 무조건 1등은 1등이다. 잘할 수 있다는 마음가짐으로 임하면 반드시 최대치를 뽑아낼 것이다.

  반면 앞서 한 경쟁자들의 플레이를 보고 쓸데없는 걱정을 하고 그보다 잘해야 한다는 중압감, 못하면 어떡하지라는 두려움으로 인한 긴장은 자신의 플레이에 집중하지 못하게 만들기 십상이기에 무조건 먼저 하는 것이 위너가 되기에 유리하다.

  매일 그런 마음가짐으로 살다 보면 자신도 모르게 자신감이 분출되고 여기서 만들어진 자존감은 인생의 고난과 역경에도 지지 않게 해준다. 무엇보다 적극적으로 모든 일에 임하게 되고 늘 위너가 되고자 최선의 노력을 다하게 된다. 실제로 위너가 되지 못하더라도 나 자신만큼은 떳떳하려고 자존감과 자신감을 지키기 위해 최선의 노력을 퍼부을 것이다. '너는 나보다 더 뛰어날 수 있어. 그렇지만 난 신경 쓰지 않아. 왜냐면 너는 절대

나보다 더 노력할 순 없을 거야. 그러니 그러기 전까진 내가 위너야.' 감성운동을 하며 자신감과 자존감을 끌어올릴 때 내가 하는 주문이 바로 이런 맥락의 것이다.

한번 생각해보시라. 이런 셀프 주문과 마음가짐으로 인생을 사는 사람이 자신의 분야에서 얼마나 많은 성취를 실제로 해낼 수 있을지. 그렇지 않은 사람과 비교하여 얼마나 많은 성과를 내고 자신감을 분출하는 삶을 살아갈지. 그래서 그냥 달려드는 것이다. 무조건 1등이 되겠다는 정신으로 달려들다 보면 설령 1등이 못 되더라도 내 삶은 무조건 발전하게 되어 있다. 그렇게 스스로 자신감을 북돋우는 것이고 그렇게 성과를 내어 자존감을 끌어올리는 것이다. 이 모든 것들은 작지만 강렬하고 뜨거운 성장을 향한 열망의 에너지를 스스로 주입하는 주문으로부터 시작한다.

그러니 여러분도 자신만의 주문을 만들어 매일 거울을 보며 나에게 전달하시라. '나는 다 할 수 있어. 잘할 수 있어. 무조건 위너야.' 한번 생각해보시라. 두렵고 할 수 없을 거라고 지레 겁먹거나 안 된다고 생각해봐야, 안 될 일이 될 가능성도 없고 될 일이 안 될 리도 없다. 그러니 이왕이면 할 수 있다고 생각하고 스스로를 믿고 닥치는 대로 그냥 질러보고 부딪쳐보는 게 더 낫지 않겠는가?

단, 여러분의 주문이 철저한 노력과 결과가 뒷받침되지 않는 나르시스트의 허무맹랑한 헛소리로 전락하지 않으려면 매사 'just do it'의 자세로 임하시라. 처음엔 누구나 못한다. 하지만 진리는 무조건 하다 보면 익숙해지고 조금씩 잘하게 된다. 잘하게 되면 자신감이 생기고 자신감이 생기면 결과가 더욱 좋아진다. 결과가 생기면 자존감이 올라간다. 이렇게 하기만 하면 무조건 되는 자신감, 자존감 부스터를 안 할 이유가 없다. 운동뿐만이 아니라 공부와 업무를 비롯한 인생 모든 것에 통하는 필살기이다.

여러분이 어디에서 무얼 하든 'just do it'을 자신의 정신에 단단하고 견고하게 세팅하고 매일 상기하고 실행하시라. 그러다 보면 실제로 자신의 분야에서 꼭 1등이 아니더라도 자신의 가능성과 한계치가 확장되고 능력치가 올라가는 마법과 같은 삶을 살게 될 것이다. 오늘도 회사에 출근하며 스스로 말하시라. '나는 오늘도 최선을 다할 거야. 나는 분명히 할 수 있어. 나는 다 잘할 수 있어. 나는 두렵지 않아. 내가 가진 모든 것을 쏟아부을 거야. 절대로 포기하지 않아. 그러니 내 인생에서 나는 무조건 위너야. 자, 오늘도 활짝 날개를 펴고 훨훨 날아보자!'

## 시간이 지나야만 비로소 알게 되는 것들

≫ QR 찍고 쇼츠 보기

미국에서 대학 생활을 할 때 나는 방학이 되면 한국에 들어와서 시간을 보냈다. 미국에서는 공부만 하기도 했고 워낙 만날 수 있는 한인 학생들이 정해져 있었기에, 한국에 돌아오면 언제나 친구들을 만나고 새로운 사람들을 만난다는 생각에 마음이 들떠 있었다.

한국에 오자마자 하루가 멀게 친구들을 만나러 다녔다. 당시엔 압구정동과 청담동에 박물관을 연상시킬 만큼 고급스러운 인테리어의 핫플이 많았기에, 주로 여기에서 친구들을 만났다. 특히 당시 카페의 경우 지금과 같은 스타벅스, 커피빈, 투썸플레이스와 다르게 넓은 주차장을 가지고 있었다. 널찍한 소파와 의자들, 손님의 프라이버시를 고려한 가벽과 칸막이가 설치되어 있었다. 당시에는 라운지 같은 공간에서 커피 한 잔에 만 원을 받는 카페들이 유행이었다. 이런 카페들은 주로 소개팅을 하거나 친구들과 편안하게 장시간 수다를 떨 수 있는 곳이었다. 특히 압구정의 한 카페에 자주 갔는데 매일 출근하듯 드나들다 보니 카페에 들어가는 순간 매니저가 내가 좋아하는 지정석으로 안내를 하곤 했다. 때로는 혼자 들어가자마자 일행의 자리로 안내할 정도로 나와 내 친구들은 이곳에서 아지트처럼 매일 모여 수다를 떨며 시간을 보냈다.

  한번 집을 나가면 늘 새벽이 되어서 돌아오던 내게 아버지가 여행을 다녀오라고 말씀하셨다. 매일 카페에 모여 시시한 이야기를 하는 것보다는 훨씬 더 기억에 남는다고 했다. 비용을 대주겠으니 계획을 짜보라고 했지만, 당시에 나는 친구들과의 여행보다는 여자를 만날 수 있는 소개팅이나 클럽에 마음이 쏠려 있었다. 어차피 미국에 돌아가면 공부하느라 매일 외롭게 지내며, 똑같은 얼굴들만 보고 살 텐데, 지금이 아니면 새로운 사람을 못 만날 것 같다는 생각으로 열심히 압구정 카페와 클럽을 배회했다. 어떤 날은 온종일 친구들과 클럽에서 놀다가 다음 날 새벽에 해가 뜨고서야 클럽을 나와 주차장에 세워둔 차 안에서 잠을 잤다. 쪽잠을 자고 일어나서는 그대로 전날 함께 놀던 친구와 옷을 바꿔입고 각자 새로운 사람들을 만나러 갔다. 그렇게 하루가 멀다 하고 카페며 술집이며 밤낮을 가리지 않고 친구들과 어울리며 시간을 보냈다.

  그렇게 방학을 마치고 미국으로 돌아갈 때마다 나는 방학 때 뭘 했는지 회상했다. 카페와 바, 클럽에 수도 없이 간 것과 그곳에서 만났던 사람들 외엔 희한하게 내 머릿속에 아무것도 없었다. 분명 당시엔 즐겁고 신나게 친구들과 함께 시간을 보냈는데 정작 이들과의 추억이라고 부를 만한 기억이 없었다. 방학 동안 어디 새로운 곳에 여행을 다녀와 견식을 넓히거나 무언가를 배워서 지식을 쌓고 기술을 업그레이드한 것이 아니라 그저 순간의 쾌락을 위해 시간을 통째로 날려버렸다는 찝찝함과 공허함을 지울 수 없었다. 시간이 지나고 나서야 아버지가 하셨던 말씀이 떠올랐다. 아, 진짜 애들이랑 여행이라도 다녀올 걸, 훅 지나가 버린 몇 달이란 시간이 아까워서 후회했다. 어느덧 어른이 되고 돌아보니 이때 흘려보냈던 시간이 너무나 아깝다는 생각을 자주 하게 된다. 갓 스무 살이 할 수 있는 것들이 얼마나 많았는지 어른이 되어서야 느끼게 된 것이다.

내가 만약 스무 살로 돌아간다면 무얼 하고 싶을까? 아버지 말씀대로 해외여행을 다니지 않았을까 싶다. 나이를 먹을수록, 사회 생활을 하면 할수록 여행을 위한 시간을 만들기가 어렵기 때문이다. 참, 그때 아버지 말씀을 들었으면 더욱 좋았겠다는 생각이 지금이 돼서 문득 떠오른다.

흔히들 인생을 사는 속도가 20대엔 20km, 30대엔 30km, 40대엔 40km로 간다고 한다. 이 말의 뜻을 제대로 알고 이해하기까지 약 40년의 세월이 흘렀다. 왜 40년의 세월인가? 실제로 40대가 되어 20대, 30대, 40대를 살아봤으니 그런 게 아닐까? 나 역시 어릴 때 저런 말을 수도 없이 들었지만 실제로 그 시간을 지나고 나서야 비로소 이해할 수 있었다.

그렇듯 인생은 실제로 살아봐야만 알 수 있는 면이 존재한다. 아무리 옆에서 누가 옳은 얘기를 해줘도, 도움이 되는 얘기를 해줘도 꼭 스스로 잘못된 것을 해보고, 또 잘못되고 나서 후회를 겪어봐야 비로소 알게 되는, 결국 시간이 지나고 나야만 알 수 있는 것들이 있다. 즉, 똥을 꼭 찍어 먹어봐야 하는 시절이 있는 것이다.

젊은 날의 우리는 어떤 사람이었나? 아마도 여러 귀한 재료들을 버리고 똥으로 된장찌개를 끓인 사람이 아니었나 싶다. 그냥 피하면 좋았을 것을 굳이 찌개를 끓이고 다른 귀한 재료들을 쓰레기통에 버리고 나서야 똥인 줄 깨닫는 실수를 누구나 범했을 것이다. 그렇듯 참 희한하게도 우리는 젊은 시절 어른들의 말을 지독하게 안 듣고 제멋대로 하다가 깨시고, 엎어지고, 다치고, 훗날 어른이 되고 나서야 깨닫고 후회하게끔 설계된 인생을 사는 것 같다. 미리 똥인 줄 알고 피했으면 얼마나 좋았을까? 미리 어른들의 말씀을 듣고 그대로 실행했으면 지금 내가 얼마나 더 성장해 있을까? 이런 생각을 누구나 다 해봤을 것이니 말이다.

운동은 하면 할수록 이런 인생의 경험과 진리를 더욱 뼈저리게 느끼게 된다. 나는 현재까지 약 24년간 웨이트 운동을 했다. 웨이트 운동의 특성상 나이가 들면 들수록 신체 능력 저하와 더불어 남성 호르몬 생성의 둔화, 근육 피로도 증가, 운동 후 회복력 저하 등 여러 불리한 면이 생긴다. 나의 경우 40대에 접어들기 전까지는 특별한 운동능력 저하를 느끼지 못했으나 근래에 와서는 확실히 신체 능력이 떨어져가는 것을 느낀다. 매일 두세 시간 동안 세트 간 휴식시간 없이 웨이트 운동을 해서 나의 신체능력의 한계치까지 끌어올리는데, 40세를 넘기면서 운동의 질에 차질이 생기는 것을 느끼고 있다. 예를 들어 스쿼트의 경우 총 8세트와 최고 중량 230kg, 벤치프레스의 경우 총 8세트와 최고 중량 150kg, 데드리프트는 총 6세트와 최고 중량 220kg를 하는데 가면 갈수록 노력 대비 퍼포먼스가 서서히 줄어드는 것을 실감하는 중이다. 나이를 먹는 것은 어쩔 수 없기에 요즘 나의 감성운동 마인드셋에도 변화가 필요한 시기가 온 것 같다.

분명한 건 자세와 리듬, 가동범위와 기술 모두 예전보다 훨씬 운동을 잘하게 되었는데 몸은 점점 더 작아지고 있으니 가끔은 나이가 야속하다는 생각을 하게 됐다. 그러다가 문득 이런 생각이 들었다. '요즘 들어 몸이 작아지는 건 맞는데 그렇다고 예전의 내 몸이 지금보다 좋았던 것 같지가 않은데? 예전 20대 때나 30대 초반의 몸보다 지금 몸이 더 좋은데 뭐 때문에 그렇지?'

 이유는 간단했다. 예전에는 신체 능력은 더 뛰어났지만, 지금처럼 웨이트 운동 기술이 받쳐주질 않아서 몸이 커지지 않았다. 즉, 누구한테 제대로 배우면서 운동을 한 것이 아니라 오랜 시간 혼자 무게를 밀고 당기면서 잘못된 자세로 하다가 부상도 당해보고, 자세를 여러 번 바꿔도 보고, 어깨너머 누군가를 따라 해보기도 하고, 운동 리듬도 고쳐보고 하는 등 소위 독학과 시도와 실패의 고된 시간을 거친 것이다. 하지만 오랜 시간을 걸쳐 훌륭한 기술을 갖게 되었으나 어느새 꽤 나이를 먹어 신체적 잠재능력의 한계를 실감하게 되었고 이내 뭔가 아쉬운 감정이 들었다. "아, 내가 운동할 때도 요즘처럼 PT가 있었으면 나의 잠재력을 훨씬 더 깨웠을 텐데, 어느새 나이를 이렇게 먹어버려 더 이상의 발전은 현실적으로 어려운 게 참 씁쓸하다…."

 그렇지만 나는 굴하지 않고 매일 한계 트레이닝을 하며 어디까지일지 모르는 나의 신체적 잠재능력을 전부 알아내려 굵은 땀방울을 흘린다. 그래도 아직은 나를 롤 모델로 생각하는 운동인을 실망시키지 않고 2030세대 운동인을 압도하는 퍼포먼스를 내 보이고 있다. 나는 근육시 캠프라는 동기부여 캠프를 운영하며 여러 2030세대 운동인을 코칭하고 그들과 함께 운동하고 어울리며 소통한다. 그러던 와중 한참 20대, 30대의 나이에 대단한 퍼포먼스를 내는 친구들을 종종 만나면 이들을 가르치는 전문가 입장에서 그들의 폭발적인 성장에 대한 기대, 예전의 나를 보는 듯한 향수를 느낌과 동시에 안타까움을 느낀다. 저들에게 제대로 된 운동 기술을 가르쳐주면 엄청나게 성장할 수 있을 텐데… 하는 아쉬움 말이다. 예전에 내가 제대로 된 트레이닝을 받았더라면 지금보다 훨씬 성장한 나를 마주했을 텐데… 하는 아쉬움처럼 말이다.

그런데 지금은 PT를 비롯해 특화된 트레이닝이 존재하고, 나를 비롯한 운동 전문가들을 온라인이든 오프라인이든 쉽게 찾아볼 수 있을 텐데 왜 저들은 저 수준에 머물러 있는 것일까? 운동을 위한 최적의 나이대에 있기에 잠재적인 능력치가 분명 훨씬 높은데 저들은 왜 그만한 퍼포먼스를 내지 못할까? 왜 몸이 저럴까? 나는 오랜 시간 이런 생각을 이어온 끝에 지난날의 나를 돌아보며 답을 내릴 수 있었다. '아, 나도 그랬었지….'

나 역시 20대, 30대 때 운동하며 남의 말을 듣지 않았다. 아무리 누가 옆에 와서 코칭을 해도 귀담아듣지 않았다. 내가 하는 방식이 옳다고 생각하고 내 방식만을 고수했다. 그러는 와중에 부상도 여러 번 당했다. 하지만 비교적 높은 신체적 능력을 타고났기에 금방 회복하고 다시 나만의 방식으로 이겨냈다. 그렇게 20년을 넘는 세월을 매일같이 운동하며 드디어 제대로 된 기술을 익히고 내 것으로 만들 수 있게 되었다. 하지만 20년의 세월을 갖다 바치는 바람에 정작 가장 최고점에 있던 신체적 잠재력이 20대, 30대를 훌쩍 넘겨버리게 되었다. 만약 누군가의 코칭에 따라 일찌감치 제대로 기술 세팅을 하고 땀방울을 흘렸더라면 지금 나의 몸과 신체 능력은 훨씬 더 훌륭했을 텐데 말이다.

마찬가지로 내가 아무리 2030세대에게 기술을 알려주고 방법을 알려줘도 이들 역시 듣지 않을 것이고 실제로도 그랬다. 분명 잘못된 자세와 올바르지 않은 기술로는 몸이 좋아지지 않음을 정확히 알려줘도 그들은 웬만해선 듣지 않았다. 참 예전의 나를 보는 것 같아 여러모로 안타깝고 아쉬웠다. 물론 예전의 나처럼 이들도 포기하지 않고 묵묵히 10년 이상을 버티고 정진하다 보면 분명 깨달을 테지만, 40대에 접어들고 어쩔 수 없이 운동능력의 저하를 실감하면 반드시 아쉬움을 가지는 시간이 온다. 그것을 알기에 나는 안타까움을 금할 수 없었다.

그렇듯 인생을 살다 보면 시간이 지나가야만 비로소 알게 되는 것들이 있다. 젊은 사람들일수록 똥을 굳이 찍어서 먹어보고, 때로는 똥으로 된 장찌개를 끓여 먹어봐야만 정신을 차리게 되는 것처럼 말이다. 경험이 쌓이고 나이가 들면 굳이 똥을 찍으려 하지 않고 그냥 현명하게 피하는 법을 배우게 되듯 우리가 나이를 먹어가며 현명해진다는 것은 분명 좋은 현상임에 틀림없다.

하지만 한평생 살아봐야 100년도 못 살고 언제 어떻게 세상을 떠날지도 모르는데 기왕이면 젊을 때부터 현명하게 삶을 계획하고 실천해보면 어떨까? 나처럼 고집이 세고 외로운 싸움을 즐기는 사람이라 좋은 것이든 나쁜 것이든 죄다 찍어 맛보고, 머리로 들이박아 깨보고, 다치고, 넘어지고, 일어나고 하는 것도 좋지만, 때로는 주변에 이미 경험한 자들의 조언을 듣고 한번 지나가면 다시는 안 오는 시간에 굳이 막힌 길을 뚫으려 하거나 달걀로 바위를 치려 하지 말고, 자신의 잠재력을 한계치까지 발휘할 수 있는 현명함을 익혀보는 것은 어떨까.

분명 나와 같이 스스로만의 방식으로 직접 도전하고 부딪히고 넘어지고 일어나는 경험을 통해 현명함을 터득할 수 있다. 하지만 그러려면 죽기 살기로 덤비는 강인한 의지와 실행력, 죽기 전까지 절대 포기는 안 한다는 악바리 정신이 뒷받침되어야만 한다. 방법을 알려줘도 굳이 자기의 방식대로 운동하고, 그러다가 다치더라도 포기하지 않고 결국 올바른 방법을 10년이 넘도록 고생하며 찾아가는 우둔하고도 굳은 의지와 실행력 말이다. 만약 그런 게 없다면 반드시 중간에 지레 지쳐 포기하게 되고 자칫 실패자로 전락할 수 있음을 명심해야 할 것이다.

하지만 인생의 시간은 언제나 한정되어 있고, 타이밍을 놓치면 훗날 아쉬움으로 남을 수 있다. 그러니 우직하게 인생을 살아가되 현명함을 잃지 않는 우리가 되면 어떨까? 누군가 먼저 걸어간 쉬운 길이 있다면 그 길을 따라가도 된다. 이 말은 결코 쉬운 길로만 가자는 게 아니다. 어차피 인생이라는 정글을 지나다 보면 필연적으로 험난한 가시밭길이 수도 없이 나온다. 이때 우리는 눈앞에 펼쳐진 길에서 마주하는 어려움을 정면으로 돌파해나가야 할 것이다. 하지만 이미 잘 닦인 길을 두고 굳이 더욱 험난한 길로 돌아감으로써 자신의 목표를 향해 가는 데 필요한 에너지와 자원을 소모하지 않기를 바란다. 부디 한번 사는 인생 자신에게 주어진 잠재력의 최대치를 현실로 끌어내어 성취의 기쁨과 넘치는 자존감으로 일상을 채워나갈 수 있기를 바란다.

## 감성운동으로 3대 500 씹어먹는 방법

≫ QR 찍고 쇼츠 보기

나는 지난 몇 년간 동기부여, 자기계발 콘텐츠를 꾸준히 만들어왔는데 특히 운동을 통한 동기부여와 자기계발을 강조해왔다. 근육을 만드는 방법만을 다루지 않고 감성운동이라는 말을 만들어내며 그저 멋진 몸을 만들기 위해서만 운동하는 여러 젊은이에게 운동을 통한 새로운 세계에 눈을 뜨도록 하는 노력을 기울여왔다. 즉, 운동을 통해 강인한 정신을 만들고 이를 통해 자신의 한계를 돌파하도록 하는 것이다. 나아가 운동한계를 돌파해가면서 서서히 만들어지는 적극성, 도전정신, 자신감과 자존감을 인생과 접목해 궁극적으로 자신의 인생 목표를 달성하도록 해주는 원천이 감성운동이다.

유튜브 활동을 꾸준히 하다 보니 점차 많은 사람이 감성운동에 대해 관심을 가지게 되었고, 이와 관련한 수많은 인스타 DM과 유튜브 라이브 방송을 통한 운동 관련 질문들이 이어졌다. 그중 가장 많이 받은 질문이 아무리 운동해도 몸이 커지지 않는다는 것이다. 분명 열심히 제대로 운동하고 있는데 도통 근육이 안 생기고 몸이 커지지 않는다고 했다. 그리고 그 이유로 자신들의 유전자, 잘못된 식단 등을 탓하는 경우가 많았다. 하지만 막상 그들의 이야기를 들어보면 그 이유는 대개 유전자도 식단도 아닌, 그들의 운동 자체에 있었다.

그들은 운동을 너무 보수적으로 했다. 운동을 제대로 할 생각보다는 늘 부상 위험을 두려워하면서 말이다. 하지만 그들의 운동 방식을 들어보면 부상 근처에도 가지 못하는 경우가 태반이더라. 그렇다면 몸은 커지고 싶지만, 부상이 두려워 운동을 제대로 하지 않는 이유는 무엇인가? 나에게 이는 그저 자기방어 기제self-coping mechanism로밖에 보이지 않았다. 즉, 근육이 커질 수 있도록 제대로 된 방식으로 죽을힘을 다해 운동해야 하는데 정작 그렇게 하지도 않으면서 부상이 있을 수 있다는 핑계를 대며 하지 않는 것이다.

원래 무언가를 이루려면 과감하게 실행해야 한다. 그런데 그들은 해야 할 이유보다는 하지 않아도 될 이유를 찾는다. 그럼 어떻게 하는 게 근육이 만들어지고 몸이 커지도록 하는 운동 방법일까? 쉽게 말하면 무게를 쳐야만 한다. 부상이 두렵다는 핑계를 대며 소극적으로 운동하니 매일 제자리걸음인 것이다. 그러니 정작 무게를 치지도 않으면서 몸이 안 커진다고 말한다면 그저 패배자들의 불평일 뿐이다.

웨이트 운동에 있어 과부하의 원칙이라고 들어봤는가? 무게를 통해 만들어진 저항이 근육에 가해졌을 때 그 저항을 이겨내며 수축과 이완을 지속하면 근섬유가 손상되고, 이어 휴식을 거쳐 손상된 근육이 재생하면 근섬유의 부피가 증가하게 된다. 그러므로 근육 생성의 첫 단계는 무게를 통한 저항을 걸어주는 것이다. 즉, 무조건 무게를 쳐야 근육이 생긴다.

하지만 무게를 치다 보면 근육 생성뿐만 아니라 더불어 좋은 것을 얻게 된다. '근육'이 커지기를 바라며 무게를 치다 보면 자신도 모르게 '정신 근육'도 함께 커진다. 어떻게든 무게를 들어 올리기 위해 악바리 정신으로 무장하게 되고, 무게를 들어 올리는 과정에서 자기의심과 두려움을 비롯한 실패를 종용하는 감정들과 맞서고 싸우게 된다. 이걸 이겨내고 무게를 들었을 땐 성취감과 보람이 물밀듯 밀려오는데 이때 감정이 굉장히 짜릿하다. 그런 성취감과 보람은 자신감과 자존감으로 이어지고 자신도 모르게 서서히 도전을 두려워하지 않고 과감하게 시도하는 사람으로 변해간다.

누군가는 "아니 그렇게 무게를 심하게 들면 분명 다칠 것 같은데?"라고 말할 수 있다. 제대로 된 자세를 갖추지 않은 상태에서 무게를 치다가는 부상으로 이어진다. 웨이트 운동에 있어 자세는 필수적인 요소이기에 무게를 올리기 전에 스쿼트, 데드리프트, 벤치프레스 등 전신운동의 자세를 제대로 배우는 것은 매우 중요하다.

그렇다면 마냥 자세만 익히면 되는 걸까? 자세도 무게를 쳐가면서 익히는 것이다. 자세는 한번 만들어놓고 끝나는 게 아니라 무게를 늘리면서 꾸준히 교정하고 만들어가는 것이다. 그 이유는 무엇인가? 우리는 웨이트 운동에 있어 운동신경의 영역을 간과해선 안 된다. 무게를 올리면 몸의 균형이 흐트러지게 되는데 이 상태를 안정되게끔 하는 과정에서 코어 발달이 이루어지고, 무게를 든 상태에서 동작을 수행할 수 있어야 몸의 협응 능력이 좋아진다. 무게를 안 걸면 균형이 흐트러지지 않거나 덜 흐트러지기에 그만큼 코어의 개입도 적어지고 근육과 협응 능력도 활성화 되지 않는다. 결국, 몸이 그만큼 적게 반응을 하여 근육과 운동신경이 발달되지 못하는 것이다. 쉽게 생각해보면 무게를 들고 산을 오르는 사람은 무게 없이는 훨씬 더 산을 잘 오를 것이다. 반면, 무게 없이 맨몸으로만 산을 오르는 사람은 무게를 드는 순간 몇 발자국 못 떼고 바로 퍼질 것이다. 그렇기에 무게를 든 상태에서 동작을 취하고, 점진적 과부하의 원칙에 따라 단계적으로 무게를 늘려야 한다.

 자, 그럼 올바른 자세로 점진적 과부하만 잘 만들면 성공인가? 즉, 무게만 잘 늘리면 되는 걸까? 대체로 그렇지만 어느 순간 누구에게나 점진적 과부하가 멈추는 순간이 온다. 왜? 점진적 과부하를 통해 근비대를 익혔을지는 모르나 한계 트레이닝의 법칙을 이해하지 못하면 어느 순간 근비대는 멈추게 되기 때문이다.

 그렇다면 한계 트레이닝은 무엇인가? 일차적으로는 말 그대로 무게를 치며 자신의 한계치에 도달할 때까지 동작을 수행하는 것이고, 이어 한계치를 조금씩 늘려가기 위한 자신만의 기술을 연마하는 것이다. 바로 이때 쇼츠에서 말하는 나만의 감성운동 방식이 빛을 발한다. 흔히들 실수하는 게 세트에 들어가서 자세를 잡는다고 불필요한 시간을 너무 많이 쓴다. 마치 골프 티샷을 할 때 불필요하게 오래 어드레스를 하는 것처럼 말이다. 그렇다면 어드레스 시간이 길면 길수록 결과는 어떤가? 백발백중 미스샷이 나온다. 웨이트 운동도 똑같다. 세트에 들어가기 전에 반드시 성공시킨다는 마인드 세팅 시간을 갖는 것은 좋지만 정작 마인드 세팅이 끝나고 세트에 들어갔는데 거기에서 또 시간을 끌 이유는 없다. 이때 시간을 끌면 골프에서 미스샷으로 이어지듯 당신은 십중팔구 실패할 것이다.

왜 실패로 이어질까? 보통 이때 "이걸 내가 들 수 있을까? 왠지 안될 거 같은데…. 이거 내가 하는 무게보다 더 무거운 건데… 하아… 왠지 안될 거 같은데… 오늘 몸 상태도 별로인 것 같은데…." 이런 생각을 한다. 도전할 때 "나는 최고야! 오늘 내 컨디션은 최고야! 나는 뭐든지 다 해낼 수 있어! 이건 전의 무게에 비하면 아무것도 아니야. 고작 몇kg 올라갔을 뿐이야. 가뿐히 들어 올릴 거야!"라고 마인드 세팅을 하는 게 아니라, 실패를 무서워하다가 실패에 대한 두려움이 서서히 당신의 마음을 잠식해서 반드시 성공시키겠다는 당신의 열정을 차갑게 식혀버리는 것이다.

실패에 대한 두려움이 실제로 실패를 낳는 이런 현상은 비단 골프나 웨이트 운동에서만 벌어지는 일이 아니다. 회사에서 팀 프로젝트를 한다고 생각해보자. 한참 프로젝트 타임라인을 만들고 계획대로 실행하려는 와중에 팀원 중 누군가가 "아, 막상 하려고 보니 이건 안 될 거 같은데…"라고 한다면 과연 그 팀은 프로젝트를 제대로 진행할 수 있을까? 아마 한 발짝을 떼기도 힘들 것이다. 그렇듯 일단 실컷 마인드 세팅을 마치고 본 세트에 들어갔으면 자기 자신을 믿고 무조건 성공시키겠다는 사명감으로 들어가야 한다. "자기 자신을 믿어라. 아니면 누가 믿어줄 것인가?"의 사고 방식이 절대적으로 필요한 순간이다.

그렇게 세트에 들어가자마자 들어가기 직전 자신이 세팅한 마음과 감정 그대로, 사자의 눈빛과 심장박동으로 자세를 잡은 즉시 무게를 들어 올려 세트를 성공시켜야 한다. 그렇다면 세트에 들어가기 직전의 사고방식과 감정 세팅은 어떻게 만들어낼 것인가? 쇼츠에서 말하듯 나의 경우 돌아가신 아버지를 떠올리고 그때 기억을 머릿속에 가져오면 심장이 요동을 치고 온몸에 열이 올라오면서 세포들이 쭈뼛하고 예민하게 곤두선다. 이어서 눈에서는 레이저가 나오고 입술이 파르르 떨리면서 내 몸은 초능력과 같은 에너지로 휘감긴다. 그렇게 손뼉을 치며 기합을 넣고 악에 받쳐 울부짖으며 세트에 들어가는 것이다.

무게를 점진적으로 올리다가 어느새 한계치에 다다르면 나는 돌아가시기 며칠 전 아버지의 병원에서의 모습들을 떠올린다. 로스쿨을 졸업하고 한국에 돌아와 아버지를 만났을 때 병상에 힘없이 누워 계시던 모습을 생각한다. 평소에 내가 알던 건장한 아버지가 온몸에 살이 다 빠져나가 뼈만 남은 모습은 여전히 비워낼 수 없는 슬픔으로 남아 있다. 돌아가시기 이틀 전에 급격하게 위험한 수준으로 올라간 칼륨 수치를 낮춰야 한다며 병원에서 허겁지겁 했던 관장 시술 당시 온몸에 힘이 다 빠져나가 힘겨워하시던 아버지의 표정은 말로 설명할 수 없는 아픈 기억이다.

또, 내가 한국에 도착한 지 단 며칠 만에 세상을 떠나실 줄 몰랐기에 아버지를 휠체어에 태우고 바깥 공기를 쐬드리려 함께 산책할 때, 주변에서 환자복을 입은 상태로 담배를 피우던 이들을 지나치며 아버지는 그들을 물끄러미 바라보셨다. 아버지는 이때 무슨 생각을 하셨을까? 자신은 저 흡연자들을 비롯한 그 누구보다 건강했었는데 하루아침에 힘없이 병상에 눕게 된 현실을 어떻게 느끼고 계셨을까? 얼마나 건강을 되찾고 싶으셨을까?

그 후 또 하루이틀 만에 병상에서 아버지의 마지막 숨이 멎자마자 나는 병상 머리맡에 둔 십자가에 괴성을 지르고 뛰어들며 십자가를 부러뜨리려 했다. 사망 선고를 받고 구급차에 실린 아버지의 운구 옆에 나와 형이 넋이 나간 상태로 탑승했던 그때는 눈코 뜰 새 없이 바쁜 일상 중에도 아버지의 기억이 떠오를 때마다 문득 나를 잡아 세워 눈물에 젖도록 만드는 사무치는 순간이다.

아버지와 함께한 마지막 며칠간은 내 인생에 있어 굉장히 충격적이고 파괴적인 부정감정임에 틀림없다. 생각하면 할수록 화나고 억울하고 슬프고 후회되는 기억들이기 때문이다. 아버지가 너무나도 그립고, 그런 아버지가 일찍 생을 마감하게 된 허무한 현실이 분하고 악에 받친다. 심지어는 아버지를 따라가고 싶다는 생각이 들 때도 있다.

하지만 나는 이런 부정감정들을 내가 게으름을 이겨내고 끊임없이 목표를 향해 나아가도록 하는 연료로써 쓰고 있다. 즉, 이런 부정감정들에 무너지는 게 아니라 내가 당장 하는 일에 목적의식을 부여하고 에너지를 불어넣는 요소들로 사용한다. 비단 일에서뿐만이 아니라 나의 한계치를 부수는 감성운동 때에도 나는 이들을 과감하게 내 머릿속으로 소환한다. 그리고 이때 아버지의 표정을 떠올리고 아버지는 무슨 생각을 하고 계셨을까 생각한다. 이어 "작은아, 힘내라. 할 수 있다! 아버지는 너를 믿는다!"라고 아버지가 내게 말씀하시는 상상을 한다. 그럼 사자의 매서운 눈빛과 심장박동이 시작되면서 초능력이 올라온다. 그렇게 세트 전 마인드 세팅이 완성되는 것이다. 이어 기합을 넣으며 그 심정 그대로 무조건 성공시킨다는 마음을 먹고 세트로 들어가자마자 무게를 뽑아내는 것이다. 그렇게 매번 새로운 무게에 도전하며 한계 트레이닝을 구현해내어 강인한 멘탈과 몸을 만들어내는 것이다.

목표를 달성하기 위해 부정감정을 이용한다는 것은 사실 다소 불편하고 어려운 일이다. 특히 우리나라에서는 부정감정 자체를 사용가치가 없는 감정, 말 그대로 부정적이기에 없애버려야 할 대상 또는 그 자체로 잘못된 감정이라고 치부하는 경향이 있기에, 이를 적극적으로 받아들인다는 것은 바람직하지도 이상적이지도 않다고 여겨질 수 있다. 누군가에게 무시를 당해 화나면 화를 내는 사람이 잘못이니 그저 화를 삭이라고 말하는 것과 비슷한 맥락이다.

반면 부정감정을 이용한다는 것은 누군가에게 무시를 당하면 오히려 '기쁘게' 실컷 화내는 것이다. 그러면서 '오케이, 땡큐. 보여주겠어. 칼을 갈겠어. 더욱 열심히 해서 결과로 보여주겠어'라고 스스로를 움직이게 하고 성장하게 하는 동력으로, 양분으로 쓰는 것이다.

그렇게 부정감정을 이용하는 법을 터득하면 이 얼마나 대단한 필살기가 될까? 하루 중 일어나는 모든 부정감정이 자신을 움직이게 하는 동력이라면 이 얼마나 질 좋고 양 많은 연료인가? 연인의 배신으로 아픈 이별을 경험했다면 보통 배신의 억울함과 슬픔을 복수와 경멸의 감정으로 승화시키는 이들이 많다. 하지만 이를 '최고의 복수는 어마어마한 성공이다'로 승화시킨다면 부정감정을 동력으로 쓰는 매우 이상적이고 발전지향적인 방법이 된다. 부정감정이 자신을 망치는 것이 아니라 오히려 더욱 성장하고 발전하게 만드니 이보다 더 좋을 수는 없지 않겠는가?

자, 이제 감성운동이 무엇인지 감이 좀 잡혔는가? 지금까지 왜 당신의 몸이 커지지 않고 근육이 안 생겼는지 깨닫는 부분이 있었는가? 지금껏 당신이 웨이트 운동을 어떻게 해왔는지 한번 돌아보시라. 웨이트 운동을 그저 무게를 들고 근육만 만드는 것이라 생각하지는 않았는가? 그저 대충 해도 근육이 만들어지겠거니 하고 생각하지는 않았는가? 남들 다 하는 만큼 하면 남부럽지 않게 몸이 커진다고 생각하지는 않았는가?

감성운동은 꽤 심오한 것이다. 그리고 인생 전반에 엄청난 긍정적이고 발전적인 영향을 줄 수 있는 실로 대단한 필살기이다. 단, 꾸준한 노력을 통해 이를 자신의 것으로 만들어야 한다. 더는 감성운동을 그저 헬스장에서 대충 쇠질을 하는 것으로 치부하지 말고 한계 트레이닝을 위한 사고방식을 정비하시라. 한계 트레이닝은 말 그대로 점진적 과부하를 통해 당신의 한계치까지 끌어올리는 것을 말한다. 그리고 당신만의 부정감정들을 머릿속으로 가져와 초능력으로 만들어 반드시 한계치를 끊임없이 돌파하게끔 하는 연료로 태워라.

이때 나처럼 실컷 울어도 좋다. 내가 한계를 돌파할 때 아버지의 마지막 순간의 기억을 불러와 두 눈을 빨갛게 적시고 온몸의 열을 끌어올려 괴성을 지르며 세트에 들어가 성공시키는 것처럼 말이다. 이때 자신이 불러온 부정감정에 더욱 집중하고 이입할 수 있도록 동기부여할 수 있는 음악을 들으면 좋다. 당신의 세포가 전부 열리고 온몸에 열이 끓어올라 한 순간에 폭발하는 감성을 만들어내는 데 큰 도움이 될 것이기 때문이다. 그렇기에 감성운동이다. 감성을 끌어올려 운동을 하며 운동과 인생의 한계를 돌파하는 것. 이제 감성운동이 무엇인지, 또 어떻게 하는지 이해했다면 주저하지 말고 시작해보시라. 이제 당신이 3대 500을 씹어먹어 볼 차례이다.

2장

# 한국에서 빡세게 살아가기

## 싫은 일을 즐거운 일로 바꾸는 마법

≫ QR 찍고 쇼츠 보기

　나는 유튜브에서 동기부여 활동을 시작하면서 많은 2030세대로부터 롤 모델이라는 소리를 들어왔다. 그리고 내가 자주 받는 질문 중 하나는 나의 롤 모델은 누구냐는 것이다. 매주 진행하는 유튜브 동기부여·고민 상담 라이브 방송에 참여했던 사람들 혹은 나의 열혈팬이라면 이미 정답을 알 것이다.

　나의 롤 모델은 돌아가신 나의 아버지다. 라이브 방송에서 많은 고민 상담을 할 때마다 내 아버지 이야기를 빼놓지 않을 정도로 아버지가 내 인생과 가치관에 끼친 영향이 실로 지대하다. 아버지는 약 10년 전, 병마로 인해 이 세상을 떠나셨다. 당시 66세의 나이였는데 한평생 열심히 일만 하다가 돌아가시게 되어 가족들 모두가 참으로 안타까워했다. 먼 미국에서 공부하느라 많은 시간을 보내지 못했던 내게는 그저 안타까움을 넘어 한평생 하늘을 원망하는 한과 악으로 남은 일이기도 하다.

여러분은 부모님의 삶에 대해 얼마나 알고 있는가? 나는 부모님의 성장과 인생 스토리를 자식들에게 말해주는 것 그 자체로 매우 좋은 자녀교육이라고 생각한다. 반드시 뭔가 대단하고 멋진 스토리가 아니더라도 자식에게 이를 들려주었을 때 자식은 여러 가지 생각을 하게 된다. 내가 어떻게 태어났고, 내 삶에 있어서 부모님의 역할이 얼마나 중요한지를 생각할 기회가 되며, 그 과정에서 여러 감정을 느낄 수 있다. 또 그런 스토리를 적절하게 나의 자기계발을 위한 양분으로도 쓸 수 있다. 이를테면 부모님의 젊은 시절 크고 작은 실수와 실패, 성취와 성공의 스토리를 듣고 당시 그들이 겪었을 어려움에 대해 생각해보고 이를 자신이 현재 겪고 있는 어려움에 적용하며 돌파구를 찾아보는 등 매우 유용한 동기부여와 자극의 자원으로 사용할 수 있게 된다.

그뿐만 아니라, 어려움 속에서 최선을 다해 살아내며 오늘의 나를 있게 해 주신 부모님을 떠올리면, 바쁘고 정신없이 치열한 삶 속에서도 감사와 경의를 느끼게 되는 따뜻한 순간을 맞이하기도 한다. 결국 부모님의 성장 이야기를 자녀에게 들려주는 일은 가족의 정신과 삶의 가치관이 대대로 전승되도록 하는 매우 중요한 장치로서 작용한다.

내 아버지는 유복한 환경에서 6남매 중 맏이로 태어났는데, 갑작스러운 할아버지의 병세와 기타 가정사로 인해 가세가 기울어 집안의 가장으로 생업에 뛰어들게 되었다. 학창시절 늘 수재로 인정받았고 앞날이 창창했지만, 가장의 역할을 해야 했기에 가족을 위해 자신의 꿈과 목표를 희생해야만 했다. 돈을 벌기 위해서 가고 싶었던 길을 포기하고 불굴의 의지로 피땀을 흘려가며 가족을 지켜왔다. 그렇게 열심히 일해가며 빠져나가던 가족의 재산을 하나씩 되찾아왔고, 그렇게 동생들의 결혼을 다 책임지고 나서야 어머니와 다소 늦은 나이에 결혼할 수 있었다.

아버지는 서른 즈음에 당시엔 그저 논밭이었던 강남구 신사역 사거리 땅을 사기 위해 돈을 준비해서 집을 나섰다고 했다. 하지만 당시 생각이 달랐던 할아버지가 극구 만류하는 바람에 포기했다고 한다. "하아, 그 땅을 샀더라면 지금 거의 준재벌은 됐을 텐데." 그 얘기를 듣고 아버지보다 되려 내가 더 큰 아쉬움을 느꼈다. 하지만 동시에 아버지는 그런 기회를 날리고도 계속해서 끊임없이 새로운 기회를 찾아 모색하고 가족들을 부양하기 위해 애쓰셨음을 느꼈다.

내 어머니는 유복한 집안의 철없는 막내딸로 지내다 어쩌다가 아버지와 결혼하셨다. 사업을 하며 땀 흘리며 살던 아버지의 영향으로 철부지 어린아이에서 생활력이 강한 여자로 바뀌게 되었다고 한다. 하지만 여러 사업에 도전하면서 쉽지 않은 목표를 설정하고 실행하던 아버지에게 어머니는 자주 반대 의견을 내어 아버지의 발목을 잡았다고 한다. 어머니는 지금 돌이켜 보면 왜 그렇게 혼자 있기를 두려워하고 아버지께 의존적이었는지 모르겠다고 말한다. 아버지가 미국과 필리핀 등지에서 규모가 큰 사업을 계획하고도 제대로 실행하지 못한 데에는 어머니의 반대가 컸다고 한다.

이런 이야기를 들었을 때 나는 참 가슴이 답답했다. 당시에 아버지도 얼마나 답답했을까. 자신의 꿈을 포기하고 어린 나이 때부터 생업에 뛰어들어 가족들을 책임지고 각자 잘살 수 있게 해줬지만, 끊임없이 가족들 때문에 자신의 길을 개척하지 못하고 만류와 포기, 좌절을 맛봐야 했던 아버지의 마음이 간접적으로나마 느껴졌다. 나였으면 어땠을까? 꿈과 목표를 매번 포기해야 하는 상황에서도 계속해서 피땀의 쳇바퀴를 굴려 나가는 삶에는 대체 어떤 낙이 있었을까? 자신의 상황을 바꿔보려고, 자신의 잠재력을 실현해보려고 무언가에 도전하려 할 때마다 누군가에 의해 좌절되고 그냥 살던 대로 살아야 하는 인생이란 어땠을까. 그런 생각을 할 때마다 나는 아버지의 젊은 시절에 깊은 애잔함과 먹먹함을 느끼지 않을 수 없다.

1998년 IMF 당시 형과 나는 미국에 있는 비싼 사관학교에 다니고 있었다. 많은 유학생이 어려워진 집안 사정 때문에 짐을 싸서 들어오던 시기에도 아버지 덕분에 꿋꿋하게 버틸 수 있었다. 이때 아버지는 자신의 모든 취미 활동과 소비를 중지하고 오로지 경제 활동과 자식들 지원에만 집중하셨다고 한다. 그렇게 고군분투하던 와중 일종의 위험 회피risk hedging 목적으로 주식투자를 했는데 거액의 손실을 보게 되어 또 한 번 위기가 찾아왔다. 그러나 자신이 세워두었던 모든 우선순위를 재조정하고 밤낮으로 일하며 자식들 학비 지원에 집중했다. 한번은 어머니가 아버지가 일에만 몰두하고 그렇게 좋아하시던 골프를 안 가시니 한번 다녀오시라고 했다고 한다. 하지만 아버지는 "내가 골프장에 안 가면 내 자식들이 햄버거라도 하나 더 사 먹을 수 있잖아? 그러니 안 가도 괜찮아!"라는 말을 하셨다고 한다. 그렇게 아버지는 회원권을 전부 처분하며 자신의 우선순위를 또 한 번 다시 세우셨다.

그렇게 아버지는 평생 고생만 하시다 짧은 생을 마치셨다. 일생 동안 아버지는 자신의 능력을 발휘해 새로운 길을 찾으려고 할 때마다 매번 타인의 반대와 만류에 부딪혔다. 결국 새로운 도전을 접을 수밖에 없었고 원하던 길로 가지 못했다. 하지만 포기하지 않고 주어진 상황에서 최선을 다하고 재미없고 지루한 삶 속에서도 의미를 찾으려 애쓰셨다. 그러한 아버지의 희생과 노력 덕에 우리 가족은 많은 것을 누릴 수 있게 되었다. 내가 볼 때 참으로 재미없고 지루한 삶이었을 것 같은데 과연 아버지의 긍정 에너지와 버팀의 원동력은 무엇이었을까?

언젠가 아버지는 말씀하셨다. 본인은 가족을 책임지느라 생업에 뛰어들어 진로가 바뀌었던 반면, 당시 아버지의 학창시절 친구들은 자신들의 의지대로 진로를 찾아 나아갔다고. 당시엔 자신은 그러지 못해서 그에 대해 아쉬움이 있었다고 하셨다. 하지만 어려운 삶 속에서 긍정을 찾고, 하기 싫은 일들 속에서 나름의 재미와 의미, 가치를 찾아가는 과정들을 매일 거치면서 살다가 어느덧 슬쩍 돌아보니 자신도 모르게 많은 것들이 이루어져 있었다고 말씀하셨다. 하지 못했던 일에 대한 아쉬운 마음보다 할 수 있는 일들이 많아져 있음을 알게 되었다고. 그러면서 현재 자신의 삶이 과거 자신이 부러워했던 친구들의 삶에 비해 일말의 부족함이 없음을 느끼게 되었다고.

원하던 것, 목표하던 것을 타인 때문에 포기해야만 했던 것이 원망스럽지는 않았냐는 나의 질문에 아버지는 만약 그랬더라면 이 세상에 너는 있지 않았을 거라는 한마디로 일축하셨다. 가장으로서 자신의 형제자매 앞길을 만들어주고, 어머니를 만나 자식들을 잘 키워내며 단단하고 끈끈한 가족을 이룬 아버지의 인생은 한 치의 후회도 남아 있지 않았다고 느껴졌다.

어느덧 마흔을 넘기고 나는 문득 생각했다. 나는 과연 원하던 대로 삶을 살고 있나? 남의 눈치를 보지 않고 그저 원하는 것을 추구하며 앞만 보고 열심히 살아온 인생이었다. 내 인생은 아버지의 인생과는 달리 불편함 없는 환경에서, 타인의 방해와 간섭이 없는 환경에서 오로지 나만 생각하며 우선순위를 정하고 실행하며 살아온 삶이었다. 그런데도 가끔은 그토록 독립적이고 자유로운 삶 속에서도 지루함과 불만을 느끼며 살고 있음을 깨달았다. 내가 원했기에 실행했던 일이 어느덧 하기 싫은 일들의 연속이 되어 있음을 발견했고, 그것들로 인해 온갖 짜증과 불만족이 내 삶을 덮고 있음을 감지했다.

대기업에서 사내변호사를 하던 중 피트니스 사업을 시작한 것이 바로 문제의 발단이었다. 본래 내가 계획한 사업은 피트니스가 주가 아니라 운동을 통한 웰니스를 추구하는 온·오프라인 플랫폼을 만드는 것이었다. 당시 나는 약 1천 명의 2030세대 직장인 회원을 갖춘 커뮤니티를 창설하고 운영하고 있었는데, 다양한 운동과 액티비티를 함께하며 인적 네트워크를 구축하고 이를 통한 각자 인생의 웰니스를 구현하는 것을 미션으로 하는 단체였다. 그 커뮤니티를 위한 '웰니스 센터'를 청담동에 오픈했다. 즉, 기존 온라인 커뮤니티 플랫폼에 더불어 웰니스 공간과 웰빙 키친, 스냅 스튜디오와 피트니스 장비를 갖춘 시설을 통해 여러 그룹 운동과 다양한 실내외 액티비티를 기획하고 제공하는 사업이었다.

하지만 코로나 사태로 인해 사업 계획이 대폭 축소되어 결국 키친과 피트니스 센터로만 운영해야 하는 처지에 이르렀고 이는 나의 일상에 거대한 족쇄가 채워지는 결과로 이어졌다. 매일 새벽 6시에 직접 센터를 오픈하고 어떻게든 적자를 만회하기 위해 트레이닝에 뛰어들어 온종일 지하에서 시간을 보내다가 마감 시간인 자정이 되어서야 밖으로 나와 어두컴컴한 하늘만 보는 날들이 이어졌다. 와중에 추가 수익을 내기 위해 키친 사업을 병행했는데 모든 메뉴를 직접 개발하고 요리까지 해냈다. 어떻게든 적자를 면해야 했으니 말이다.

"아, 아무리 스스로 원해서 시작한 일이라 하더라도 살면서 즐거운 일만 할 수는 없는 거구나. 아버지와는 달리 분명 내가 원해서 시작한 일인데도 막상 하다 보니, 예상치 못했던 일들이 벌어지고 그로 인해 최악의 결과로 이어질 수도 있구나. 상상하지도 못한 어려움 때문에 세상 하기 싫고 귀찮고 지루한 일들의 연속으로 인생이 전락해버렸구나."

매일이 자괴감과 후회의 연속이었고 몸과 마음은 지쳐만 갔다. 내가 원했던 그림은 이게 아닌데 어쩌다가 이렇게 된 걸까. 왜 오픈하자마자 갑자기 코로나가 터져서 이 꼴이 되었나. 하지만 그때마다 아버지의 생전 말씀과 인생 스토리를 떠올리며 바쁜 와중에도 매일 감성운동으로 약해지는 스스로와 싸웠다. 그렇게 매일 꾸역꾸역 버티며 혹독한 현실과 마주했다.

매일매일 쌓이고 쌓인 쳇바퀴가 추후 어떤 결과로 이어질지 날마다 생각했다. 아버지가 그렇게 하셨듯 말이다. "내가 아끼고 땀 흘리면 내 자식들이 미국에서 햄버거 하나씩 더 사 먹는다." 아버지께 그런 생각이 단순하지만 강력한 자극과 동기부여가 됐듯, 나 역시 당시의 하루하루가 추후 사업과 인생에 대한 경험으로 쌓여 반드시 내 앞길에 양분이 될 것이라는 흔들리지 않는 믿음으로 작용했다.

그렇게 몇 년을 버틴 후 청담동 사업은 손실을 기록하며 철수했지만, 당시 몇 년은 내 인생에 있어 매우 깊은 통찰력과 경험으로 남았다. 현재 나의 강인한 정신과 불굴의 의지 또한 당시의 경험 덕분이라고 생각한다. 경험하지 못했다면 나는 지금처럼 많은 사람에게 울림을 주는 동기부여가로서 활동하지 못했을 것이다. 비록 사업은 손해를 봤지만 포기하지 않고 버틴 당시의 활동이 물꼬를 트고 확장해서 현재의 결과로 남았다. 그래서 큰 의미에서 그때 경험이 인생에서 실패라고 단정지을 수 없다.

그렇게 스스로 선택하고 실행하고 수습하고 책임지는 삶을 살다가 인생 바닥에 떨어지고 꾸역꾸역 반등해보니 이제야 아버지의 말씀을 오롯이 이해하게 됐다. 인생사 비바람은 필연적으로 닥치지만, 비바람이 지나면 반드시 맑은 하늘이 모습을 드러내듯 어려운 시간을 꿋꿋이 보내고 나니 좋은 날이 분명 찾아왔다. 그러니 당장 하기 싫은 일이라도 가치와 의미를 찾고 억지로 하다 보면 소소한 재미를 종종 찾게 되고, 그렇게 버티는 힘을 만들어 계속 나아가다 보면 반드시 좋은 결과는 찾아올 것이다. 내 아버지의 재미없고 지루한 쳇바퀴 인생이 가족들을 풍요롭게 하고 발전을 만들어 아버지 스스로의 행복으로 돌아왔듯이 말이다.

청담동 지하에서 숨도 못 쉬는 공간에서 몇 년을 좀비처럼 지냈던 지옥 같은 하루하루가 지금 내 동기부여 라이브 방송에서 매일 언급되고 쓰이는 잊지 못할 경험과 인사이트로 돌아왔듯이. 여러분의 꾸역꾸역 보내는 하루하루에 긍정의 에너지를 불어넣고 의미를 부여하시라. 그렇게 버티고 전진하다 보면 어느새 힘든 일을 덜 하게 되고 즐거움과 행복을 느끼게 해주는 일들을 좀 더 자주 하는 여러분을 발견할 것임을 나는 확신한다.

# 끈기가 부족한 당신이 성공할 수 있는 방법

≫ QR 찍고 쇼츠 보기

나는 미국에서 나름 훌륭한 로스쿨에 재학하며 변호사가 되기 위한 준비를 열심히 해나갔다. 첫해에는 메릴랜드 주 대법원 판사실에서 일했고, 다음 해에는 CJ E&M America 법무실에서 일했다. 그렇게 3학년을 마치고 중견 로펌의 오퍼를 받고 변호사로서 취직을 앞두고 있었다. 그런데 로스쿨 졸업을 앞둔 시점에 갑자기 아버지가 암으로 투병하셨고, 졸업 후 한국에 들어온 지 3일 만에 하늘로 영영 떠나셨다. 정말 두 번 다신 겪고 싶지 않은, 아니 생각도 하고 싶지 않은 어려운 시기에 변호사 시험을 치르고 한국으로 돌아오게 되었다. 13년간을 미국에서 혼자 독립적으로 살아왔던 나였지만 홀로 남겨진 어머니 생각에 도저히 미국에 머무르고 있을 수가 없었다. 나는 한국으로 돌아와 LG상사 법무실에서 미국 변호사로 일하기 시작했다.

다년간 여러 굵직한 프로젝트를 맡으며 미국 변호사의 업무를 도전적이고 진취적으로 소화해내고 무엇보다 일을 통해 보람과 행복을 느끼는 경험을 쌓아가며 성장했다. 당시엔 일로서 만족하기도 했지만, 무엇보다 일과 생활의 균형을 잘 맞춰가던 시간이었다. 변호사로서 일하면서도 화려한 전문직의 싱글라이프를 즐겼다. 좋은 아파트에 살며 포르쉐 911과 토요타 86을 굴리고, 만나고 싶은 여자를 만나고, 사고 싶은 것을 다 사고, 가고 싶은 곳을 다 가는 등 정말 편안하고 호화로운 삶, 그 자체였다. 다만 어느새 한 가지가 빠져 있음을 느끼기 시작했다. 편안하고 호화로운 삶이 계속될수록 스스로 묻기 시작했다. '내 인생을 온전히 내가 드라이브하고 있는 걸까? 분명 편안하고 호화로운 삶인데 무언가 채워지지 않는 이 느낌은 뭐지? 할 수 있는 일들과 하고 싶은 일이 여전히 있는 것 같은데 대체 뭘까?'

당시 회사에서 진급을 앞두고 점차 리더 그룹에 속하기 위한 준비와 부담이 가해지는 시점이었다. 아무리 전문직이라 해도 결국 회사에 속해 있기에 연차가 올라갈수록 팀장을 거쳐 임원급으로 승진해야만 살아남을 수 있는 것이 어쩔 수 없는 현실이다. 한국 회사의 사내 정치에서 살아남기 위해 나 역시 두 손을 열심히 비벼대야만 했다. 나아가 전문직으로만 구성됐던 법무실에서도 팀 내 정치가 보이기 시작했고 즐겁기만 했던 팀 회식은 어느새 아부의 장으로 전락하는 것이 느껴졌다. 미국 업무 문화에 적응된 나에게는 곤혹스럽고 스트레스가 쌓이는 일이었다. 업무적으로도 상사의 눈치를 보느라 필요한 이야기를 하지 못하고, 보여주기에 치중하느라 중요한 고민이 빠지게 되는 일들이 늘어났다. 관계를 생각하느라 핵심적인 문제해결에 소홀해지는 시간이 점점 늘어난 것이다.

일례로 나는 팀장님께 일하는 방식에 대해 건의를 한 바 있다. 당시 사업부마다 혹은 프로젝트마다 법무 담당자가 정해져 있었는데 나는 내가 맡은 사업부와 관계가 매우 좋았다. 법무실은 사업을 원활하게 진행하기 위한 지원조직으로서 사업 관련 위험을 포착하고 관리하는 동시에 사업이 진행되게끔 해야 한다고 나는 늘 생각했다. 단순히 위험에만 매몰되어 사업을 막는 것이 아니라 어떻게 하면 위험에도 불구하고 이를 적절하게 피해가며 사업을 진행할 수 있을지를 제시해야 한다고 생각했다. 그러기 위해서는 사업부 담당자들과 격의 없는 관계를 형성해야만 했고 이를 위해 나는 그들과 업무시간과 점심시간을 자주 함께했다. 그런데 당시 팀장님은 그러한 내 활동에 적지 않은 걱정과 불안을 느끼고 내게 종종 불편함을 표시하곤 했다.

어느 회사에서나 법무조직과 사업조직 간의 긴장은 존재한다. 본래 사업조직은 위험에 대해 개방적이지만 법무조직은 위험을 극도로 싫어한다. 사업부에서는 사업을 위해선 위험을 감당해야 한다고 생각하고, 위험 없이는 보상도 없다며 'no risk, no return'을 외친다. 이는 회사의 보상시스템과도 밀접하게 연결되어 있다. 사업부에는 사업을 만들고 파이를 키워야만 보상이 주어지기에 리스크는 두려움의 대상이 아니라 어쩔 수 없이 짊어지고 가야 하는 대상인 것이다.

하지만 법무조직의 입장은 다르다. 만약 사업부가 사업을 진행하다가 어떠한 위험이 발생해서 손해가 생길 경우, 이는 대부분 법무의 실책으로 여겨진다. 왜 위험을 포착하지 못했는지 또는 왜 제대로 관리하지 않았는지 질문이 이어지기 때문이다. 즉, 사업이 잘되면 사업부의 공이 되고 보상으로 이어지지만, 잘못되면 법무의 실책으로만 이어지기 일쑤기에 법무조직은 늘 위험을 없애는 일에 초점을 맞출 수밖에 없다. 하지만 본래 회사의 존재는 수익을 내는 것이고 수익이 없으면 법무의 존재가치도 없지 않은가? 당연한 말이지만 회사라는 조직 구조와 현실을 보면 생각이 조금 더 많아질 수밖에 없다.

  수익이 우선이라고 사업부가 가지고 오는 모든 사업의 위험을 제대로 태그하고 관리하지 못한다면 수익이 아니라 손실이 발생할 수도 있다. 즉, 위험을 걸러내지 못해 법무팀이 모든 책임을 지게 되는 상황에 당신이 법무 담당자라면 어떨 것인가? 당신의 책임이라고 하면 과연 사업부의 수익실현을 위해 위험을 쿨하게 풀어줄 것인가? 잘못되면 해고는 아니더라도 승진에선 탈락하게 된다면? 사업부가 가져오는 위험을 보는 당신의 시각은 어떠할 것인가? 더구나 곧 임원을 바라보는 팀장이라면 돈을 왕창 벌게 하는 것보다 위험 관리를 제대로 하는 것이 더욱 중요할 수 있는 것이다. 당시 내 팀장님의 입장이 바로 그랬다. 그랬기에 팀장님은 내가 사업부와 거리낌 없이 어울리고 소통하는 것을 보며 위험 관리에 소홀해질까 걱정이 많아서 여러 잔소리와 쓴소리를 하시곤 했다.

  사례 하나를 말해보자면. 나는 당시 내가 맡은 사업부의 법무 지원에 있어 속도를 중요시했다. 그래서 내 선에서 최대한 깊고 많은 결론을 도출하여 팀장님께 보고하고, 뒤이어 상무님께 보고 후 일이 진행되길 원했다. 반면 팀장님은 내용적인 부분과 더불어 형식적인 부분에서도 완결성을 요구했고 이 때문에 보고 라인을 진행시키는 데 많은 시간이 걸렸다. 아무리 내 선에서 확실하게 검토하고 결론을 지어도 더욱 경험이 많은 팀장님과 상무님의 인사이트와 의견을 거쳐야만 보다 완성된 결론을 내고 일을 비로소 진행시킬 수 있는 것인데 팀장님의 생각은 달랐다. 지금 와서 생각해보면 완결성이 부족한 결과물을 상무님께 보고하는 것 자체가 그에게는 부담으로 작용했던 것 같다.

하지만 어쨌든 법무검토가 끝나야 사업부가 일을 시작할 수 있기에 나는 줄곧 팀장님을 밀어붙였고 본의 아니게 그를 힘들게 만들었다. 아무리 생각해도 우리 둘의 머리로 나올 수 있는 결론에는 한계가 있어서 얼른 상무님께 보고하고 결론을 지어 사업부에 전달해야만 했기 때문이다. 하지만 계속해서 지연되는 것이 일쑤였기에 나는 나날이 지쳐갔고, 상무님께는 어느새 일 처리가 느린 사람으로 낙인이 찍히기 시작했다. 그렇게 나도 불만이 쌓였고 어느새 일에 집중하고 성취하는 보람보다는 구성원들 각자의 입장을 내세우면서 초래되는 비효율을 어쩔 수 없이 감내해야만 하는 회사의 조직 생활에 갈수록 답답함을 느끼게 되었다.

그렇게 초기에 가졌던 회사의 프로젝트들에 대한 열정이 점차 식어갔고, 불합리한 사유로 직접 문제해결을 하지 못하는 상황에 나날이 갑갑해졌다. 하지만 '그냥 대충 남들 하는 대로 하면 되지, 원래 회사가 그래'라는 생각을 하며 회사 생활을 해나갔다. 그렇게 어쩔 수 없이 회사라는 조직의 현실을 받아들이며 살다 보니 스스로 계속 안주하고 있는 듯한 생각이 들기 시작했다. 그리고 불필요하게 타인의 눈치를 보느라 업무에 집중하지 못하는 자신을 발견했고 그러자 내 인생의 목표가 무엇이었는지 다시 고민하기 시작했다.

내가 처음 입사했을 때 법무실의 조직문화는 분명 달랐다. 윗사람들도 회사에서도 당당하게 영어로 말하는 등 눈치 보지 않고 소신 있게 말하고 행동하는 내 모습을 참신하다고 좋아했었다. 덕분에 활기가 돌고 한국 변호사도 외국 변호사도 눈치 보지 않고 영어로 소통하는 모습이 뭔가 미국의 다국적기업 같은 느낌을 줬고 다들 격의 없이 소통하는 모습이 보기 좋았다고 했다. 하지만 조직의 수장이 바뀌고 구성원이 바뀌면서 조직문화는 딱딱하고 수직적으로, 내용보다는 형식에 집중하는 문화로 바뀌어 갔다. 그렇게 일로써뿐만 아니라 사람들과의 관계로써도 만족을 느끼지 못하던 나는 고민을 하기 시작했다. 늘 사람들과의 관계를 중요시하던 나였기에, 사람들과 일하며 에너지를 발산하고 또 그렇게 발산하며 에너지를 충전하는 나였기에 관계에서의 불안은 나를 마치 충전기가 빠져 있는 핸드폰처럼 만들었다.

그런 날들이 계속되자 나의 시간이 점점 허무하게 낭비되는 것 같았다. 아까운 인생 눈치 보지 않고 일하고 싶어졌다. 나에게 진정으로 가치 있는 일을 하며 살고 싶다는 생각을 매일 했다. 그러다 보니 계약서를 검토하려 문서를 열었을 때 가슴이 턱턱 막히는 것을 경험했고 별것 아닌 같은 라인을 몇 번이고 읽는 내 모습을 발견했다. '내가 지금 왜 이러고 앉아 있지? 회사를 옮겨야 하나? 아니면 이제 내 것을 하러 갈 타이밍인가? 내 사업을 하고 싶다. 진짜 오롯이 내 시간, 열정, 노력을 모두 올인하고 이것들을 나만의 방식으로 가치 있게 쓰고 싶다'라고 매일 생각했다. 회사원의 장단점은 누구나 알고 있을 것이다. 가장 큰 장점으로는 일을 정말 너무 못해서 해고당하거나 회사가 망하지 않는 한 꾸준히 월급이 나온다는 점일 것이고, 단점으로는 회사에 인생 대부분의 시간을 저당 잡힌다는 것이다. 각자의 가치관에 따라 누구는 이 현실에서 긍정을 볼 것이고 누구는 부정을 볼 것이다.

그럼 나는 어땠을까? 내 인생의 시간을 온전히 저당 잡혀 자신을 돌볼 시간이 없는 것, 남 눈치를 보느라 생긴 대로 살 수 없는 것, 아무리 잘해도 남의 집을 벗어나지 못하는 게 너무나도 큰 단점이었다. 아무리 고액 연봉 전문직이어도 말이다. 오롯이 내 아이디어로 만든 서비스를 기획하고 나만의 운영방식으로 한 땀 한 땀 만들어가는 사업을 구상하고 싶었다. 그리고 나의 장점들이 극대화되고 백분 발휘될 수 있는 사업을 하고 싶었다.

나는 항상 새로운 사람을 만나고 교류하는 것을 즐기고 사람들을 이끌며 내 특유의 에너지를 발산하는 동시에 에너지를 충전하는 사람이었기에 사람을 모으는 능력이 있다고 생각했다. 회사에서 직원은 하나의 부품 역할만 해야 하고 그 이상의 역할을 하려고 들면 조직 전체와 구성원에게 오히려 악영향을 끼치는 법이지만, 내 사업을 하게 되면 많은 역할을 직접 수행해내는 슈퍼맨이 되어야만 한다. 그저 하나의 부품으로서 주어진 일만 하는 큰 그림 속 일부로 만족하지 않고, 전체를 아우르는 안목으로 큰 그림을 그리고 여러 일을 소화해내며 만족과 성취, 성장의 기쁨으로 살아가던 나에게는 사업이 정답이라는 결론에 이르렀다. '그래, 이제 진짜 내 것을 만들어보자. 내가 가진 모든 능력과 에너지를 총동원하여 멋지게 한번 나만 할 수 있는 사업을 만들어보자!'

그렇게 나는 퇴사를 결심했고 재빠르게 실행에 옮겼다. 내가 원하는 진짜 나다운 삶을 하루빨리 실현하기 위해서, 더 소중한 내 삶의 시간이 낭비되는 것을 막기 위해서 말이다. 당시 사내변호사로 일하면서 나는 약 3년간 다양한 직업군의 2030세대 직장인들로 구성된 운동·액티비티 단체를 운영하고 있었는데, 재밌고 다양한 야외 액티비티와 구성원들의 매력이 시너지를 일으켜 금세 약 1천 명의 회원이 모이게 되었다. 단체에서는 주기적으로 카약킹, 클라이밍, 하이킹, 크로스핏, 헬스, 폴댄스, 필라 테스, 요가, 서바이벌 게임, 카레이싱 등의 액티비티와 분기별 프로페셔널 네트워킹 이벤트와 친목 파티를 진행했다. 운동을 공통적인 취미로 모인 건강하고 젊은 직장인이니만큼 유익한 운동과 액티비티를 하며 자연스럽게 친목과 연애, 결혼까지 하는 사람들이 많아졌고, 이들을 대상으로 데이팅 및 매칭을 주선하는 서비스를 준비하기도 했다.

다만 확장성과 사업성을 보이며 급속하게 단체가 성장했지만 이에 따른 운영의 어려움이 많았다. 특히 내가 변호사로 일하면서 운영했기에 나의 지인으로 구성된 여섯 명 남짓의 운영진으로는 턱없이 부족했다. 따라서 퇴사와 동시에 나는 단체를 더욱 확장하고 잠재적인 사업성을 현실로 만들기 위해 서울의 번화가에 사무실이자 단체의 아지트 역할을 할 수 있는 센터를 오픈하기로 했고 전문가로 구성된 운영진을 채용하기로 했다. 그렇게 만들어진 곳이 바로 내가 만든 첫 센터인 식스컷츠 청담이었다.

식스컷츠 청담은 전례 없는 웰니스 센터로 만들어졌다. 내가 A부터 Z까지 직접 그림을 그리고 기획하고 인테리어까지 관여한 센터였다. 센터의 미션은 단순히 몸만 키우거나 지루한 노동 같은 운동이 아닌 즐기는 운동, 잘 먹어가며 재밌게 하는 운동, 몸만이 아니라 정신까지 건강해지는 운동, 좋은 사람들을 만날 수 있는 운동, 자신의 직업적 성장을 만들어 낼 수 있는 운동, 즉 운동을 통해 인생 전반이 나아지도록 코칭하는 진정한 웰니스 센터가 되는 것이었다.

따라서 웰니스에 걸맞게 센터 내부에는 헬스 시설뿐만이 아니라 카페와 키친, 사진 스튜디오까지 설치했고 내가 직접 고안한 레시피로 다양한 건강 식단과 메뉴를 만들어 판매까지 했다. 그뿐만 아니라 웰니스의 선진국인 미국의 분위기를 구현하기 위해 오래된 나무로 만들어진 클래식한 센터의 감성을 살려 바닥을 비롯한 모든 인테리어를 원목으로 맞췄고, 바닥의 경우 특유의 뿌드득 소리를 내기 위해 원목 사이에 공간을 띄워 하나하나 교차로 깔아주는 디테일까지 살려냈다. 그러다 보니 당시 임대 비용에 인테리어 비용까지 상당히 많이 들어가 나의 애마인 포르쉐 911을 처분하기도 했다. 결국 쓸 수 있는 모든 자원을 동원해서 당시 내가 가진 모든 땀과 열정, 노력을 퍼부어서 센터를 멋지게 오픈했다.

그런데 센터를 오픈한 지 단 며칠 후 직원에게 연락이 왔다. "대표님, 센터 물바다 됐어요. 저 감전으로 죽을 뻔했어요…." 센터 내 샤워설비에 문제가 생겨 배관이 터져서 센터 바닥에 물이 가득 찬 것이다. 부리나케 배수시키고 며칠간 바닥, 벽 등 마감을 다 뜯어내고 새로 붙였다.

그로부터 며칠 후 이번엔 폭우로 인해 하수구에 물이 넘치게 들어가 하수도 배관이 터져서 대량의 물이 센터를 덮쳤다. 모든 직원이 여기저기 양동이를 들고 뛰어다니며 수습했지만, 이번에도 벽과 바닥에 난 타격은 어쩔 수가 없었다. 그렇게 또 며칠간 수습을 하고 보니 이번엔 건물에 물이 새어 비만 오면 센터 여기저기에서 물이 줄줄 샜다. 바닥에 비닐을 깔아 물을 받아가며 어쩔 수 없이 영업을 이어갔는데 당시 현장을 떠올리면 어떻게 그 상태에서 영업했는지 지금도 가슴이 턱턱 막히고 혈압이 오른다.

그렇게 온갖 수난을 극복하고 본격적으로 2030세대를 위한 액티비티와 PT패키지를 출시하려던 찰나에 뉴스가 나왔다. 코로나로 인한 '집합금지' 시행이었다. 전국 헬스장은 위험업종으로 집합금지 시설로 분류되고 문을 아예 닫으라는 결정이 난 것이다. 당시 청담동 한복판 대로변에 있던 센터의 임대료와 관리비만 해도 상상을 초월했다. "아예 문을 닫으라고? 이게 사실인가?" 단 몇 주간 시행한다고 했지만 실제로는 몇 개월 동안 유지된 집합금지 기간의 시작이었다.

어쩔 수 없이 문을 닫기는 했지만, 강제 영업금지에 따른 손실보상에 대한 일말의 계획도 없이 문을 닫게 만들면서 임대료 보전조차 해주지 않던 상황이었다. 답답한 심정에 센터 주변을 돌아보니 압구정 로데오 안의 술집, 클럽, 바 등은 보란 듯이 영업을 하고 있었다. 마스크를 쓰든 말든 다들 아무 제재 없이 뒤엉켜 술 마시고 떠들고 있는 걸 보니, 몇 배는 더 넓고 안전한 센터가 문을 닫은 게 너무 황당하고 화가 났다. 이대로 가만히 있을 수는 없었다.

센터 내 구비된 키친을 운영해서라도 수익을 내기로 했다. 그리하여 예정에도 없던 배달의 민족에 입점했고 초반엔 직접 요리하고 배달까지 담당했다. 초반 사업계획에 따르면 액티비티 패키지, 헬스, 푸드, 스튜디오, 회사 대상 액티비티 워크샵 등 다섯 가지의 사업모델이 있었는데 정부에서 모이지를 못하게 하여 결국 푸드만 남게 된 상황이었다. 초기 나의 계획은 센터를 오픈하고 1년 안에 손익분기점 break-even point 을 달성하고 회사로 복귀하든 아니면 기존에 계획하던 앱 개발사업을 진행하는 것이었는데 코로나 집합금지로 인해 모든 계획이 한 번에 와장창 무너진 것이다. 설상가상으로 손실을 떠안은 상황에 여러 자산을 매각하여 손실을 보전하기에 이르렀다. 즉, 내가 원하던 사업을 과감하게 계획하고 실행한 것에 대한 대가는 상상을 초월할 만큼 절망적인 결과로 돌아와, 내 인생에 역경의 시간이자 전환점으로 길이 남게 되었다.

불행 중 다행으로 내가 만든 메뉴들은 좋은 평을 받았고 주문이 꽤 이어졌다. 배달의 민족 후기에서 5점 만점을 유지했고 후기도 상당히 많이 쌓여갔다. 하지만 요리에 이어 종종 배달까지 직접 하다 보니 몸이 점점 녹초가 되고 늙어가고 있었다. 기존 계획이 대폭 수정되어 헬스와 푸드만 남게 된 상황에서 체육시설을 대상으로 하는 코로나 집합금지 정책이 계속 이어지는 국면에서 나는 어쩔 수 없이 직접 1:1 PT까지 진행하기에 이르렀다. 직접 하지 않으면 도저히 손해를 면할 수 없었기 때문이다. 하루에 수업을 열 개나 하는 세월이 이어졌고 자정에 문을 닫고 새벽 여섯 시에 문을 열어야 했다. 자정 마감 전에도 할 일이 존재했다. 당시 키친의 인기 메뉴였던 헬창 버거의 패티를 직접 굽는 것이었다. 당시 비프, 치킨, 대구살 패티를 내가 미국에서 쓰던 바베큐 그릴로 직접 구워서 다음 날 판매했기에 피곤하다고 그냥 쓰러질 수가 없었다.

    이때 센터를 홍보하기 위해 유튜브 영상 촬영까지 강행했다. 촬영을 마치면 새벽 두 시가 되어 결국 센터에서 네 시간 쪽잠을 자고 새벽 여섯 시에 문을 열었다. 때때로 수업을 하는 와중에 음식 주문이 들어오고 주문량이 많으면 어쩔 수 없이 직접 키친에 들어가 주문량을 소화했다. 다들 식당에서 식사를 할 때 '배달의 민족, 주문!' 알림을 들어봤을 것이다. 이때 여러분들은 무슨 생각이 드는가? 이때 나의 반응은 "에이 씨…"였다. 키친을 운영하는 사람으로서 주문 알림은 "아싸, 주문이다!"의 반응이어야 하는데 "에이 씨…"가 웬 말인가. 수업을 끝내고 요리와 설거지까지 끝낸 뒤 이제야 좀 잠깐 쉬려는데 또다시 팬에 물을 받고 끓이라니…. 한숨이 저절로 나왔다.

    당시 센터에는 세 평 남짓의 내 사무실을 만들어놨는데 말이 좋아 사무실이지 모기가 시도 때도 없이 달려드는, 공기도 통하지 않는 지하실 골방이었다. 이곳은 인테리어 공사 전에 클럽에서 쓰던 간이 화장실이었는데 공간 활용도가 없어 그냥 벽돌로 마감한 공간이었다. 그런데 예정에도 없던 하루 일정을 소화하게 되면서 어쩔 수 없이 내 침실이 되어버린 것이다. 건물 내 정화조 시설이 낙후된 까닭에 사계절 내내 모기가 너무 많아서 이곳에서 자려면 모기장이 필수였다. 도통 공기가 안 통하고 습도가 족히 80퍼센트는 되어 건강이 안 좋아지는 것이 느껴졌다. 가습기를 틀어두면 단 두세 시간 만에 물통이 가득 차게 되니 얼마나 습했는지 가늠할 수 있었다. 이런 곳에서도 너무 피곤해서 잠은 잘 잤다.

그렇게 몇 시간 자고 일어나 또다시 꾸역꾸역 일과를 이어나가며 스스로 이 말을 반복해서 읊었다. "괜찮아, 지금은 결과를 향해가는 과정일 뿐이야. 이대로 끝나지 않을 거야. 잘하고 있어. 잘되고 있어. 이미 많이 왔어. 반드시 좋은 날이 올 거야. 계획은 수정됐지만, 너무 고된 과정이지만 잘하고 있어. 반드시 잘될 거야. 난 할 수 있어. 이대로 끝나지 않을 거야." 격투기 선수들이 경기 시작 전 스스로 주문을 외듯이 매일 읊조리며 하루를 시작했다.

그렇게 인생이 180도 바뀌고 역경의 날이 계속되는 가운데 크고 작은 일은 계속 생겼다. 청담동에서 사업을 하는 사람들이 자주 하는 소리가 있다. 청담동은 자영업자의 무덤이라고. 워낙 임대료나 관리비가 비싸 아무리 사업이 잘돼도 버티기가 힘들어 계속 업장이 없어지고 바뀐다고 했다. 나는 청담동에 있으면서 또 다른 이유를 찾았다. 청담동 건물 대부분에는 건물을 관리하는 관리소장이 있는데, 이 분들의 위세가 건물주 못지않았다. 내게는 건물주 말고 또 한 명의 갑을 모신 셈이었다. 관리소장은 시도 때도 없이 나를 괴롭혔다. 입구에 뭘 두어라, 두지 말아라, 이렇게 해라, 저렇게 해라, 감 놔라, 대추 놔라 하는 것도 모자라서 나이가 어리다는 것을 알고 더욱 윽박지르고 소리를 질러댔다. 거기에 발렛 파킹 업체와 직원들까지 거들어 자기들끼리 편을 먹고 주차 문제로 갑질을 했다. 입주업주와 손님들로부터 발렛 파킹 요금을 통해 폭리를 취하려 들었다.

한번은 센터공사가 한참 진행 중이었을 때 관리소장이 갑자기 사전 예고도 없이 공사장에 난입하여 공사를 중단시켰다. 그러면서 하는 말이 구청에 제출된 도면에 따라 공사를 해야 하니 임의로 만든 구조물을 철거하라는 것이다. 그런데 구청 도면을 확인한 바 전혀 문제가 되지 않았기에 몇 번을 설득하는데도 극구 공사를 중단시켰다. 그러고는 복도의 넓이가 소방법 위반이라고 하며 추가적인 문제 제기를 했다. 계속된 설득에도 불구하고 공사를 며칠을 중단시키더니 한다는 소리가 공인된 건축사에게 문제 없다는 의견서에 서명을 받아오라고 했다. 과연 어떤 사람이 자기 서명까지 하면서 그런 의견서를 써줄 것인가? 돈을 많이 준다고 해결되는 것도 아닐뿐더러 누가 그런 책임을 떠안을 것이냐는 말이다. 그건 그냥 공사하지 말라는 것과 똑같은 말이었다.

큰소리를 내도 꿈쩍하지 않는 관리소장 때문에 공사가 계속 지연되고 공사비가 쌓여가던 중 건물주에게 쫓아가 하소연을 하기에 이르렀다. 진작에 건물주와 상의하려 했으나 관리소장이 건물주를 화나게 하지 말라는 만류 때문에 참아왔었다. 더는 방법이 없어서 건물주에게 자초지종을 설명했더니 오히려 왜 공사가 중단되고 있냐고 내게 물었다. 허탈했다. 그뿐만 아니라 영업 개시 시점부터 몇 개월에 걸쳐 계속해서 비가 새고 있는데도 관리소장 자신은 휴가를 가야 하니 기다리라고만 해서 있는 힘껏 윽박질러야 했다. 지금 생각하면 피가 거꾸로 솟는 시간이었다.

그렇게 내부의 적과 싸우는 일이 다반사였고 외부의 적도 끈질기게 공격했다. 한번은 센터 옆 건물의 대행사 직원들이 자기네 건물이 아닌 우리 센터 앞에서 온종일 담배를 폈다. 자기 회사 건물 앞에서 피워도 될 것을 굳이 우리 센터 앞에 와서 시도 때도 없이 피우는데 연기가 센터 내부로 끊임없이 들어왔다. 몇 번 나가서 경고했지만 족히 50명에 달하는 직원들이 특유의 껄렁함과 건달스러움으로 대응하더라. 이대로 안 되겠다 싶어서 이 구역의 진짜 '미친개'가 나라는 것을 몇 번에 걸쳐 증명하기 이르렀다. 시도 때도 없이 담배 공격을 할 때 CCTV로 관찰하며 뛰어나가서 미친개처럼 쌍욕을 퍼부으며 업장을 지켜내는 것이 어느새 나의 하루 루틴으로 자리 잡았다.

그렇게 나는 체력적, 정신적 한계를 매일 늘려가며 죽기 살기로 살아가고 있었다. 단순히 허탈감을 느끼는 게 아니라 허탈감이 당시 나의 인생 그 자체였다. 잘나가던 변호사 시절에서 단 1, 2년 만에 억울함과 후회에 찌든 인생으로 전락했다고 봐도 무리가 없을 지경이었으니 말이다. 하지만 그런 와중에도 내 가슴속 어딘가에서 작은 빛으로 시작하여 점차 커가며 울림을 내는 무언가의 존재가 있었다. 그것은 바로 성공에 대한 간절함과 가능성에 대한 도전정신이었다.

무기력한 코로나 사태로부터 세게 얻어맞고 역경에 빠질수록 그대로 죽을 수 없다는 의지는 강해졌다. 실패로 끝나게 내버려두지 않겠다는 집념과 내가 선택한 삶에서 책임을 다하고 말겠다는 불굴의 의지로 하루하루 버텨나갔다. 그렇게 어디가 끝인 줄 모르는 어두운 터널을 나 자신만을 믿고 의지하며 계속 터벅터벅 지나가고 있었고, 아직은 보이지 않지만 언젠가 터널의 끝에 다다를 때 나를 비춰줄 빛을 향해 묵묵하게 걸어나갔다.

그렇게 싸움을 이어가던 와중 2022년 여름에 기록적인 폭우가 내렸고 강남은 말 그대로 물바다가 됐다. 이때 강남에 있던 여러 업체와 마찬가지로 청담 센터 역시 물에 잠겼다. 당시에 나는 경기 남부 센터를 만드는 인테리어 공사에 매진하고 있었는데 직원으로부터 대뜸 영상통화 연락을 받았다. 갑자기 왜 영상통화를 하지 하면서 받았는데 아뿔싸, 청담 센터 입구에 미친듯이 굵은 물줄기가 끊임없이 내리고 있었다. 청담 센터로 향하는 길에는 온갖 종류의 자동차들이 물에 둥둥 떠 있었고 내가 가고 있던 경부선 상행선 반포와 한남대교 남단 사이 지점에서 칠흑같은 어둠 속에서 버스 한 대와 내 차만 간신히 통과하고 나머지 차들은 그대로 물에 잠겨가는 모습을 목격했다. 그렇게 아수라장을 뚫고 센터에 도착하자마자 당시 상황을 보고는 탄식했다. "아, 여기까지구나, 이제 그만하라는 하늘의 계시구나." 할 만큼 했으니 이제 전환점을 찍으라는 하늘의 계시라는 것을 온몸으로 느낄 수 있었다.

이번에도 내가 손쓸 수 없는 사건을 겪고 극복하기 위해 몇 주간 복구 작업을 미친 듯이 했다. 정신이 갈기갈기 찢어졌지만 이를 악물고 포기하지 않았다. "반드시 일어난다. 난 절대로 죽지 않는다. 조금만 더 가면 터널의 끝이다. 괜찮다. 잘하고 있다." 반쯤 미친 사람처럼 주문을 외며 복구를 해나갔다. 물에 잠겼던 바닥 마감재들과 외벽, 로커가 전부 썩기 시작했고 곰팡이가 올라왔다. 일일이 하나씩 다 뜯어내고 다섯 시간에 걸쳐 새벽 내내 짊어지고 세 개의 층을 오르락내리락해가며 지상층으로 올려 전부 폐기 처리했다. 대체품 역시 수작업으로 직접 설치했다. 지금 생각하면 정신이 나가 주저앉았을 것 같은데 당시에 나는 어떠한 힘을 빌렸는지 각성이 되어 있었고 초집중을 한 상태였다. 아마도 혼자서 중얼거리며 외던 주문의 덕이었을 것이다.

그렇게 복구작업을 마치고 꾸역꾸역 영업을 재개했고 그해를 마지막으로 청담 센터는 영업을 종료하고 경기 남부 센터에 역량을 집중하기로 했다. 청담 센터는 소요된 투자금 대비 막대한 손실을 기록했으나 약 3년이라는 시간 동안 많은 경험을 하게 했다. 지금 돌아보면 숨이 턱턱 막힐 정도로 힘든 시간이었지만 내게 어마어마한 인사이트와 교훈, 경험치를 남겼다. 누군가는 청담 센터를 그저 망한 사업으로만 볼 수 있겠으나 당시 나의 노력과 경험치가 사업가로서 나를 강하게 무장해주었기에 나는 실패로 생각하지 않았다.

나는 끝이 어디인지 보이지도 않는 터널을 포기하지 않고 지나가면서 하늘을 많이도 원망했다. 왜 그리 말도 안 되는 불가항력적인 사건을 내게 던지는지, 대체 뭘 잘못했길래 이리도 날 내버려두지 않고 역경을 자꾸 던져대는지 도통 이해할 수가 없었다. 대체 내 운명의 길은 왜 이리도 혹독하고 고단할까, 하늘이 정해놓은 나의 길은 대체 무엇일까 수도 없이 고민하며 꾸역꾸역 버텨낸 결과, 나는 결국 답을 찾았다. 지금 나는 무얼 하는 사람인가? 이 책의 내용은 무엇이며 유튜브에서 사람들이 무엇 때문에 채널을 구독하고 나의 말에 귀를 기울이고 있는 것인가?

나는 지난 몇 년간 유튜브에서 동기부여, 자기계발을 키워드로 걸고 그간 살아온 내 경험들을 토대로 많은 영상을 찍어왔고 많은 이들의 공감을 얻어냈다. 그렇다. 청담 센터에서 겪은 온갖 불운, 고난과 역경의 사건, 그리고 경험들은 내 말에 힘을 실어주었고 많은 이의 가슴에 울림을 만들어냈다. 그저 온라인에 도는 뻔한 말, 무조건 좋은 말을 짜깁기하여 전파하는 사람이 아니라 진짜 고단한 인생 속 뼈를 갈아가며 바닥을 치고 반등하며 도전을 해온 사람의 이야기에 사람들은 귀를 기울여주었다.

언젠가부터 나는 유튜브 라이브 방송에서 이런 말을 하기 시작했다. "내가 걸어온 길과 그 과정에서 했던 선택으로 인한 결과와 책임의 시간은 모두 나의 운명이었고, 그렇게 하라는 소명이었다." 왜 유독 나의 인생에서 굳이 안 겪어도 될 어려운 일들이 많이 벌어졌는지 하늘을 줄곧 원망했었는데 모든 게 소명이었다는 생각이 들고 난 후로 더는 하늘을 원망하지 않게 되었다.

나는 어릴 때부터 뭐든 그냥 쉽게 풀린 적이 없었고 남들은 문제없이 지나갈 일이 내게는 그렇지 않은 적이 많았다. 처음 미국에 갈 때 한국인은 받지 않겠다는 학교의 결정에 맞서 자발적으로 시험에 응시하며 나의 가능성을 증명해야만 했던 순간부터 나의 운명은 시작됐다. 그 이후로도 살아가는 동안에 갑자기 큰 사건이 터져서 어렵고 고단한 상황에 빠졌다가 미친 듯이 노력하여 결과를 얻어내고야 마는 나만의 쇼는 계속되었으니 말이다.

과거에는 그런 지독한 운명을 원망했으나 결국 해낼 거라는 믿음 또한 얻었다. 아무리 어려워져도 결국은 이겨낼 수 있었다. 운명은 나를 힘들게 하지만 그래도 나는 극복하고 해냈다. 그것 또한 내 운명의 일부라는 것을 알게 되자 어려운 일에 당황하거나 굴하지 않고, 오히려 당당하고 자신감 있게 추진하는 법을 배우게 된 것이다. 나의 첫 사업은 그렇게 소명의식을 확인하게 해주는 계기가 되었다.

"삶의 중요한 순간에서 스스로 목표를 설정하여 과감하게 도전하고, 어려운 상황과 고통의 시간 속에서 버텨내고 이겨내서 많은 이들에게 귀감으로 남아라." 바로 이것이 나의 소명이다. 그렇기에 나는 지금 여러 매체에서 동기부여가로 활동하는 것이다. 이 모든 게 하늘이 정해준 나의 운명이자 소명인 것이었다.

고통스럽고 어두웠던 터널의 끝에서 나는 나의 소명을 발견하였다. 전에는 몰랐던 나의 목표가 새로이 설정되었고 불가항력적인 사건들로 인해 목표는 더욱 선명해졌다. 만약 내가 중간에 한탄하고 낙담하며 포기했더라면 절대로 도달하지 못했을 매우 중요한 깨달음이자 현재 내 인생에 확신을 주는 값진 변환점인 것이다.

그래서 나는 나의 첫 사업을 실패라고 생각하지 않는다. 그저 내가 지나온 하나의 굵직한 점일 뿐이다. 그 점으로 인해 나는 성장했고 당시의 모든 경험은 훗날 나의 크고 작은 성취와 성공의 밑거름이 되었으며 자신감의 원천이 되었다. 나는 현재에도 원하는 것을 명확히 찾아내고 그걸 표현하고 실행하는 데 있어 한 치도 주저하지 않는다. 무슨 도전이든 나는 포기하지 않으며 과정의 모든 실패는 또 다른 성공의 밑거름이자 양분임을 알기에, 자신 있게 나의 소명을 따라가며 살아가고 있다.

여러분들도 어떤 위치에서 무얼 하며 어떠한 고난을 지나더라도 절대로 포기하지 않기를 바란다. 지금의 고통은 다 이유가 있으며, 여러분의 소명으로 남을 것이다. 잘되고 있다고 믿으시라. 어려움을 이겨내고 나면 반드시 양분으로 작용할 것이다. 계속해서 스스로 믿고 자신의 소명이 눈앞에 다가올 것을 믿고 앞으로 나아가시라. 정말 미친 듯이 힘들면 잠시 주저앉아도 좋다. 내가 그랬듯 실컷 울고 쏟아내시라. 잠시라도 당신이 충전될 수 있는 휴식을 제공해줄 것이니 말이다. 하지만 다시금 일어나 전진하시라. 자신이 포기하지 않는 한 실패란 있을 수 없다. 어두운 터널의 끝은 반드시 온다. 당신의 결승선은 머지않아 나타날 것이다. 고난을 지나고 있는 당신에게 나의 첫 사업 경험들이 일종의 주문으로 작용하여 당신에게도 초능력을 발휘해주기를 진심으로 바란다.

## 당신의 성공을 저해하는 베타메일 특

≫ QR 찍고 쇼츠 보기

많은 사람이 나에 대해 떠올리고 이야기할 때 늘 하는 말이 있다. "미국에서부터 편안하게 탄탄대로를 걸어왔을 것 같다" "딱히 부족한 것, 특별한 어려움 없이 산책하듯 설렁설렁 걸어왔을 것 같다" "원하는 모든 것을 별다른 어려움 없이 다 갖고 누리며 살아왔을 것 같다" 등등. 외적인 모습과 행동만 본 사람들에게 내가 가장 많이 들은 말이다. 사내변호사로 일하던 시절 한 동료는 내게 이렇게 말하기도 했다. "아니, 내가 변호사님을 보면 마치 한국 토종기업에서 비싼 돈 받고 스카우트돼서 일하고 있는 검은 머리 외국인 같아요." 이 말은 좋은 스펙 덕에 남의 눈치 보지 않고 자기 원하는 대로 하고 다니는, 세상 편하게 자란 도련님 같다는 소리일 것이다.

하지만 사람들이 나에 대해 오해하는 부분이 바로 이거다. 나는 편안한 탄탄대로, 운수대통, 승승장구의 아이콘이 아니다. 오히려 실패와 불운, 어려움과 역경, 도전과 악바리 정신, 의지와 끈질김, 헌신과 희생의 아이콘이라 부르고 싶다. 지금까지 내 인생은 탄탄대로 가장자리의 얇고 긴 가시밭길의 경계에 있었다. 어떻게든 탄탄대로 쪽으로 끈질기게 붙으며 이탈하지 않으려 안간힘을 쓰고 살아왔다.

여러분은 운에 대해 어떻게 생각하는가? 운이 좋아서 성공했다는 소리를 들어본 적 있는가? 그저 겸손해 보이려고 하는 소리가 아니라 정말 운이 좋아 성공한 사람을 본 적이 있는가? 정작 본인은 열심히 살지 않았는데 갑자기 복권에 맞아 큰돈을 번다든지 아니면 아무 생각 없이 증여 혹은 상속받은 토지가 개발되면서 엄청난 시세차익을 얻는다든지. 이런 일들은 분명 우리 인생에서 일어난다. 하지만 그 가능성은 얼마나 되는가? 당신이 남들에게 갑자기 로또에 맞을 수도 있으니까 오늘 당장 할 일을 하지 않겠다고 말한다면 이성을 가진 사람들은 뭐라고 할 것 같은가? 헛소리하지 말라고 할 것이다. 그렇다면 진짜 현실적인 운이란 무엇인가? 언제쯤 운이라는 것이 내게 찾아오는지 이성과 합리를 따져 기대해볼 수 있을까?

잠시 내 과거에 대해 이야기해보겠다. 나는 고등학교 과정을 미국 인디애나 주에 있는 저명한 사관학교에서 시작했다. 학교는 웨스트포인트(미국의 육군사관학교)와 자매결연이 되어있을 만큼 유서 깊은 명문학교로 미국 국내뿐만 아니라 매년 전 세계에서 입학지원서를 받는 곳이었다. 내가 그 학교에 가게 된 건 특별한 이유가 있어서는 아니었다. 그저 명문학교이자 내 아버지 절친들의 자제들이 다녔기에 자연스레 나와 형도 이 학교에 입학하게 된 것이다. 하지만 내가 입학하려던 당시, 하필이면 한국 학생들이 학교에서 사고를 치는 바람에 한국인에 대한 안 좋은 인식이 생겼고 그로 인해 당분간 한국인은 받지 않겠다는 결정이 나왔다.

청천벽력 같은 소식이었다. 다들 잘만 입학하다가 하필 내 차례에 입학 거부라니 황당했다. 당시 학교의 입학사정관이 매년 세계를 돌며 학교를 홍보했는데 한국인은 그해에 입학을 불허하지만 연례행사의 일환으로 한국에도 들른다는 정보를 입수했다. 그래서 입학사정관에게 계속 연락을 했고 사정사정하여 그가 묵고 있는 서울 플라자 호텔에서 미팅을 갖기로 했다. 그에게 당시 중학생이던 나의 성실성과 똘똘함을 입증받기로 합의하고 그의 방에서 그가 준비해온 영어, 수학 시험을 몇 시간 동안 응시했다. 결국 필사적인 설득과 노력으로 얻은 기회에서 높은 점수를 받아 그해 특별 케이스로 한국인 중에선 나 혼자만 학교에 입학하게 되었다. 그렇게 갑작스런 상황에 굴하지 않고 부지런히 기회를 만들어서 결과를 실현시킨 첫 사례로 내 기억에 짙게 남았다.

대학 생활을 마치고는 국내에 들어왔다. 나는 한국 시민권자로서 병역의 의무를 다하기 위해 돌아온 것이었다. 당시에 나는 이미 변호사가 되기로 결심한 상태였다. 여러 법무 분야 중에서도 특허와 지적 재산권에 관심이 있었기에 육군 현역보다는 병역특례를 통해 국내 IT 회사에서 일하는 것을 선택했다. 미국에서 특허 변호사가 되기 위해서는 관련 학과를 졸업하거나 몇 년간의 경력이 필요한데 나는 경제학을 전공했기에 IT 분야에서 3년간 일을 하고 그 경력을 사용하기로 한 것이다.

당시 나는 신체검사 현역판정을 받았기에 병역특례로 회사에 채용될 경우 2년 10개월을 근무해야 했다. 또한, 현역으로 병역 특례, 그것도 IT 사무직을 하려 한다면 조건이 더욱 까다로워진다. 학사학위 이상에 정보처리기사 자격증 또한 필요했다. 한국에 돌아오자마자 몇 개월간 정보처리기사 시험을 준비하여 필기·실기시험을 합격하고 자격증을 취득했다. 당시엔 병역특례 제도를 활용하고자 하는 사람들이 매우 많았다. 그중에서도 IT 사무직은 그야말로 별들의 전쟁이었다. 워낙 정원 자체가 귀하고 경쟁자들은 많기에 바늘구멍에 들어가는 것과 같은 경쟁을 이겨내야만 했다.

정부에서 인가받은 전체 IT 회사를 목록화한 후 지원을 했는데 나중에 보니 그 수가 약 700개였다. 그중에서 실제로 정원이 있는 업체들을 따로 분류할 수 없었기에 거의 모든 업체에 지원하는 수밖에 없었다. 그렇게 귀한 정원이었기에 당시 많은 업체가 채용 대신 이들의 부모로부터 투자를 받는 식의 거래가 암암리에 이뤄졌다. 즉, 정원을 돈을 받고 파는 셈이다. 나에게도 역시 면접 중에 그러한 투자제의를 한 업체들이 많았다. 하지만 나는 애초에 목적 자체가 IT 관련 경력을 쌓는 것이었기에 실제로 일할 수 있는 곳을 원했고 돈을 주고 갈 바엔 그냥 특전사에 다녀오겠다는 결심을 했기에 흔들림 없이 꾸준하게 구직활동을 이어갔다.

그렇게 맨땅에 헤딩하듯 구직활동을 하던 중 한 업체에서 오퍼를 받게 되고 그렇게 나의 첫 회사 생활이 시작됐다. 그런데 아뿔싸. 회사가 갑자기 이전한다며 서울 동대문구가 아니라 광주광역시로 출근하라는 거다. 내 계획에는 없던 일이라 너무 황당했다. 이미 병무청에 입사 신고까지 된 판에 무를 수도 없는데 어처구니 없는 상황이 전개된 것이다. "그래, 가보자. 죽기야 하겠나. 거꾸로 매달아봐야 3년이다. 암만 힘들어 봐야 고작 3년이다! 그냥 해보자!"

그렇게 광주로 내려가서 근무를 시작했고 여기에서 나의 불운의 싹은 점차 트기 시작했다. 게다가 회사에 출근해보니 적혀 있는 회사 정보와 맞는 게 하나도 없었다. 사무실 주소뿐만 아니라 직원 수도 고작 세 명에 불과했고 보아하니 몇 개월 동안 아무런 일도 없이 그냥 손가락만 빨고 있는 회사였다. 더욱이 사장이라는 사람은 지역의 한 대학교 교수였는데 시도 때도 없이 소리를 지르고 통화를 하며 욕설을 퍼붓는 등 분노를 조절하기 힘든 사람 같았다. 그리고 당시 회사에 오래 다녔던 직원에게 과거 엠파스라는 포털을 만들었던 서울대 출신 개발자들이 그 회사에 근무했었는데 하도 사장으로부터 노동 착취를 당해 다들 병원에 누워 있다는 괴담을 들었다. 그리고 나와 같은 처지에 있는 서울대 법대 출신 직원이 있었는데 그분은 뭐 때문인지 사장의 뒤꽁무니를 쫓아다니며 그가 연루돼 있는 여러 소송과 관련한 일을 하고 있었다. '아, 뭔가 대단히 잘못 걸렸다. 이건 아닌데….'

아니나 다를까 그곳은 정상적인 회사가 아니었다. 아무런 일을 하지 않는데도 밤 열두 시가 넘도록 퇴근을 시켜주지 않는 것이다. 차라리 일하고 싶었지만, 일거리도 주지 않고 그저 사장 본인이 집에 가기까지 모든 직원이 꼼짝없이 사무실에 잡혀 있는 것이었다.

미치고 환장하는 날들이 계속되다가 사장이 모든 직원에게 영업에 뛰어들라고 했다. 기존 개발자들이 만들어놓은 고객관계관리 프로그램과 웹사이트를 판매하라는 것이었다. 사장의 지시는 불법이었지만 우리는 어쩔 수 없이 정장을 착용하고 동네방네 업체를 돌며 영업을 했다. 황당한 상황이었지만 돈이라도 벌어보자는 마음으로 나름대로 긍정적인 면을 찾아 뭐라도 해보려 노력했다. 젊어서 고생은 사서 한다고 20대 중반의 내가 못할 건 없었다. 모든 게 다 배움의 기회라고 생각했기에 닥치는 대로 한번 부딪쳐본 것이다.

그렇게 영업하랴 온동네를 다니던 중 한 영어학원에 들렀는데, 우연하게도 학원의 원장이 캐나다 출신 백인이었다. 그렇지 않아도 웹사이트를 구축하고 싶었는데 한국어 소통이 어려워 고민하던 중이라고 했다. 여기서 나의 능력이 백분 발휘되었고 그렇게 꽤 규모 있는 웹사이트를 수주하여 3개월간 아무런 매출이 없던 회사의 첫 매출을 만들어냈다. 그런데 사장은 참 희한하게도 좋아하거나 칭찬하기는커녕 뭔가 꺼림칙한 반응을 보였고 대수롭지 않다는 듯이 말했다.

그러던 어느 날 회사 소장에게서 전화가 오더니 사장의 말을 전했다. "성민 씨, 아버님 업장에 우리 프로그램 좀 팔자. 아버지한테 좀 사시라고 말해봐." 이건 또 무슨 황당한 소리인가. 나는 어릴 때부터 부모님의 잔소리를 듣지 않고 독립적으로 자랐기에 내가 선택하고 책임지는 것에 익숙했다. 특히 병역특례는 내 생각과 계획, 결정으로 시작했기에 아무리 힘들다고 부모님께 도움을 요청하고 싶지 않았다. 처음부터 700개의 업체에 지원하면서도 부모님의 투자를 요청하는 말만 꺼내면 그대로 자리를 박차고 나갔던 나였기에, 이제야 부모님께 도와달라고 하는 것은 너무 구차하게 느껴졌다. 무엇보다 굉장히 불합리한 상황에 스스로 맞서 싸우고 싶었지 아버지께 쪼르륵 전화해서 해결해달라는 생각은 애초에 없었다. 하여 지속적인 괴롭힘을 계속해서 무시했는데 결국엔 소장이라는 사람이 이런 말까지 대놓고 했다. "이번 주에 아버지 뵈러 한번 갑시다. 만약에 안 사주시면 성민 씨 회사 생활이 좀 괴로워지겠지?" 거기까지였다.

이때부터 나는 위에 언급한 나와 마찬가지 입장이던 서울대 법대 출신 동료와 매일 새벽 퇴근 후 모의를 하여 탈출계획을 세웠다. 즉, 불법적인 업무를 시킨 점, 근로시간을 준수하지 않은 점, 급여를 주지 않는 점 등등 여러 불법 사항을 병무청에 신고하는 것이었고 이어 우리의 계획을 실행에 옮겼다. 조폭을 풀어 아작을 내겠다고 사장이 협박하는 와중에 황당하게도 병무청 담당자가 신고자가 우리임을 사장에게 밝혀버렸다. 그렇게 도망자 신세가 되어버린 우리는 이러지도 못하고 저러지도 못하며 사무실 근처에서 잠복하여 동향을 살피며 며칠을 보냈다. 그러나 이는 사유를 불문하고 엄밀히 말해 무단결근인 셈이었고 총 8일을 무단결근할 경우 특례취소 처분이 내려지기에 며칠을 더 버티다 어쩔 수 없이 사무실에 돌아갔다.

사무실에는 진짜로 조폭으로 보이는 사람들이 찾아왔다. 사장은 우리를 보며 대놓고 협박을 했고 조폭들도 거들며 우리를 위협했다. 정신을 똑바로 차리지 않으면 위험한 상황이었다. 나는 마음을 굳게 먹고 그 상황을 버텨냈다. 그렇게 며칠을 시달리다가 결국 전직 승인을 받아 서울로 돌아오게 되었다. 그렇게 황당하고 어이없던 생활의 종지부를 찍고 집으로 돌아오게 된 것이다.

서울로 돌아온 나는 피나는 구직활동을 통해 서울 소재 역삼동 업체로 전직했다. 너무 다행이었지만 동시에 불운이 계속 이어지고 있었다. 전직을 한 업체는 서울대를 나온 사장 둘이서 창업한 회사였는데 나름 스마트하게 시스템을 만들어 운영하고 있었고 여러 괜찮은 소프트웨어를 출시한 업체였다. 당시 직원 50명의 작은 업체에서 모회사·자회사 구조에 개별 팀 중심의 수평적인 조직을 운영하는 것은 파격적이었다. 사장들 역시 진취적이고 창의적이었기에 사회초년생으로서 많은 것을 배우고 경험할 수 있는 곳이었다. 하여 매일 밤낮으로 일하고 주말에도 개발 스터디를 이어가며 일해온 결과 여러 프로젝트를 성공적으로 수행했다.

그렇게 신나고 재밌게, 진취적인 회사 생활을 이어가던 와중 청천벽력과 같은 일이 일어났다. 당시 회사의 창업자 중 한 명의 병역특례 비리가 적발되어 실형을 살게 되면서 회사의 병역특례 정원이 취소되어버린 것이다. 우리나라에서 병역문제는 늘 예민한 문제이지만 당시에는 자본 상황이 좋지 않은 회사들이 IT 사무직에 채용시켜 준다고 하며 투자를 요구하는 불법이 성행하던 시절이었다. 나에게도 그런 제의를 한 업체 사장들이 많았다. 당시 내가 다니던 회사의 사장 역시 자신의 서울대 후배로 부터 사례금을 받고 채용한 후 허위로 출근기록을 만들어준 혐의를 받고 구속이 되어버린 것이다.

결국 나는 다시 하루아침에 말 그대로 낙동강 오리알 신세가 되어버렸다. 잘 다니나 했더니 다시 고난과 불안의 시기가 찾아온 것이다. 또 이직을 해야 했고 주어진 기간은 그리 많지 않았다. 불행 중 다행히도 그간 일한 프로젝트를 비롯한 경력이 생겨 여러 업체에 당당하고 분주하게 지원할 수 있었다. 그러나 특례기간이 1년 반밖에 남지 않은 점은 이직에 불리하게 작용했다. 또한 병역특례 정원 자체가 많지 않기에 생각보다 수월하지는 않았다.

그러던 와중 정원이 취소된 바로 직전 회사에서 자회사의 소위 바지사장으로 일하다 회사를 떠난 분이 본인의 현재 회사에 정원이 있으니 나를 스카우트하겠다는 제안을 했다. 그것도 당시 파격적으로 받고 있던 연봉을 맞춰주겠다고 하면서 말이다. 나는 바로 그분의 회사로 갔다. 새 회사는 성수동에 있었고 서울대 출신 사장이 창업한 나름 건실해 보이는 회사였다. 이곳에서 최선을 다해 병역특례기간을 마무리해야겠다고 결심하고 능동적이고 적극적으로 일했다.

하지만 또 일하면 할수록 무언가 꺼림칙함을 느끼기 시작했다. 이곳도 직원이 일해도 월급을 못 주는 곳이란 걸 알게 된 것이다. 그럼에도 최선을 다해 내가 맡은 일뿐만 아니라 돈이 될 만한 새로운 블루오션을 찾는 일에도 열중했다. 하지만 단 3개월 만에 불운은 다시 나를 찾아왔다. 회사가 폐업을 신고하기에 이르렀고 또다시 나는 낙동강 오리알 신세로 전락했다. 이쯤 되면 허탈함이 미친 듯이 몰려와 다 포기하고 잔여기간에 군대에나 갈까 생각이 들었다.

하지만 처음 내가 세운 계획을 이대로 포기할 수는 없었다. 무엇보다 부모님을 뵐 면목이 없었다. 특히 아버지께 당당하게 말씀드렸던 나의 계획을 실행하고 그걸 성취해낸 증표로 나의 의지를 입증해 보이고 싶었다. 그리하여 다시 고난의 시간이 시작됐고 이젠 단 10개월이 남은 상황이었다. 나는 굴하지 않고 정원이 있는 줄도 없는 줄도 모르는 700여 개의 회사에 다시 맨땅에 헤딩하며 입사지원서를 넣기 시작했다. 대부분 회사들은 1년 미만을 일할 직원을 뽑지 않는 것을 감안해 병역특례 잔여기간인 10개월이 아닌 1년 이상 일을 할 것까지 조건으로 내걸었다. 그렇게 매일 박치기를 하다 보니 어느새 아무리 머리를 박아도 이마에 피가 나오지 않는 지경이 됐다.

그렇게 매일 고통도 느끼지 못할 지경으로 맨땅에 헤딩하던 차에 갑작스런 소식이 들려왔다. 역삼동 테헤란로에 있는 한 업체의 사장이 직접 전화를 준 것이다. 이어 면접을 제의했고 나는 한걸음에 면접에 임했다. 그분은 그간의 내 경력에 감탄했다. 병역특례 직원임에도 불구 그 어느 일반 사무직 직원보다 더욱 많은 일을 해내고 승진까지 한 것이 그에게 흥미로웠다고 하더라. 그리고는 남은 10개월간만 지금까지 해오던 대로 열심히 해주면 좋겠다며 오퍼를 내준 것이다. 그렇게 나는 남은 특례기간 동안 최선을 다해 일하며 병역의무를 충실하게 이행하고 마무리했다.

우리는 살면서 수많은 명언을 듣는다. 누군가는 당연하고 뻔한 말이라고 하겠지만 실제로 적용되는 경험을 가진 사람에게 그 말은 그저 대수롭지 않게 넘길 수 있는 말이 아니다. "하늘은 스스로 돕는 자를 돕는다." 분명 수없이 들어본 뻔한 말이지만 이 말은 내 인생에 울림으로 자리 잡았다.

몇 년간 유튜브에서 그간 나의 인생 경험과 스토리를 토대로 열심히 동기부여하고 있는 와중에 일부 사람들이 당신의 편협한 성공방식을 퍼트리지 말라며 내게 말했다. 성공은 어떻게 정의하느냐에 따라 달렸다고 하며 보편적인 성공하는 방법, 즉, 주어진 상황에서 게으름 피우지 않고 최선을 다해 열심히 계획하고 실행하여 원하는 것을 갖게 되는 노력, 성취, 보람의 사이클과 그 사이클을 돌리는 땀방울의 가치를 폄하한다. 열심히 안 해도, 결과가 없어도, 원하는 것을 못 가져도 인간은 누구나 충분히 행복할 수 있다고 한다. 하면 되고 안 하면 안 된다는 게 아니라 애초에 무언가를 원하지 않으면 할 필요가 없기에 하면 되고 안 하면 안 된다가 성립하지 않는다고 한다.

여러분은 이 말을 듣고 어떤 생각이 드는가? 과연 우리는 인간의 여러 욕구와 본성을 과감하게 내려놓고도 행복할 수 있다고 생각하는가? 물론 그럴 수 있다. 우리가 함께 살아가는 이 세상에는, 스님처럼 종교적 가치를 따라 수행의 삶을 살아가는 이들이 있다. 하지만 과연 우리 모두 스님처럼 살아갈 수 있을까? 즉, 극소수의 사람들의 행복 방식을 대다수에 접목시킬 수 있냐는 것이다. 과연 우리 모두 스님의 삶을 살아가며 영원한 행복에 도달하는 것을 지향하고 전파해야 하는 것인가? 그것이 대다수 사람들의 행복을 가져올 표준적인 방식이 될 수 있는 것인가?

 나는 이런 말들을 자기방어라고 부른다. 결국, 어떻게 해야 우리 사회의 대다수가 바라보는 성공과 행복에 가까워지는 줄 알면서도 스스로 하기 싫으니 그 방식 자체가 잘못됐다고 우기는 것, 혹은 남들이 열심히 하며 레벨 업을 하게 되면 자신은 상대적으로 레벨 다운을 하게 되니 남들이 그러지 못하도록 비난하고 잘못됨을 지적하는 저질스러운 발버둥에 지나지 않는 자기방어인 것이다.

 그런 사람들일수록 자신 스스로의 의지나 노력의 부족을 인정하기보다는 늘 시스템을 지적하고 불운하다는 핑계를 대기 일쑤다. 그들은 절대로 어려운 상황에서도 앞으로 나아가려 하지 않고, 상황이 나아지게 될 때까지 이마가 깨지도록 맨땅에 헤딩하는 나 같은 사람의 절실한 의지와 노력은 보려 하지 않는다. 그저 누군가가 잘되면 그걸 폄하하고 운이 좋아서 그랬다고 치부하기에 바쁘다. 실제로 우리 주변에 성공한 사람 중 자신이 운이 좋아 성공했다고 말하는 사람들이 있다. 하지만 그들이 말하는 운은 꾸준하고 묵묵하게 오랜 시간 자신의 칼을 갈아온 사람들에게만 찾아온다는 변함없는 인생의 진리를 우리는 간과하곤 한다.

 그렇게 내가 살아온 42년의 세월 동안 내 인생이라는 하얀 도화지에 수많은 스토리를 담은 그림을 그려왔다. 그림 속엔 여러 크고 작은 불운들이 존재하고 그럼에도 '하면 된다'를 입증하는 성취와 결실로 보람차다. 땀방울이라는 마르지 않는 물감으로 너무나도 다채로운 색과 모습의 그림이 그려져 있는 것이다. 그림을 언젠가 완성하게 될 때 나는 내 그림의 타이틀을 이렇게 적으며 마무리하고 싶다.

 '하면 무조건 된다. -불운이라는 고마운 친구에게.'

## 운동하는 직장인 시절 근육시의 벌크업 식단

≫ QR 찍고 쇼츠 보기

나는 어릴 적부터 미국에 건너가 독립적인 생활을 해왔다. 누구도 내게 공부하라는 잔소리를 하거나, 밥을 챙겨주거나, 청소를 대신 해주거나, 이래라저래라 하지 않았다. 오랜 기간 혼자 살며 늘 내가 할 일을 스스로 챙겨야 했기에 나의 우선순위에 맞춰 내 방식대로 하루일과를 만들고 실행하는 일을 일찌감치 몸에 배겨왔다.

학창시절 나의 우선순위는 공부와 운동이었기에 그 두 가지를 중심으로 루틴을 만들었는데 여기서 포인트는 공부, 운동에 소비되는 시간을 제외한 나머지 소비시간은 최소화하거나 아예 포기해버리는 것이다. 대개 포기의 대상은 친구들과 어울리며 밥을 먹으러 다니는 것, 공부한답시고 굳이 도서관에 가서 그룹 스터디를 하는 것, 주말에 친구 집 술자리에서 시답잖은 수다를 떠는 것이었고, 최소화의 대상은 식사시간이었다. 대학

시절 도서관에서 공부할 때는 두 끼의 도시락을 미리 챙겨가 공부하는 동시에 식사를 해결하여 굳이 무얼 먹을까 돌아다니며 낭비하는 시간을 줄일 수 있었으며, 마지막 한 끼는 집에서 만들어서 먹는 방법으로 공부시간과 운동시간을 최대화할 수 있었다.

학창시절 중학교, 도서관, 집을 제외하고 내가 자주 출몰하던 곳은 바로 한국 식품 마켓이다. 평소 캠퍼스에 있을 때 나는 도시락을 싸 가거나 캠퍼스 내 카페테리아에서 밥을 포장해 도서관에서 끼니를 해결했다. 하지만 하루 중 가장 맛있고 편안한, 즐거운 한 끼는 꼭 집에서 해 먹었기에 한국 식료품 마켓은 내게 사막의 오아시스 같은 존재였다. 특히 로스쿨을 다닐 때 지냈던 LA의 한국 식품 마켓에는 없는 것이 없었다. 나의 주 쇼핑 리스트는 삼겹살, 갈빗살, 돼지 등뼈, 생닭, 김치, 무말랭이, 깻잎, 시금치, 소면, 라면 등이었고 나물과 같은 반찬은 소량도 매우 비싸서 직접 만들어 먹었다.

누군가는 재료를 사다가 집에서 먹는 것이 번거롭다고 말할 수도 있지만 나는 아니다. 어릴 때부터 독립해 살며 터득한 몇 가지 필살기 중에 지금까지 든든한 재산 역할을 하는 한 가지가 있다. 그것은 바로 나만의 '생활요리' 비법이다. 생활요리란 무엇인가? 보통 요리를 하면 재료를 이것저것 준비하고, 씻고 썰고 데우고 지지고 볶는 데 많은 시간이 소요된다. 음식을 먹고 치우는 것까지 생각하면 고생이 이만저만이 아니다. 하지만 나의 생활요리 핵심은 최대한 빠르게 요리와 청소까지 한 번에 마무리하는 것이다. 그렇다고 요리와 청소를 마구잡이로 하는 건 아니다. 나의 생활요리에는 나름의 시스템이 존재한다.

한국 음식은 생각 외로 굉장히 단순하기에 보통 간장, 마늘, 고추장, 된장, 참기름으로 웬만한 요리의 시즈닝이 가능하다. 또 혼자 맛있게 먹기 위한 요리이기에 텔레비전에 나오는 셰프들이 알려주는 요리 순서는 그다지 중요하지 않다. 그냥 빠르고 간편하게 만들 수 있고 결과물이 맛있으면 장땡이다. 여러 가지 재료를 재빠르게 손질하고 한 번에 냄비나 프라이팬에 전부 넣고 필요한 시즈닝을 한 후 냄비 뚜껑을 닫은 채 가열한다. 냄비가 어느 정도, 끓기 시작하면 남은 재료를 모아 비닐로 포장해서 냉장고로 정리하고 요리 중에 사용한 집기들과 그릇들을 전부 설거지해두고 뒷정리를 일찌감치 마무리해둔다. 그렇게 요리가 완성되고 식사를 마치고 나면 밥그릇과 수저만 설거지하면 되는 것이다.

완성된 요리가 그다지 맛이 없을 것 같다고 생각하는가? 전혀 그렇지 않다. 지금껏 내가 만든 요리를 먹어본 사람이라면 정말 깜짝 놀랄 맛이다. 대학교 시절엔 어느 집에 가도 보통 냉장고를 열면 이렇다 할 요리재료를 찾아보기 힘들다. 그래서 해 먹고 싶어도 해 먹을 요리가 없는 게 태반인데, 여기에 내 손이 닿으면 이야기는 달라졌다. 내 집이든 남의 집이든 내가 키친에서 뚝딱뚝딱하여 요리를 해서 내보이면 사람들이 물었다. "아니, 어떻게 무에서 유를 창조할 수 있지? 분명 별 재료가 없었는데 어디서 이런 걸 뚝딱 만들었냐?" 그렇게 대충 빨리 만들었지만 제법 맛있는 요리를 뚝딱뚝딱 하여 빠르고 즐거운 한 끼를 해결하는 방식이 나만의 생활요리인 것이다.

나와 같은 직장인 헬스 마니아들이 늘상 하는 하소연이 있다. 일이 너무 바쁘고 지치고 힘들어서, 도통 밥 먹을 시간이 없어서 나처럼 감성운동을 두세 시간 하고 싶어도 퇴근하고 밥 먹고 나면 도저히 운동할 시간이 없다고. 아무리 운동을 열심히 해도 끝나고 집에 가면 제대로 영양보

충을 할 시간이 없다고. 여러분은 이 말에 어떤 생각이 드는가? "와, 너무 맞는 말. 나도 늘 밥 먹고 나면 운동할 시간이 없는데. 운동 잘해놔도 결국 제대로 먹지를 못해서 몸이 안 크는데…." 미안하지만 전부 여러분의 자기 합리화이자 핑계일 뿐이다.

사내변호사로 일할 때 나 역시 누구 못지않게 때때로 야근을 하며 열심히 일했다. 아침에 출근하면 직원식당에 혼자 슬쩍 내려가 아침을 먹고 오거나 전날 미리 주문해놓은 맥도날드 세트를 가져와 자리에서 먹었다. 매일 그렇게 아침을 해결하던 차에 한번은 동료 변호사가 내게 물었다. "아니, 아침마다 이렇게 햄버거 세트를 먹어요? 한 끼에 돈 만 원을 아침으로 먹는 거예요?" 그저 간편함과 칼로리만 생각해서 몇 년을 그렇게 해왔는데 그 소리를 듣고 머리가 띵했다. '아 그렇네, 아침 한 끼에 만 원 돈은 좀 너무했다.' 그리하여 하루 30분 일찍 출근하여 직원식당에서 반값에 푸짐하고 균형 있는 식사로 아침을 해결했다.

점심시간이 되면 최대한 효율적으로 시간을 쓰기 위해 직원식당에서 팀원들과 식사를 한 후 재빨리 내 자리로 돌아와 파워냅을 취했다. 이때 20분 정도 되는 파워냅 시간을 최대한 효율적으로 쓰기 위해 안대와 귀마개까지 착용했다. 남 눈치 보느라 대충 엎드려 자다가 시간을 버리는 게 아니라 의자를 젖히고 파워냅 모드를 갖춰 제대로 푹 잤다. 어차피 점심시간은 나만의 시간이니 쓸데없는 눈치 보기는 내게 도움이 되지 않았기에 그저 내 방식대로 잠을 잤다. 그러다 보니 어느새 팀원들뿐만 아니라 타 부서의 팀원들까지도 나를 따라 하고 있었다. 자기들도 내심 하고 싶었던 거다. 그러다 어느새 갈수록 많은 사람이 파워냅을 따라 하다 보니 회사에서도 점심시간에는 소등을 해주며 파워냅을 독려하기에 이르렀다.

  그렇게 점심시간을 마치고 일을 하다 보면 오후 네 시쯤에 또 미친 듯이 배가 고프다. 나와 같은 고강도 운동하는 사람들의 경우 네 시간마다 식사를 하는 것이 이상적이다. 근육이 많은 만큼 칼로리가 많이 필요하기에 근육과 체력을 유지하기 위해서는 어떤 음식이 됐든 필요한 칼로리를 채워주는 것이 중요하다. 그리고 이때 제대로 칼로리를 보충해야 퇴근 후 헬스장에서 지체없이 운동할 수 있게 된다. 만약 이때 뭐라도 섭취하여 배를 채워놓지 않으면 퇴근 후 양껏 식사하느라 그만큼 운동시간을 빼앗기게 되므로 하루 일과의 효율을 위해서는 타코벨이든 라면이든 샌드위치든 먹어줘야 한다. 당시 나의 주 메뉴는 타코벨에서 타코 2개 세트를 후라이와 함께 먹거나 퀴즈노스 샌드위치, 또는 직원식당에서 라면 한 끼였다.

  그렇게 업무를 마무리하고 퇴근한 후엔 어김없이 곧장 헬스장으로 향했다. 하루 동안 쌓인 스트레스를 비롯한 각종 부정감정을 박살내는 감성 운동을 할 시간이었다. 당시에도 최소 두 시간 반 동안 운동을 했는데 운동하며 소모되는 칼로리가 아주 많아서 자주 배가 고팠다. 특히 웨이트 운동은 배가 고프면 집중이 안 되고 금세 지쳐서 부상으로 이어지기 쉬웠다. 그래서 헬스장에 들어가기 바로 직전에 헬스장 상가 내 파리바게뜨에서 샌드위치와 우유를 사서 헬스장 난간에 걸터앉아 대충 끼니를 때웠다. 이때 운동의 효율을 따지는 사람들은 그럴 것이다. "아니 그렇게 먹고 바로 운동이 되나? 소화도 안 되는데 배불러서 오히려 운동에 방해가 아닌가?" 맞다. 그럴 수 있다. 하지만 세상 모든 일을 완벽한 상태에서 할 수는 없다. 세상 모든 일에는 언제나 상충관계가 있는 법. 제대로 먹고 소화까지 하고 나면 그만큼 운동할 시간이 줄어든다. 나의 감성운동은 늘 내 일상의 우선순위에 있기에 다른 것을 조금 포기해서라도 감성운동의 시간을 충분히 확보하는 것이 중요했다.

또 나처럼 고강도 트레이닝을 해보면 바로 전에 먹었던 음식도 금세 소화하는 마법을 경험할 수 있다. 못 믿겠으면 두세 시간 동안 세트 간 휴식을 30초 이내로 최소화하며 운동을 해보시라. 속이 더부룩해 운동에 집중 못 하는 게 아니라, 오히려 두둑하게 먹어두어 운동하는 데 에너지로 쓰이는 것을 느낄 것이다.

감성운동을 끝내고 자존감과 자신감으로 무장하고 집으로 돌아오면 벌써 지친 근육이 영양분을 빨리 넣어달라고 괴성을 지른다. 이때는 근육들의 아우성도 아우성이지만 드디어 하루 중 가장 편안하고 밥다운 밥을 온전히 먹을 수 있는 나만의 즐거운 파티 시간이다. 그렇게 집에 도착하여 미리 다음 날 아침식사용으로 배달시켜놓은 맥도날드 세트를 냉장고에 넣어두고 이어 나의 생활요리 레시피로 뚝딱뚝딱 양질의 음식을 만들어 먹는다. 이때가 하루 중 가장 맛있고 충만한 식사의 기쁨을 느끼는 시간이다.

그렇게 나는 하루 바쁜 일과에서도 총 다섯 끼니를 해결할 수 있었고 고강도 트레이닝으로 지친 근육과 강인한 체력을 유지할 뿐만 아니라 더욱 성장하고 발전하도록 지원할 수 있었다. 그렇게 10년간 직장 생활과 운동을 병행하며 나는 나의 몸과 체력을 발전시켜왔다.

나는 매주 목요일마다 유튜브에서 자기계발, 동기부여, 고민상담 라이브 방송을 진행하는데 방송 중 가장 많이 받는 질문이 운동 관련 질문이다. 자신들은 너무 바빠서 식사를 못해 아무리 운동해도 몸이 커지지 않는다거나 일상 생활에서 식단을 하는 게 너무 어려운데 나는 어떻게 했는지가 그들의 주요 관심사이다. 별거 없다. 위에 말한 그대로이다.

식단이라는 것은 딱히 없다. 그저 내가 일상생활과 감성운동을 하는 데 필요한 영양소를 골고루 넣어주기만 할 뿐. 식단에 신경을 써서 고역스럽고 오랫동안 유지하지도 못 할 식사를 하려고 애쓰는 것보다 최대한 고강도 운동에 집중하고 내 몸이 필요로 하는 칼로리를 제때 채워주는 것이야말로 일반 직장인들이 멋지고 강한 몸을 유지하는 방법이라고 말해주고 싶다.

물론 근성장을 돕는 식단은 다양하다. 하지만 대다수의 생활 운동인은 직장생활을 해야 하기에 보디빌더의 식단과 생활습관을 따라 하기란 불가능하다. 세상 모든 일을 완벽한 상태에서 할 수 없듯 다소 불완전하더라도 내게 주어진 상황에 나만의 최선의 방식을 만드는 게 결국 정답이다. 그렇듯 나의 회사 생활 중 운동과 식사 루틴이 모두에게 정답이 될 수는 없겠지만, 바쁜 직장인들의 일상 속에서 일정하지 못한 식사패턴 때문에 몸 만들기가 어려운 이들에게 참고가 되기를 바란다.

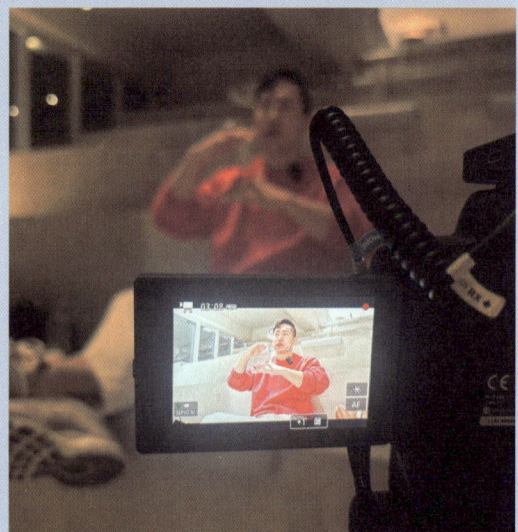

## X 같은 놈이 성공하는 이유

≫ QR 찍고 쇼츠 보기

나는 한국에 들어와 국내의 대기업에서 사내변호사로 다년간 일했다. 당시 회사는 세계 각국에 현지 법인과 지사를 두고 세계를 무대로 영업활동을 해온 종합상사였다. 여러 나라에 있는 광물, 농수산물, 식품, 에너지 자원에 적극적이고 공격적인 투자를 하고 각종 산업재를 거래하는 회사이니만큼 사업을 진행하는 데 여러 위험이 존재했다. 따라서 회사에게 법무는 굉장히 중요했다. 다른 4대 그룹 회사들보다 법무의 중요성을 더욱 크게 인식하고 법무팀을 구성하는 변호사들에 대한 처우도 매우 좋았다.

하지만 처우가 좋았던 만큼 업무강도도 상당했다. 예를 들면 내가 근무할 당시 국내, 해외 변호사를 통틀어 법무 담당자가 총 12명 있었는데, 하루에 법무 시스템을 통해 검토 요청이 올라오는 건은 최소 50건은 되었고 나의 경우 하루 다섯 개 정도의 계약을 검토했다. 그 밖에도 법무 이슈는 어떠한 문서에도 반드시 존재하기에 특정 프로젝트 관련 문서들이 전부 법무 검토를 거치고 담당 변호사의 합의 및 승인을 거쳐야 했고, 따라서 하루에도 여러 부서에서 올라오는 문서들을 검토하고 각종 자문 요청을 소화해야만 했다.

당시 법무 시스템에는 사업부뿐만 아니라 금융, 회계 등 모든 지원부서에서 검토 요청을 올렸는데 분명한 규칙이 하나 있었다. 검토 요청을 양식에 따라 올리면 최대 5영업일까지 해당 문서를 배정받은 법무 담당자가 검토를 완료하는 것이다. 즉, 회사 입장에서는 어느 사업부에 어떤 사업 관련 문서가 됐든 원칙적으로 전부 시급하고 중요하지만, 소수의 법무 조직에서 소화해낼 수 있는 법무검토의 양은 한정적이기에 이런 규칙이 필요했다.

하지만 인생사 모든 게 그렇듯 안타깝게도 이런 그라운드 룰은 베이스로서 작용할 뿐이지 어떠한 상황에도 항상 일률적으로 지켜지지는 않는다. 어느 집단에서든 아주 빈번하게 집단의 총체적 이익 및 구성원들의 각종 이해관계에 의한 우선순위에 따라 원칙에서 벗어난 상태로 일이 진행된다. 아무리 완벽한 시스템이라도 결국 인간의 손에 맡겨지고 운영되면 모든 일이 규칙에 따라 진행되지 않는 것이 어느 곳에서나 현실인 것이다. 그렇듯 당시 여러 사업부의 모든 프로젝트 관련 문서를 검토했던 나는 매일 최대한의 노력을 기울여 검토했지만 늘 검토 요청자들의 '독촉'에 시달렸다. 분명 나는 매일 검토를 완료하는데 왜 그리도 매일 독촉이 들어오고 또 빨리 소화를 하면 할수록 계속해서 검토 대기 건들이 쌓이는지 그놈의 쫓기는 기분을 떨쳐낼 수가 없었다.

회사의 특성상 법무검토는 매우 신중해야 했다. 경영진에서 법무조직에 많은 대우와 배려를 해준 만큼 위험 관리에 있어 기대하는 바는 매우 컸다. 성과와 보상에도 이러한 특성은 드러났다. 특정 프로젝트가 성공적인 결과를 내면 늘 해당 프로젝트의 사업부 담당자들이 승진하거나 보상을 받았으나, 법무의 공로는 일반적인 팀 성과 및 개개인의 인사고과 때 참고사항인 것 외에 따로 인정받는 경우는 드물었다. 하지만 만약 특정 위험이 현실이 되어 손해가 발생하면 이는 오로지 법무의 책임으로 돌아왔기에 늘 좋은 처우와 권한은 그만큼의 책임과 중압감이 함께함을 매일 직시하고 유념하며 일해야 했다.

따라서 엄청나게 집중해서 검토를 하려 애쓰는 중인데도 하루에도 몇 번이고 전화기가 울려댔다. 그 90퍼센트는 사업부 담당자들이었는데 계약 검토 좀 서둘러 해달라는 독촉이었다. 언제 검토서를 올렸냐고 물어보면 한 시간 전에 올렸다고 하는 게 다반사였다. 그럼 짜증이 확 밀려오지만, 친절하게 답변한다. 그러고는 몇 시간 후 또 전화가 온다. "죄송한데 언제쯤 될까요?" 이번 나의 답변엔 조금 감정이 섞인다. "음…, 지금 밀려 있는 게 몇 건 있어서 이것만 하고 바로 할게요!" 그렇게 어느덧 퇴근 시간을 넘겨 퇴근하려던 순간 전화기가 울린다. "아, 퇴근하셨을까 봐 걱정했는데 아직 계시네요?! 혹시 언제쯤 나올까요?" 슬슬 인내심에 금이 가고 이번엔 다소 강하게 말한다. "법무 시스템 검토 기준 아시죠? 최대 5영업일이잖아요? 오늘 올리시고 오늘 세 번 독촉 전화는 좀 심한 거 아닌가요? 전화 받을 시간도 검토하는 데 쓰면 좋겠는데 좀 도와주세요."

그렇게 말하고는 한숨을 크게 내쉬곤 했다. 하지만 나도 인간인지라 어쩔 수 없었다. 독촉 전화가 귀찮고 듣기 싫었기에 나도 모르게 그 사업부의 검토 건을 열어보고 다음 날 출근하자마자 그 건을 먼저 처리해버렸다. 누구는 그럴 것이다. 아니, 그냥 상부에 보고하면 될 것을 뭘 혼자 스트레스를 받으시나? 회사 다닌 경험이 있다면 이 말이 얼마나 비현실적이고 스스로 깎아내리는 결과로 이어지는지 알 것이다. 팀장님이나 상무님도 다 알고 있다. 법무 시스템의 규칙과 사업부의 독촉을.

하지만 결국 해결책은 무엇인가? 즉, 내 선에서 처리하지 못하는 민원을 과연 그들 선에서 처리할 수 있나? 불가능하다. 조직의 한정된 자원으로 모든 구성원의 이해관계를 충족하려면 그냥 담당자 선에서 알아서 해야 한다. 다시 말해 그들이 뭐 딱히 도와줄 수 있는 것이 없다. 이런 상황에서 그들에게 불평불만을 털어놓는다면 그냥 나는 그만큼 무능력한 사람이라는 말밖에 되지 않기에 어떻게든 내 선에서 처리할 수밖에 없었다. 그 사람들의 독촉을 소화해내는 것 역시 결국 나의 능력이었기에 말로 때우든 야근을 하든 내 선에서 처리하려 노력했다.

사실 마음 같아서는 매일 몇 번을 쪼아대는 그들의 것을 제일 늦게 해버리고 싶었으나 실제로는 그들의 것들에 손이 먼저 가고, 그렇게 그들은 일을 빨리 처리하는 사람으로 거듭날 수 있게 된 것이다. 여기서 누구는 그럴 것이다. 본인 같으면 그런 사람의 일을 제일 늦게 처리할 거라고. 음…, 현실과 매우 거리가 먼 이야기다. 실제 내 입장이 된다면 결과는 똑같을 것이다. 왜? 그렇게 하는 게 결국 내게도 편하기 때문이다. 좋든 싫든 그들을 편하게 해주는 게 결국 나도 편해지는 결과로 이어지기에 그렇게 하는 것이다.

그렇다면 그들로 인해서 우선순위에서 밀리는 검토 건들은 어떻게 되지? 어쩔 수 없다. 어차피 최대 5영업일 이내 검토는 마무리될 것이기에 그들로서는 별다른 민원을 제기할 수 없다. 하지만 그들은 결과적으로 늦었다. 그들의 업무능력과 인사평가 또한 얼마나 일을 빠르고 정확하게 처리함에 달려 있는데 미안하지만 그들은 나를 쪼아대서 원하는 걸 가져간 사람들보다 높은 평가를 받지 못할 것이다.

형평성으로 보나 장기적인 관점에서 보나 법무팀 전체에 고생길이 열리겠지만 어쩔 수 없다. 조직의 자원은 늘 한정되어 있고, 똑같은 상황이라도 누군가는 남들보다 특출나고 더욱 높은 성과와 보상을 받기 때문이다. 즉, 아무리 모두가 쪼아댄다고 하더라도 법무 담당자는 궁극적으로 자신의 이익을 지키기 위해 결국 더욱 지능적이고 효과적으로 쪼는 사람의 것을 먼저 검토할 것이라 달라지는 바는 없다. 세상이 아무리 살기 어렵고 척박해져도 돈 버는 사람, 더 많이 가져가는 사람은 반드시 존재하듯 결국 승자가 되기 위한 모든 노력을 기울이는 사람이 승리하는 건 세월이 흘러도 변함없다.

실제로 조직 생활을 해본 사람들은 동의할 것이다. 실제로 승진이 빠른 사람은 하루가 멀다 하고 압박하는 사람이다. 왜 그럴까? 어느 부서에서나 자기 일을 빠르고 정확하게 추진하는 사람이 가장 일을 잘하기 때문이다. 한번 생각해보자. 만약 특정 사업부 담당자가 하루에 몇 번을 전화하는 바람에 업무를 못 할 만큼 괴롭힌다고 그 사업부의 팀장이나 사업부장에 민원을 넣었다고 치자. 그럼 그 팀장 또는 사업부장이 뭐라고 할 것 같나? "아, 그랬군요. 미안합니다. 제가 알아듣게 잘 이야기하겠습니다"라고 할 것이다. 그러고는 뒤돌아서 "홍길동 대리, 잘했어. 아주 잘했어. 역시 자네는 다르구만!" 이렇게 홍길동의 어깨를 두드려주고 아이스 아메리카노 한 잔을 사줄 것이다.

그렇다면 조직에서 볼 때 일 잘하는 사람은 누구인가? 결국, 법무에서 일을 잘하는 사람이란 배당받은 계약을 신속 정확하게 많은 양을 처리하는 사람이 능력자다. 이때 여기에서 상대적으로 저평가받는 담당자가 최대 5영업일 규칙에 대해 백날 하소연해봐야 자신은 그냥 무능력자임을 입증하는 것이다. 왜? 다른 법무 담당자 역시 마찬가지의 상황과 똑같은 그라운드 룰을 적용받고 있기 때문이다.

회사의 가장 중요한 목표는 이익을 내는 것이기에 많은 수익을 더 많이 빨리 가져다주는 사람이 회사에서 가장 유능하다. 이 말이 당연하게 들리지 않는다면 당신이 보스라고 생각해보자. 두 직원이 있다. 한 사람은 근로계약서의 원칙을 주장하며 근무가 끝나자마자 퇴근한다. 또 다른 사람은 근무 외 시간에 누가 시키지 않아도 업무에 몰입해 있다. 당신은 누구에게 당근을 주고 싶나? 만약 후자의 직원이 열심히 오래 일하면서 회사에 한 톨만큼이라도 더 많은 수익을 가져왔다면 당신은 누구를 가성비 좋은 직원으로 여기고 승진시킬 것인가? 원칙적으로 볼 때 전자는 정해진 대로 일했을 뿐인데 왜 당신은 후자를 더 승진시키겠다고 생각하는가? 집단은 로봇이 아닌 인간이 일하며 돌리기에, 룰에만 얽매인 사람보다는 룰을 아우르고 집단의 이익에 더욱 이바지하는 사람이 집단에서는 반드시 성공하는 법이다.

여기서 누군가 물을 것이다. 그럼 룰은 무슨 소용인가? 그라운드 룰을 그냥 깨자는 것인가? 당연히 아니다. 그라운드 룰이란 지켜지라고 만든 것이다. 하지만 그라운드 룰은 말 그대로 베이스 역할을 하는 것이지 조직의 이익에 따라 얼마든지 다르게 작용할 수 있다. 이건 법무 시스템의 검토 기간이 최대 5영업일이니 담당자는 아무것도 하지 않다가 5영업일

전에만 완료하면 된다는 말인데, 그것은 조직의 이익을 추구해야 하는 현실과 맞지 않는 원칙이다. 아무리 5영업일이라 해도 그 전에 완료시키고 더 많은 사업부의 계약을 검토하고 자문을 제공하는 자가 더욱 조직 성과에 이바지하는 사람이고 더 큰 보상을 받는 법이다.

그렇듯 그라운드 룰은 인지하되 융통성을 발휘하는 건 매우 중요하다. 유연성을 가진 자가 결국에 다른 사람들보다 성공한다. 사업부에선 엄청 공격적으로 쪼아대고 빨리 검토를 받아간 사람이 그런 능력과 유연성을 가진 사람으로 인식되는 것이다. 내가 그토록 스트레스를 주던 사람들에게 능력이 있다고 말하는 게 신기하지 않은가? 사실 이런 사람들일수록 받은 것을 잘 돌려준다. 처음 검토를 받아갈 땐 공격적이고 힘들게 굴지만, 자신의 팀에 돌아가 팀장이나 사업부장에게 내 칭찬을 많이 해줘 법무 담당님의 귀에 들어가게 한다거나, 사업부 회식에 나를 초대하고 소정의 선물을 가져오기도 했다. 일종의 기브 앤 테이크의 자세를 취하고 있는 것이다.

그래서 쪼아대면서도 기브 앤 테이크를 확실히 하여, 나와 일종의 신뢰 관계를 구축하고 보상을 여러 방면으로 나누려 하는 모습을 모든 이가 갖지 못한 그만의 능력이라고 보게 되었다. 처음엔 짜증도 났지만, 그런 사람이 회사에서 더 많은 보상을 받고 승진을 빨리 하는 것이 어찌 보면 당연한 것임을 자연스레 받아들이게 되었다.

여러분의 생각은 어떤가? 여러분이 살아온 세상은 모두가 다 공평하게 성공하는가? 어떤 환경이든지 더 많이 이루고, 더 많이 가져가는 사람이 존재하는 게 현실이다. 즉, 기득권은 늘 존재하고 매일 생겨난다. 그라운드 룰은 누구에게나 똑같이 적용되지만, 모두가 성공하지는 않는다. 법을 예로 들어보자. 우리 사회 여러 분야를 관리하고 통제하는 그라운드 룰이 여러 법령과 규정, 판례인 것이다. 그렇다면 법령과 규정, 판례는 세상 모든 것에 대해 설명하는가? 그렇지 않다. 어떤 규정과 법령, 판례든 반드시 해석의 여지가 존재한다. 그리고 판례의 경우도 늘 공공의 이익 public policy을 고려한다. 우리 사회 역시 하나의 집단이기에 개인의 사건을 판단할 때도 이익을 항상 고려하려는 취지인 것이다.

그렇듯 조직 안에서 남들보다 더 앞서고 성공하기 위해서는 조직의 이익을 극대화하기 위해 조직에 깔린 그라운드 룰만 신경 쓰면 안 된다. 그 위에 존재하는 다양한 개인의 창의와 노력의 가능성을 보는 눈이 필요하고 그 가능성을 실현하기 위해서 남들보다 많이 고민하고 실행해야 한다. 내가 법무 담당자로 있을 때 사업부의 여러 담당자가 그랬고, 이들은 조직의 성과에 남들보다 많이 기여했다. 그 기여를 인정받아서 개인적으로도 매우 빠른 속도로 승진하고 많은 보상을 가져갔다. 나아가 자신의 성과에 기여한 이들에게도 자신의 위치에서 할 수 있는 소정의 기브 앤 테이크를 통해 결과적으로 자신의 성과가 타 조직에도 스며들게 하는 윈윈 win-win을 창출해냈다.

그래서 여러분은 어떤 사람이 될 것인가? 언제나 워라밸을 따지며 집단에서 자신의 자리, 혹은 그 언저리에서 "난 충분히 행복해"를 강박처럼 읊조리고 살 것인가? 아니면 그라운드 룰이 뭐든 어디에 있든 인생의 실질적인 발전을 위해 규칙을 뛰어넘어 남들보다 더 크게 성장하기 위해서 연료를 태울 것인가?

어차피 죽으면 연료는 무용지물이 된다. 당신이 사는 동안 꼭꼭 아껴두고 남겨둔 연료는 당신의 생이 마감하는 순간 아무것도 아니다. 그러니 아껴두지 마시라. 당신 속에 저장되어 있는 연료를 지금 당장 활활 태우시라. 당신 안에 존재하는 연료가 퇴보되고 썩어가도록 내버려두지 말고 작은 불씨만 갖다 대도 활활 타오르는, 당신에게 폭발적인 에너지를 전달해줄 질 좋은 연료를 당장 사용하시라. 앞서 말했듯 생각 외로 간단하다. 남들보다 더 일하면 그들보다 성공할 확률이 훨씬 커진다. 실제로 그렇게 한 사람은 대개 성공한다. 이 얼마나 굿 뉴스인가? '하면 된다'가 이렇게 현실적인 세상의 진리인 게 얼마나 감사한가?

하지만 이걸 당신의 인생에서 약으로 작용하게 할 것인지 아니면 독으로 작용하게 할 것인지는 여러분의 손에 달려 있다. '하면 된다'가 성공의 진리로서 여러분의 인생에서 작용하게 하려면 무조건, 해야 한다. 안 하는 것은 안 된다. 안 해도 되길 바란다면 안타깝게도 당신을 위한 세상은 이 지구상엔 없다.

부디 여러분이 요즘의 경제적·사회적 혼란의 시기에 그래도 '하면 된다'가 지배하고 있는 세상에 살고 있음에 감사함을 느끼고, 얼마나 남았을지도 모른 채 서서히 불씨가 꺼져가는 당신의 인생에서 하루빨리 남들보다 더욱 많은 헌신과 노력을 기울여 달콤한 성취의 열매를 맛볼 수 있기를 진심으로 응원한다.

## ∘ 타인에게 가볍게 보이지 않는 방법

≫ QR 찍고 쇼츠 보기

 나는 어릴 적부터 미국에서 자라고 공부하면서 다양한 사람들과 어울리며 살아왔다. 피부색과 생김새뿐만 아니라 다양한 문화적, 사회적 배경과 경험에 따라 서로 다른 가치관과 성향을 가진 사람들과 교류하며 소통했다. 다양한 사람들과 어울리는 것을 좋아했고, 적극적이고 외향적인 소통 스타일 덕에 늘 분위기를 이끄는 그룹의 리더 역할을 해왔다.
 그룹의 리더는 항상 분위기를 이끌고 구성원 전체를 아우르며 소통해야 했기에 그룹 활동을 할 때마다 나는 늘 대화를 주도했고, 중요하든 중요하지 않든 마음에 있든 없든 끊임없이 말을 하며 많은 이들의 참여와 소통을 이끌어야 했다. 처음엔 말을 많이 하면 할수록 대중의 관심을 주목시키며 분위기를 주도하게 되고, 그렇게 인정받는 것처럼 느껴져 자존감과 자신감이 올라갔다. 하지만 어느새 사람들에게는 나는 늘 말이 많은 사람처럼 보이게 됐다. 어쩌면 누군가에게 자칫 가벼워 보일 수 있다는 생각을 하면서 나 역시 말을 많이 하는 스스로가 피곤하게 느껴졌다. '무언가의 공허함'을 느끼기도 했다.

여러분들도 주변에 다양한 사람들과 어울리면서 여러 소통 스타일을 경험했을 것이다. 누군가는 나처럼 끊임없이 대화를 만들어내며 소통을 이끌고, 다른 누군가는 자기 이야기를 아끼거나 주로 듣기만 하는 과묵한 스타일이었을 것이다. 또 다른 누군가는 한참을 혼자 떠들며 대화를 채워가는 일방통행 스타일이었을 것이다. 그렇다면 어떤 대화 스타일이 이상적일까?

나는 때와 장소, 상황에 맞게 대화하는 것이 가장 좋은 소통방식이라고 생각한다. 예를 들어 다수의 사람을 이끄는 사람은 그 상황에 맞게 분위기를 이끌고 구성원 간의 소통을 이끌기 위한 많은 대화가 필요하다. 명확한 단체 차원의 메시지 전달과 감독 없이 그저 과묵의 미덕을 강조하며 말을 아끼고 있다면 제대로 된 리더의 역할을 한다고 말할 수 없을 것이다. 자신의 말을 지나치게 아끼는 사람은 소통에 있어 상대에게 오히려 불편함을 부를 수 있다. 그러면 진정한 소통을 이어가거나 관계를 형성하는 데 어려움이 있을 것이다.

그렇다면 상황을 불문하고 내내 자기 이야기만 늘어놓는 일방통행의 스피커는 어떠한가? 대화란 본래 쌍방향이어야 함을 비추어볼 때 이건 대화가 아니라 그저 상대방의 기를 빨아버리는 비호감 행위에 해당한다. 아무리 즐거운 이야기로 시작을 했더라도 상대방은 어느새 스피커의 말에 집중하지 못하게 된다. 이건 마치 일방적으로 쏟아내는 강의와 같다. 그런 강의를 들어본 사람이라면 알 것이다. 처음엔 집중하다가 어느새 집중력을 잃고 멍 때리게 되거나 꾸벅꾸벅 졸게 되는 경험을 해봤을 것이다. 결과적으로 청중은 더 이상 귀를 기울이지 않게 되고 그 자리를 뜨고 만다. 요즘 강의들이 강사 혼자 이야기하지 않고 상호적인interactive방식으로 진화하고 있는 것과 같은 맥락이다.

모든 상황에 이상적이고 적합한 대화방식을 규정하는 것은 현실적이지 못하다. 다만 당신이 어떤 상황에서 어떤 대화를 하든 간에 이거 하나만은 강조하고 싶다. 발화자로서 이야기할 때 논점 없이 이야기하는 건 상대에게 대화에 집중하지 못하게 할 뿐만 아니라 발화자의 자질을 의심하게 만든다. 말을 핵심 없이 늘어뜨리는 사람들의 특징은 무엇인가? 내가 느낀 점은 이들의 말에는 늘 논점이 없다. 논점이 없다는 것은 논리적 구조가 없다는 뜻이다. 그 이유는 발화자가 자신이 하는 말에 대해 사실 잘 모르기 때문이다. 제대로 주제에 대해 파악하고 있지 못한 채 그저 대화를 위한 대화를 이어가고 있기 때문이다.

혹여나 주제에 대해 파악했더라도 이런 사람일수록 주제에 대한 큰 그림을 갖고 있지 못하고 그저 디테일에만 파묻혀 있는 경우가 많다. 즉, 논리적·구조적 사고가 부족하여 상대방에게 자신의 말에 집중하게 하거나 이해하게 하지 못하는 것이다. 따라서 이런 사람들은 주제에 대해 장황하게 말하는 대신 내용을 좀 더 세심하게 이해하고 자신의 머릿속에 구조를 만들어 큰 그림으로 볼 수 있는 노력이 필요하다.

내가 사내변호사로 일할 때, 매주 경영진에 법무 이슈에 대해 보고하는 회의에 참석했다. 각자 법무 담당자들이 맡았던 프로젝트를 보고하는 자리인데 보고를 제대로 이행하기 위해서는 프로젝트에 대한 자세한 내용 및 상황 파악이 필요했다. 사업에 대한 총체적인 이해 없이 해당 사업에 대한 법무 이슈를 논한다는 건 말도 안 된다. 그런데 한번은 신규 사업의 법무 담당자로 내가 배정되었는데 사업부와의 소통 문제로 사업 파악이 되지 않은 채로 회의에 들어간 적이 있다. 즉, 보고 준비를 못 했지만 나름 최선의 방어를 해보기로 마음먹었다. 그렇게 신규 사업에 대한 보고를 시작했다. 하지만 노력과는 달리 나는 계속 주저리주저리 말만 늘어지고 이렇다 할 결론을 못 내리고 말았다. 신사업에 대한 경영진의 질문이 이어졌는데 사업에 대한 구체적 이해가 없었던 나는 법무 이슈는커녕 사업에 대한 구조적이고 논리적인 설명을 할 수 없었다. 결국 나는 제대로 알지도 못하면서 아는 척만 하는 사람으로 전락하고 말았다. 그렇게 나의 짧은 지식이 탄로가 났고 당시의 실책으로 인한 신뢰도 하락을 만회하기 위해 추후 더욱 많은 노력을 기울여야 했다.

말을 길게 하는 사람의 또 다른 특징은 논리적 문장보다는 예술적 문장을 자주 사용한다는 것이다. 소통의 핵심은 상대방에게 자신의 의사를 명확하게 전달하는 것이다. 이때 말은 간결하고 명확할수록 상대방의 이해가 쉽고 빠르며 오래 기억에 남는다. 미국 로스쿨에서는 1학년 때부터 법률적 작문과 말하기 Legal Rhetoric와 같은 교육을 받는다. 즉, 변호사답게 말하고 법률적 문서를 간결하고 정확하게 작성하는 수업을 듣는다. 이때 핵심은 논리적이고 직설적인 작문을 하기 위해 화려한 문구를 쓰지 않는 것이다. 여기서 화려한 문구란 소설책이나 시집에서 많이 사용되는 것 같은, 무언가의 묘사에 집중하는 형용사적인 표현과 간접적으로 아우르는 듯한 표현을 말한다. 때에 따라 굉장히 어렵고 사색적인 문구들이 이에 해당한다. 이런 화려한 문구는 법률적 작문에서는 지양해야 한다. 변호사가 클라이언트와 대화할 땐 반드시 일반인의 언어 lay language를 사용하고 법률적 표현을 최대한 자제하도록 교육받는다.

  그 이유는 소통의 중요성 때문이다. 즉, 클라이언트에게 하는 법률적 설명 역시 소통의 일환이기에 그들이 쉽게 알아듣고 이해할 수 있는 단어와 문구, 표현으로 설명해야 한다는 것이다. 반면 의뢰인에게 주절주절 많은 말을 하는 사람일수록 이런 간결하고 정확한, 직접적이고 쉬운 문구를 사용하기보단 어렵고 사색적이고 모호한 표현들을 많이 사용한다. 그렇기에 이들의 대화는 대개 일방적으로 끝이 난다. 상대방이 답변하긴 하지만 의미 있는 대화로 이어지기에는 역부족이다. 그래서 실제 연습을 할 때는 말할 때마다 상대가 어떤 생각을 하는지 고민하고 말하는 습관을 키워나갔다.

  말이 많은 사람들의 또 다른 특징은 정적을 못 참는 것이다. 새로운 사람을 만났을 때나 새로운 환경에 처했을 때 어쩔 줄을 모른다. 뭔가 자꾸 말을 해야 할 것만 같은 압박과 불안에 무슨 말을 하는 줄도 모르면서 자꾸 말을 한다. 나 역시 미국에 처음 갔을 때 새로운 환경에서 생소한 사람들과 어울리며 생활하는 데 적응 기간이 필요했다. 나와는 확연히 다른 생김새의 친구들을 마주하고 대화할 때 나는 긴장하기 일쑤였다. 그들과 대화할 때 뭔가 그들에 꿀리지 않게 답변을 부드럽고 빨리 이어나가야 한다는 압박감을 느꼈다. 제대로 알아듣지도 못했으면서 알아들은 척 답변했다. 그러다가 동문서답을 하고 상대방의 말을 알아듣지 못한 게 탄로나면 서로 굉장히 민망해하곤 했다.

  그렇게 대화하는 경우 늘 겪는 현상이 있다. 말이 많아질 때마다 발음은 꼬이고 말을 더듬게 된다. 그럼으로써 상대방으로 하여금 논리적이지도 않고, 말을 제대로 전달하지도 못하는 사람으로 인식되는 결과를 초래

한다. 이런 경험을 자주 겪으면서 나는 쓸데없는 첨언을 없애기 위해 수많은 노력을 기울였다. 주로 긴장 때문에 첨언을 했는데, 긴장을 없애는 방법은 마인드 컨트롤이었다. 그래서 나는 낯선 곳에 가거나 새로운 사람을 만날 때 더욱 당당하고 적극적으로 소통하며 상황을 주도하고, 말로 나의 존재감을 드러내는 것이 아니라 태도로 존재감이 드러나도록 애썼다. 그러다 보니 마음에 여유가 생겨 괜히 먼저 말을 걸고 쓸데없는 말을 하느라 상대방을 혼란스럽게 하는 경우가 줄어들었고, 말수를 줄이니 상대방의 말이 더욱 선명하게 들리기 시작했다. 이어 나의 답변은 분명하고 간단명료하게 이어져 대화의 질이 상승함을 느꼈다.

그뿐만 아니라 정적을 못 참는 사람들의 경우 손해를 보는 경우가 잦다. 정적을 참지 못하고 먼저 말을 하는 사람들은 보통 자기 이야기를 많이 한다. 왜? 상대방과 지속적으로 주고받는 대화가 아닌 혼자서 늘어놓는 일방적 스피킹의 주제는 결국 내 이야기로 이어질 수밖에 없다. 그래서 정적을 못 참고 이야기를 이어가려 하면 반드시 자기 이야기를 불필요하게 꺼내놓게 된다. 그러다 보면 자칫 가벼운 사람으로 보이게 될 수도 있다.

당신이 말 많은 스피커인지 의심된다면 스스로 생각해보라. 당신이 상대방과 대화하고 나서 상대에 대해 혹은 새로 알게 된 점은 무엇인지. 대화를 통해서 별다른 소득이 없었다면 아마도 당신이 참지 못하고 먼저 이야기를 늘어놓았을 가능성이 크다. 스스로에 대한 많은 이야기는 때때로 제삼자 간에 나에 대한 뒷담화, 가십거리로 이용되는 경우가 많고 이는 타인과 불필요한 갈등과 오해를 부를 수 있다.

또 정적을 못 이기는 사람의 스피킹은 전략적인 태도에 취약하다. 예를 들어 비즈니스 계약을 위해 상대방과 미팅을 한다고 가정해보자. 계약을 통해 얻고자 하는 기대치를 대략 오픈하고 이에 대해 조율을 한다. 이것들은 특약사항special terms이라고 부른다. 그리고 세부 내용에 대한 조율을 거쳐 계약서에 녹이게 된다. 하지만 미팅 첫 단계에서부터 지극히 당연한 서먹함과 정적을 못 이기고, 또는 상호 우호적인 관계를 위해 회사에 대해 지나치게 많은 정보, 계약 관련 회사의 구체적인 입장 등을 오픈해버린다면 계약 조건의 협상과 조율에 있어 우위를 빼앗기게 될 수 있다. 즉, 자신의 패를 미리 다 까버리는 실수를 저질러 협상에 불리한 위치가 되는 것이다. 협상에 있어 가장 두려운 존재는 어떤 패를 가졌는지 예상이 되지 않는 사람이지 눈에 훤히 보이는 패를 가진 사람이 아니다. 그렇기에 자신이 가진 패를 숨기고 포커페이스로 협상에 임할수록 상대방과의 협상에서 우위를 점하게 된다. 반대로 자신의 패를 상대에게 들킨 자는 어떤 플레이를 하더라도 상대에게 끌려가게 되고 결국 협상에서 지는 것이다.

 한 가지 예를 들어보자. 나는 로스쿨 졸업을 앞둔 시기 즈음에 당시 나의 애마였던 자동차의 판매 공고를 올렸다. 공고를 올리자마자 한 구매자가 굉장한 관심을 표시하여 나는 그에게 그간 철저히 관리했던 자동차 정비 내역을 비롯한 모든 정보를 전달했다. 그는 정보를 전부 검토하고 내 차를 직접 보러 왔다. 그런데 그는 보통의 구매자보다 까다로운 편이었다. 자동차를 근처 정비소에 가져가 리프트로 띄우고 하체를 점검해달라는 것이었다. 그가 까다로운 것도 사실이지만 당시 내 자동차는 카레이싱을 고려하여 만들어진 고성능 쿱coupe이었다. 하자 없이 단단한 하체를 점검하려는 그의 의도는 이해할 수 있었다. 다만, 당시 눈 코 뜰 새 없이 바빴던 나는 기존 정비 내용을 보여주면서 문제가 없음을 이야기했으나 그는 굳이 자신이 비용을 낼 테니 최신 일자로 받아달라며, 못 받을 경우 구매하지 않겠다고 했다.

그렇게 이런저런 얘기를 하던 와중 그가 차를 보러 몇 시간 동안 비행기를 타고 워싱턴 주 시애틀에서 왔다고 말했다. 아무래도 실수로 말이 튀어나온 것 같았지만 나는 바로 파악했다. 아, 이 친구는 무조건 살 것이다. 비행기를 타고 차를 보러 몇 시간이나 날아왔다는 건 이미 마음을 정하고 왔다는 뜻이기 때문이다. 그렇게 그 친구의 치명적인 정보를 알게 된 나는 추가 할인과 최신일자 기준 하체 점검 보고서, 판매 후 30일간 보증 등의 조건을 전부 거절했다. 사실 자동차의 컨디션과 마일리지를 고려하면 이미 훌륭한 가격이었으니 나의 스탠스는 '사든지 말든지'였다. 과연 그의 결정은 어땠을까? 이미 자동차에 흠뻑 반했기에 추가적인 돈을 써가며 비행기에 올랐기에 당연히 'yes'였다.

이는 비단 협상에서뿐만 아니라 일상적인 인간관계에서도 그러하다. 예를 들어 남녀가 처음 만나 서로에 대해 알아갈 때 상대방에게 뻔하지 않은 신비로움이 느껴지면, 자연스레 그 사람에 대해 궁금해지고 좀 더 알아가고 싶어진다. 이런 요소는 상대에게 호감을 느끼고 자연스러운 관계로 발전하지만, 전부 파악이 되고 어느 곳에 가든 발에 걸리는 사람 중 하나라는 인식이 생기면 그 사람과의 관계는 발전하기 어렵다.

물론 그렇다고 비밀스럽고 무게 있게 보이려 아무 말도 하지 말라는 것은 아니다. 다만 지나친 정보로 당신을 과하게 드러내고 상대방에게 당신이 가진 모든 패를 보여준다면 당신이 연애 상대든, 비즈니스 파트너든 당신과 함께하고 싶은 사람은 없을 것이라는 이야기다.

난처하고 불리한 상황은 여기서 끝나지 않는다. 경찰 조사를 생각해보면 신기한 일이 많다. 누구나 살다 보면 크고 작은 실수로 별별 일에 엮이게 된다.

때로는 특별한 잘못 없이도 타인에게 고소를 당할 수도 있고 각종 소송에 휘말릴 수도 있다. 이때 경찰 조사를 받는 사람이 유념해야 할 점은 최대한 말을 아끼는 것이다. 자신에게 불리하게 작용할 수 있는 진술을 하지 않게끔 하려는 일종의 법률적 전략인 셈이다. 경찰 조사를 받을 때 거짓말을 하거나 숨기라는 것이 아니다. 말이 많은 스피커들이 무심코 사실과 다른 말을 해버려 스스로 신뢰를 무너뜨리고, 그로 인해 불리한 상황에 놓이는 모습을 자주 봤기 때문이다. 그저 말을 하기 전에 확실한 기억인지 되짚고, 말을 아끼면서도 최대한 정확한 진술을 하여 제대로 된 방어를 해야 한다는 의미이다.

그렇다면 말이 많은 스피커들이 겪는 손해와 불리함을 어떻게 줄이고 오히려 성장하는 결과를 낼 수 있을까? 가장 중요한 것은 말을 무작정 내뱉으려는 욕구와 충동을 자제하고 한 번 더 생각하고 내뱉는 것이다. 정적을 못 견디는 유형일수록 남의 기준으로 자신을 보는 self-conscious 사람일 가능성이 크다. 스스로도 그렇지만 상대가 정적을 불편하게 생각할까 봐 신경을 쓰고 자신이 정적을 깨뜨려줌으로써 상대가 자신을 좋게 봐주리라 생각하고 있을 것이다.

이때 늘 해오던 대로 수다로 정적을 깨고 상대에게 좋은 인상을 남기려 하지 말고 정적을 지키자. 상대방은 오히려 당신의 무게감과 아우라에 눈을 떼지 못할 것이다. 특히 협상처럼 특수한 상황에서 시답잖은 이야기가 아닌 일에 관한 이야기를 중점으로 둔다면, 상대는 당신을 핵심과 논점을 꿰뚫는 예리한 사람 혹은 진중하고 신뢰할 수 있는 파트너라고 생각할 거다.

수많은 연습을 통해 정적을 즐기는 여유를 갖게 되면 어느새 정적을 메우려 하지 않고 상대방을 관찰할 수 있게 된다. 대화를 이끌면서 상대의 말을 경청하면 상대에 대한 여러 가지 정보를 파악할 수 있다. 정보가 쌓이면 상대의 의도가 쉽게 파악되고 그의 패가 더욱 훤히 보이게 되어 주도권을 손에 쥘 수 있게 된다.

그뿐 아니라 말하기 전에 생각하는 연습은 자신이 말하려는 내용에 대해 머릿속에 구조를 만들고 큰 그림을 그리게 한다. 그래서 보다 간결하고 정확하게 말할 수 있도록 도와준다. 그렇게 정적을 즐기게 됨으로써 상대에 대한 관찰력이 좋아지면 당연히 상대와 시의적절한 대화를 나눌 수 있게 된다. 그러면 어떤 관계이든 상대방과의 관계 발전은 자연스레 따라오게 되고 당신은 유연하고 말에 힘을 싣는 사람으로서 사람들에게 인식되어갈 것이다.

그러니 정적을 즐기는 연습을 하시라. 정적이 불편하면 불편할수록 상대방을 관찰하고 주어진 상황에서 상대방이 되어 생각해야 한다. 어떻게 말하면 대화가 수월하게 진행될지 고민하시라. 나아가 대화에 있어 반드시 해야 하는 말과 그렇지 않은 말을 하기 전에 한 번 더 생각하시라. 이 말을 할까 말까 고민된다면 보통 안 하는 게 더 유익하다. 늘 말하기 전에 고민하는 습관이 박힐 수 있도록 정적을 즐겨야 한다.

## 운동하는 직장인을 위한 근육시의 동기부여

≫ QR 찍고 쇼츠 보기

어릴 적부터 나는 유난히 운동에 미쳐 있었다. 미국에서 공부하는 동안 학기를 마치고 나면 한국에서 방학을 보냈다. 방학 때는 그동안 놀지 못한 한을 푸느라 바쁘게 매일을 보냈는데, 그러는 와중에도 나의 첫 번째 일정은 헬스장에서 운동하기였다. 그렇게 방학을 보내고 어느덧 미국으로 돌아가는 비행기에 오를 때가 되면 나는 더욱 매섭게 운동했다. 미국으로 돌아가는 당일에도 두 시간씩 운동을 했다. 고등학교 재학 당시에는 도착지가 시카고 오헤어 공항으로 비행 시간만 14시간이었다. 학교까지 이동하는 시간을 더하면 20시간은 걸렸기에 그날 운동을 빠지는 걸 보충하기 위해서였다.

대학 진학 후에도 마찬가지였다. 밴드 활동과 장거리 연애로 한동안 소홀했던 학업에 몰두하면서도 운동을 빼먹지 않기 위해 집에 벤치프레스

랙을 들여놨다. 한국에 돌아와서도 마찬가지였다. 야근과 밤샘, 주말 스터디까지 혹독한 일정에도 운동을 위해 당시 살던 빌라에 벤치프래스 랙을 들였다.

변호사 시험을 준비하는 과정도 예외는 아니었다. 주마다 다르기는 하지만 미국의 변호사 시험의 경우 보통 시험을 이틀에서 사흘간 보는데, 이때 응시자들은 전날 미리 시험이 열리는 호텔에 체크인을 해야 한다. 시험을 치를 랩탑 컴퓨터에 보안 프로그램 세팅을 완료하고 시험을 볼 때 필요한 것들을 챙기느라 정신이 없었지만, 호텔 체크인을 하고 나서 어김없이 헬스장에 들러 두세 시간 동안 쇠질을 했다.

결론적으로 나는 지금껏 아무리 바쁘고 중요한 일정 속에서도 운동 시간을 희생시킨 적이 없다. 그 정도로 운동은 내가 우선순위에 집중하고 잘할 수 있도록 도와주는 중요한 존재였다. 한국에 들어와 국내 대기업 사내변호사로 일할 때도 운동이 차지하는 중요도와 비중은 같았다. 당시 근무 시간은 '9-6'였지만 대다수가 한 시간 일찍 출근하고 한 시간 늦게 퇴근했다. 하지만 하루에 꼬박 열 시간 이상 앉아서 일하는 게 비효율적이라고 생각한 나는 퇴근 후에 일을 더 하더라도 업무를 멈추고 운동을 하러 갔다.

책에서 이미 여러 번 이야기한 것과 같이 나는 공부할 때에도 감성운동과 파워냅을 적절히 활용하며 효율을 올리는 전략을 사용했는데 이를 일에도 그대로 적용했다. 퇴근 시간에 맞춰 퇴근하지 않고 한 시간 이상 윗사람 눈치만 살피다가 적당한 시간에 퇴근하는 대신, 소신대로 업무 스타일에 맞춰 내 루틴대로 하기로 결심했다. 당장은 윗사람들이 눈치를 주거나, 그들로부터 욕을 먹더라도 업무 성과로 인정받겠다는 각오였다. 그렇게 나는 당당하게 정시퇴근을 강행했고, 예상처럼 주변 동료들과 팀장은 의아한 눈으로 나를 지켜봤다.

정시 퇴근 후에는 곧장 헬스장으로 향했다. 굳어버린 머리와 무거워진 몸을 이끌고 헬스장에 도착하면 바로 감성운동 모드로 전환했다. 동기부여할 수 있는 음악을 들으며 쇠질을 통해 스트레스와 부정감정을 신나게 깨부쉈다. 그러다 보면 피가 돌기 시작하고 온몸에서 땀이 빠져나오며 노폐물이 뿜어져나왔다. 정신없이 감성운동을 하고 나면 몸과 마음이 환기되어 다시 능률적으로 일할 준비가 됐다.

그렇게 약 세 시간을 신나게 운동하고 나는 다시 사무실로 향했다. 나는 그들이 퇴근하고 난 사무실에 다시 돌아와 업무를 이어갔다. 이 시간은 남의 눈치 보지 않고 내 소신껏 행동한 책임을 치르면서도 내 스타일대로 일할 수 있도록 성과를 만들어내야 하는 매우 중요한 시간이었다. 종종 운동하는 와중에 내가 맡은 프로젝트 관련 컨퍼런스 콜이 걸려오기도 했다. 예를 들어 터키의 경우 우리나라 회사의 퇴근 시간이 그들에겐 한창 일하는 시간이기에 정시 퇴근을 해버리면 그들과 컨퍼런스 콜을 진행하기 어려워서 어쩔 수 없이 헬스장에서 운동을 하며 참여한 적도 많았다. 당시 내가 다니던 헬스장 입구에는 야외 테이블과 의자가 있었는데 여기에다가 계약서와 노트북을 꺼내둔 채로 쇠질 한 세트 하고 나와서 일하기를 반복하는 등 어떻게든 내 운동 루틴은 끝낸다는 굳은 의지를 실행에 옮겼다.

어떤 상황에서도 운동을 하는 나의 지독한 루틴은 〈나는 솔로〉를 촬영할 때도 지켜졌다. 촬영을 하기 전부터 나는 보디빌딩 대회를 앞두고 있었다. 그런데 하필 촬영일이 대회 바로 전주였다. 나는 어쩔 수 없이 촬영장에 덤벨 세트를 가지고 갔다. 보디빌딩 대회 전 마지막 한 주는 운동과 식단으로 몸 관리를 더욱 타이트하게 해야 하는데, 촬영 때문에 루틴을 지킬 수 없어서 여러모로 불리한 상황이었다. 그래서 운동이라도 좀 해보자는 생각으로 덤벨 세트를 챙겼는데, 방송에 그 장면이 그대로 나와 유별난 사람이라는 오해를 사기도 했다. 어쨌든 촬영 중에도 틈틈이 운동한 덕분에 대회에 나갈 수 있었다.

당신에게는 운동이 어떤 의미인가? 나처럼 일상의 부정감정을 깨부숴주는 존재인가? 아니면 어쩔 수 없이 하고 마는 노동인가? 당신은 운동이 얼마나 간절한가? 당신에게 운동이 어떤 존재인지에 따라 일상 속에 운동을 녹여낼 수 있다. 당신이 나처럼 진심이라면 어떻게든 운동을 하게 되어 있다. 운동 계획을 세우고 지속적으로 실행하기만을 최우선 순위에 둔다면 더 이상 필요한 것은 없다.

절실하고 간절하게 무언가를 원한다면 핑곗거리를 찾지 말고 어떻게 실현할지 고민해봐야 한다. 고민 끝에 계획이 섰다면 뒤도 돌아보지 않고 앞만 보고 달려야 한다. 어떤 상황에서든 무슨 수를 써서든 하고자 한다면 어떻게든 방법은 있다. 만약 하기로 했다면 자기의심은 금물이다. 스스로를 믿고 자신만의 방식으로 과감하게 밀고 나가라. 그리고 반드시 자신의 방식을 주변이 인정하고 받아들일 수 있도록 결과로 입증하시라. 운동에 대한 전념과 헌신을 일상에 녹여내는 과정에서, 업무 성과로 입증하지 못한다면 그건 얄량하고 무모한 짓이 되어 오래갈 수 없기 때문이다.

자신이 원하는 바를 이루고야 말겠다는 신념과 확실한 우선순위 정렬로 과감하게 실행하며 자신만의 캐릭터와 방식을 만들어서 다른 사람이 인정할 수밖에 없게 만드는 것이 당신이 해야 할 일이다. 그렇게 아집이 아닌 결과로 입증하며 운동의 참된 의미와 가치를 당신의 인생에 온전히 녹이고, 오랫동안 지속하여 건강하고 단단한 삶을 세팅하시길 응원한다.

## "영어가 제일 쉬웠어요." 킬러 노하우

≫ QR 찍고 쇼츠 보기

매주 목요일 유튜브 채널에서 진행하는 라이브 방송에서 내가 가장 많이 받는 질문 중 하나는 어떻게 하면 영어를 빨리 잘할 수 있느냐는 것이다. 의아한 점은 한국인은 어릴 때부터 필수로 영어를 배우지만, 실제 실력은 기대보다 낮다는 거다. 요즘 한국에서는 유치원 때부터 영어 유치원을 보내고 초등학교 때부터 영어가 필수과목이지 않은가? 그렇게 오랫동안 영어를 공부하는데 실제로는 영어를 잘하지 못하는 이유는 무엇일까?

내 생각에는 학교에서 배우는 영어가 실제적이고 실용적이지 못하기 때문인 것 같다. 아무리 단어를 많이 외우고 문법에 빠삭해도 실제로 그걸 제대로 쓰는 법을 가르쳐주지 않는 것은 내가 한국에서 중학교를 다닐 때나 요즘이나 여전해 보인다. 그래서 보통 한국인들은 해외에 나가서 제대로 입도 뻥긋 못하고 돌아온다. 심각한 교육 낭비 같아서 매우 안타깝다.

한국인들의 영어 교육이 실력 발휘로 이어지지 못하는 또 하나의 이유는 지나치게 남의 눈치를 살피고 남의 일에 관심이 많기 때문이다. 참 희한하게 우리나라 사람들은 영어에 그렇게 관심이 많으면서 주변에 누가 영어를 하면 "야, 재수 없게 영어 쓰지 말고 한국말로 해"라는 핀잔을 주곤 한다. 그럴 때마다 나는 문득 이런 생각이 든다. '아니, 유치원 때부터 영어를 못 가르쳐 안달 난 사람들이 왜 이리 영어를 못 쓰게 하는 걸까? 참 희한한 일이 아닐 수 없다….'

어릴 적부터 미국에 건너가 학업을 시작한 나는 한국에 친구가 그리 많지 않았다. 한국인 친구들은 나와 같이 1990년대에 미국에 건너간 조기 유학생들이었기에 우리끼리 방학 중 한국에서 만나더라도 우린 종종 영어로 대화하곤 했다. 유학생 티를 내려는 게 아니라 특정 주제를 두고 이야기할 때 주고받는 말의 단어나 표현에 있어 영어가 더 편하게 느껴졌다. 이는 어릴 때부터 영어를 듣고 영어로 쓰고 말하기를 생활화하다 보니 당연한 현상이다. 가끔은 한국말을 하다가도 단어가 생각이 안 나기도 한 경우가 허다하니 말이다. 그럴 때면 희한하게도 주변에 사람이 곁눈질하고 인상을 쓰며 째려보는 경우가 많았다. 그러는 자기들도 영어를 오랜 시간 공부하고 많은 사교육비를 지출했을 텐데, 왜 저리도 영어 쓰는 것을 싫어할까?

우리나라 사람들이 영어에 가지고 있는 관심은 공교육, 사교육뿐만이 아니라 시민들의 의식에서도 쉽게 찾아볼 수 있다. 외국인이 서울의 길가에서 길을 물을 때 보통의 한국 사람은 어떠한가? 아무리 바쁘고 처음 보는 사람과 이야기하는 게 쑥스럽고 민망해도 막상 외국인이 말을 걸면 어떻게든 도와주려 애쓴다. 영어를 잘해서가 아니다. 실제로 영어를 잘하지 못해도 마찬가지이다. 반면 일본 사람들의 경우 본인이 영어를 할 줄 모르면 "No English"라고 말하고 그냥 갈 길을 간다. 누군가 우리나라 사람들이 정이 많아서 그렇다고 할 수도 있겠지만, 내 생각엔 영어를 잘하고 싶다는 마음에 영어를 써야 하는 기회가 오면 반가운 마음으로 소리 내어 연습해보려는 의미가 아닐까? 그간 배운 영어를 총동원해서 길을 알려주고 나면 다소 민망한 마음과 함께 뿌듯하고 재미있다는 느낌을 분명 받았을 것이다. 또 우리나라 사람들에게 필수가 돼버린 해외여행과 관련해, 왜 해외여행을 가는지에 대해 질문하면 눈치 보지 않고 영어를 사용할 수 있어서라고 답하는 사람들이 꽤 있다. 그렇듯 한국 사람은 어릴 때나 성인이 되어서나 영어에 관심이 무척 많은 걸 알 수 있다.

영어를 잘하려면 잘하든 못하든 입 밖으로 소리를 내야 한다. 갓난쟁이 아기들을 생각해보자. 한참 말을 배우기 시작할 때 이들의 대화 수준은 어떠한가? 말은 고사하고 단어조차 제대로 발음하지 못하는 게 보통이다. 하지만 점차 말이 늘어가고 발음도 점점 정확해진다. 그리고 차차 단어가 숙어가 되고 그럴싸하게 문장으로 연결된다. 그러다 결국 원어민처럼 발음하고 말할 수 있게 되는 것이다.

처음 영어를 배우는 사람은 이런 갓난쟁이 아기들과 같다. 아기와 비교해서 기분이 나쁜가? 하지만 어쩔 수가 없다. 이는 새로운 언어를 배우는 모든 이에게 동일하게 적용되는 말이기 때문이다. 하지만 갓난쟁이에게 어떤 현상이 벌어질까? 단어와 발음이 부정확하다고 말을 하지 말라고 하면 아기는 언어를 습득할 수 있을까? 혹은 그냥 단어만 사용해 의사 표현을 하라고 한다면 제대로 된 문장을 만들고, 매끄러운 대화를 할 수 있을까? 이렇듯 우리나라처럼 남에게 눈치 주고 또 남의 눈치를 심각하게 살피는 문화는 언어를 배우기에 매우 불리한 환경이다.

앞 쇼츠는 내가 미국 사관학교에 다닐 때 만났던 중국 베이징 출신 쌍둥이 형제에 관한 내용이다. 하지만 대부분 나와 형의 이야기이기도 하다. 나 역시 미국에 가서 처음부터 영어를 유창하게 한 게 아니기에 하루빨리 영어를 숙달하고 싶은 마음이 컸다. 그래서 당시 같은 학교에 다녔던 형과 대화할 때 내가 먼저 자연스럽게 영어로 말했다. 15년간을 한국말로만 대화하던 우리였기에 처음엔 조금 어색했다. 하지만 우린 미국 학생이었기에 이상하게 생각하는 사람은 아무도 없었다. 오히려 나와 형 둘만 어색하게 생각했다. 하지만 영어를 완벽하게 하겠다는 의지 하나로 나는 영어로만 대화했다. 물론 열 명 남짓의 한국 사람도 있었지만 이들의 시선에 개의치 않았다. 나의 영어 실력이 향상되고, 미국 생활에 적응할수록 나는 더 거침없이 영어로 대화를 주도했다. 그렇게 매일 적극적으로 말하고 쓰고 듣고 하다 보니 꿈에서도 영어를 했다. 나중에는 아예 생각 자체를 영어로 하는 수준이 됐다.

이윽고 학부를 마치고 한국에 들어왔다. 나는 병역 의무를 다하고 로스쿨에 가기 전, 기업에서 몇 년간의 경력을 쌓기로 했다. 한국의 소프트웨어 기업에서 약 3년간 일을 했는데 이땐 영어를 쓸 일이 많지 않았다. 그렇게 회사 생활을 마치고 미국에 여행을 잠깐 갈 기회가 있었는데 아뿔싸…, 나의 입과 혀가 그새 굳어버린 것이었다. 아니, 10년을 미국에서 공부하고 살다가 온 사람인데 이게 대체 무슨 일인가? 머릿속에 있는 말이 후딱 나오지 않았다. 당시 너무 당황한 나머지 뇌에 문제가 생겼나 걱정될 정도였다. 대체 무슨 일이 일어난 것일까? 말 그대로 하도 안 써서 그냥 혀가 굳은 것이다. 또 언어를 통제하는 뇌의 여러 장치 중 생각과 감정을 영어로 생성하여 입과 혀에 전달하는 일종의 커넥터가 뽑혀 있었기에 생각과 감정이 말과 혀로 도통 전달이 되지 않는 것과 같았다. 영어를 아무리 잘해도 오랫동안 안 쓰다 보면 혀가 굳고, 까먹는다는 사실을 다시 한 번 깨달았다.

일례로 여행 중에 렌터카를 빌렸는데, 차량을 반납할 때 렌터카 직원이 차량 손상을 지적한 일이 일었다. 분명 빌린 상태 그대로 반납했는데 문제가 발견됐다는 것이다. 그래서 직원과 티격태격하는 와중에 그 쉬운 단어가 떠오르지 않아서 부당한 대접mistreated을 폭력적 취급maltreated이라고 내뱉었다. "아니, 난 지금 폭력적인 취급을 받는 것 같아"라고 하자 직원이 뭔가 비웃는 듯한 표정으로 "뭐라고? 뭔 소리야? 아, 그러니까 부당하게 대우받는 느낌이라고?" 한참의 논쟁 끝에 결국 보험처리를 하기로 하고 사무실을 나오면서 살면서 흔하게 느껴보지 못한 자괴감과 답답함이 미친 듯이 몰려왔다. "아니, 그 좋은 학교를 나와놓고 이렇게밖에 영어를 못하나? 대체 학부까지 뭘 배운 거지? 머리가 진짜 어떻게 된 거 아닌가? 어떻게 단어가 이리도 안 떠오르고 말이 이렇게 안 나오지? 진짜 미친 거 아닌가?" 3년간 영어를 안 쓰고 입 밖에 내지 않은 결과는 생각보다 처참했고, 짜증으로 돌아왔다.

회사 생활을 마무리하고 로스쿨로 돌아가 변호사 자격을 취득했다. 그러다 갑작스런 가정사로 인해 한국으로 돌아왔고 국내 대기업에서 미국 변호사로 일하게 되었다. 당시 나의 업무는 주로 영문으로 되어 있는 계약서들을 작성하고 검토하고, 해외 프로젝트와 관련한 법률자문을 제공하는 것이었다. 당시 회사의 법무실에는 나를 비롯한 여섯 명의 해외 변호사들이 있었고 마찬가지로 여섯 명 정도의 국내 변호사들이 일하고 있었다. 회사는 전 세계를 무대로 영업활동을 하고 있던 기업이었고 80% 이상의 업무가 해외업무였기에 해외 변호사뿐만 아니라 국내 변호사들도 영문 계약을 검토했다. 사실 해외 파트너들과 실무를 하며 사업부에서 가져오는 각종 계약서 자체가 너무나도 많았기에 해외 변호사든 국내 변호사든 한글·영문 계약을 가리지 않고 검토했고 해외 프로젝트 관련 자문과 출장을 비롯한 각종 지원업무에 뛰어들었다.

따라서 모든 변호사는 영어에 능통한 수준이 되어 있어야 했다. 또, 해외 프로젝트와 관련하여 현지에서 문제가 발생하면 즉각 현지 로펌을 수임하고 업무를 진행해야 하는 바 해외 파트너들, 로펌을 비롯한 각종 카운셀러들과의 미팅과 컨퍼런스 콜은 그저 일상이 되었다. 그러한 업무 환경에서 나는 눈치를 살피지 않고 팀원들에게 영어로 대화를 걸었다. 언어는 안 쓰는 순간 입 밖으로 안 나온다는 걸 뼈저리게 느꼈기에 나는 어색함과 주변의 눈치 따위는 개나 주고 내 방식대로 영어로 대화를 걸었다.

해외 변호사들은 자연스럽게 대화를 주고받았지만, 팀장님을 비롯한 국내 변호사들 얼굴에는 어색함과 민망함이 비쳤다. 나는 아랑곳하지 않고 영어로 소통을 이어갔다. 어차피 우리가 주로 하는 업무가 영문 계약을 토대로 하는 것이기에 크게 이상할 점은 없었다. 시간이 좀 지나자 어색해 보였던 사람들의 표정도 밝아졌다. 새로운 업무 방식에 대한 설렘도 느껴졌다. 어느새 발음이 좋지 않았던 동료 한국 변호사들도 서서히 편하고 자연스럽게 나와 영어로 소통하기 시작했고 점차 자기들끼리도 영어로 대화하는 것을 목격했다. 이때 느꼈던 감정은 말로 표현하기가 쉽지 않다. 팀장님과 팀원들이 내가 가진 다양성diversity과 창의성creativity 등의 가치를 인정해주는 것 같았고 나 역시 팀에 무언가 좋은 영향을 끼치고 있다는 생각에 자존감이 올라갔다. 그뿐 아니라 늘상 다양성을 중시하시던 법무 담당님도 우리가 영어로 대화하며 업무 관련 미팅을 하는 걸 매우 뿌듯해하셨다고 한다.

나중에 듣기로는 영어로 업무를 보는 자유로운 우리 법무실의 분위기를 다른 팀에서 보고 수평적이고 효율적으로 보인다며 부러워했다고 한다. 자신들도 해외 업무를 보지만 실력이 늘지 않아 업무에 지장이 많았는데 영어 실력과 자신감 향상을 동시에 해내는 우리 팀이 선망의 대상이었다고 했다.

당시 법무실 분위기가 이렇게 바뀔 수 있었던 것은 영어를 쓰는 나의 스타일을 비난하거나 눈치를 주는 것이 아닌 다양성과 공동의 발전의 방식으로 수용해준 팀원들 덕분이다. 특히 영어로 대화하는 것이 익숙하지 않았던 한국 변호사들 덕분이다. 내가 영어로 말할 때마다 계속 한국말로만 대답이 돌아왔다면 과연 나는 언제까지 일방적 영어 대화를 이어갈 수 있었을까? 실제로 우리의 영어 대화는 비단 업무시간에 제한되지 않았고 점심을 먹으러 가거나 회식에서까지도 이어졌다. 팀 점심 식사를 마치고 사무실로 돌아오는 길에 나와 몇 명의 팀원들이 영어로 대화하며 걸어가는 것을 뒤에서 따라 걸으며 흡족하게 바라보시던 법무담당님의 얼굴이 아직도 내 눈에 선하다.

그렇다면 팀 전체가 영어로 소통하게 된 비결은 과연 무엇이었을까? 처음엔 민망하고 불편했던 영어로 하는 업무 대화가 점점 하다 보니 편해지고 자신들의 영어 실력 향상으로 이어지면서 영어에 대한 자신감이 덩달아 올라간 것이다. 영어로 말하는 자신감이 올라가니 더더욱 남의 눈치를 살피지 않고 영어로 말하게 되어 결국 그들 역시 원어민과 같은 수준의 영어 스피커로 점차 변모하게 된 것이다.

　언어란 그런 것이다. 아무리 단어를 많이 외우고 완벽한 문법을 구사한다고 해봐야 정작 입 밖으로 꺼내지 않으면 말짱 도루묵이다. 사실 웬만한 대학교를 나온 우리나라 사람들의 문법과 단어 실력은 상당하다. 그런데도 이들의 영어 실력이 늘지 않는 건 그저 달달 외우기만 하고 써먹지를 않기 때문이다.

　그렇기에 매주 라이브 방송에서 나는 영어를 잘하기 위해선 단어를 그저 외우지만 말고 숙어로 만들어야 한다고 말한다. 특히 자기의 일상에 써먹을 수 있는 숙어로 말이다. 사람은 누구나 다른 일상을 보내기에 자신의 일상 속에서 자연스럽게 외운 것을 말하면서 써먹을 수 있도록 말이다. 예를 들면 Analgesic(진통제)라는 단어를 외운다고 하면 이걸 단어로만 외우지 말고 자신의 일상에서 써먹을 수 있는 숙어로 만들어라. 나의 경우 헬스장에 매일 가기 때문에 "I just got injured, I need some analgesic cream(나 방금 다쳤으니 진통 크림이 필요해)." 이렇게 문장으로 만들어 외우는 것이다. 그러고는 이를 실제로 써먹어야 한다. 같이 운동하는 친구에게 써먹든지 아니면 애인한테 써먹든지. 만약 정 창피하고 민망하다면 화장실에서 스스로 거울을 보고 써먹어라.

　언어란 어쩔 수 없는 것이다. 잘하고 싶으면 최대한 많이 입 밖으로 내고 써먹어야 한다. 주변에서 눈치를 주고 민망한 분위기가 잡히더라도 전혀 아랑곳하지 않아야 한다. 사실 그들도 속으로는 영어로 유창하게 말하고 싶다고 생각하고 있을 것이다. 왜? 우리나라 사람들처럼 영어에 관심이 많은 사람은 전 세계에 없으니까. 또 우리나라 사람들처럼 영어에 돈과 시간을 많이 들이는 사람들이 없다.

영어로 자유롭고 유창하게 소통하는 법무실이 만들어진 내 경험처럼, 당신이 먼저 주변인에게 영어로 말을 걸고 시작하면 이들도 영어에 대한 지대한 관심과 자신들도 유창하게 말하고 싶어서 대화를 이어갈 것이다. 그렇게 영어가 편해지고 점차 유창해지는 공동의 발전이 이루어지는 것이다. 그러니 당장 영어로 말을 해야 한다. 특히 단어를 숙어로 만들어 말하면 효과가 좋다. 영화에서 나온 문장을 내 것으로 만들려면 말로 하고 자꾸 내 일상에서 써야만 한다.

영어는 내 일상에서 자주 쓰지 않으면 반드시 까먹는다. 민망하다면 스스로 거울을 보며 말하거나 가족들에게 말을 해라. 가족들은 당신이 미쳤다고 생각하거나 눈치 주지 않을 것이다. 상대방도 영어로 대답하도록 분위기를 주도하고, 상대방이 대화를 이어가지 않아도 괜찮다. 당신만 영어로 말하는 걸 중단하지 않으면 된다. 계속하다 보면 누군가는 자신도 영어 실력을 늘리기 위해 당신의 대화에 응하게 될 것이다. 때로는 영어로 말하는 모임에 나가도 좋다. 영어로 대화하는 사람이 주변에 많을수록 좋으니 말이다. 그렇게 매일 영어를 잘하고 싶다고 생각만 하던 것에서 벗어나 영어를 자신의 일상에 자연스레 녹여가며 자신의 것으로 만들어가길 바란다.

## 이미 늦었다고 자포자기하려는 20대들에게

≫ QR 찍고 쇼츠 보기

　매주 나의 유튜브 채널에서 진행하는 고민 상담, 동기부여 라이브 방송에서는 성공을 갈망하는 2030세대들이 여러 고민을 털어놓고 조언을 구한다. 이들 중 상당수는 다소 어린 나이인데도 성공을 위해 부단히 노력하고 진로에 대해 깊은 고민을 하는 친구들이다. 라이브 방송에 참여하는 인원이 대단히 많지는 않지만, 자신만의 뜨거운 열정으로 하루하루 묵묵하게 구슬땀을 흘리는 친구들이 나의 가치를 알아봐 주고 방송에 참여해 주는 것만으로도 나는 보람찬 감정으로 소통을 이어간다.

　사실 요즘 들어 급격하게 바빠진 사업에 신경 쓰랴, 주기적으로 들어오는 계약검토와 같은 업무를 처리하랴 분주해서 동기부여 영상을 만들고 라이브 방송을 진행하는 등의 유튜브 활동을 하는 것이 버겁게 느껴질 때가 있다. 하지만 매일 같이 성공을 꿈꾸고 성취를 갈망하는 이들이 나를 기다리고 있음을 인스타그램 DM과 유튜브 댓글을 통해 알려올 때, 나의 영상들로 인해 자신들의 삶이 변했고 매일 영상을 통해 동기부여를 받아 굵은 땀방울을 흘리고 있다고 말할 때 나는 일종의 소명의식을 느낀다. 나의 가치와 영향력을 더욱 많은 이들에게 전파하여 더욱 많은 사람이 어려움 속에서 긍정을 보고 실패를 통해 성공을 만들고 우울과 좌절보다는 감사함과 희망을 느끼면서 인생을 살아갈 수 있도록 더 열심히 뛰어야겠다고 다짐한다.

그런가 하면 가끔은 이들의 고민과 답답함을 들을 때 적지 않게 당황할 때가 있다. 특히 이런 질문을 받을 때 말이다. "형님, 이제 곧 서른인데 저는 남들 다 있는 집 한 채도 없어서 뒤처지고 이미 실패한 인생을 살고 있는 거 같아 너무 괴롭습니다. 어떻게 마음을 다스려야 할까요?" "벌써 20대 후반인데 자꾸 면접에 떨어지고 각종 어학 시험과 자격증 시험에 성적도 안 나오니 이대로 포기하고 싶네요…." "대학교를 지방에서 나오고 나니 저를 찾아주는 회사가 없네요. 학생 때 너무 논 거 같아 후회되네요. 차라리 재수할 걸 그랬나 봅니다. 저는 앞으로 어떻게 살아야 할까요?" "30대 중반 가장이 되고 나서 보니 지금껏 너무 놀러 다니기만 해서 모아 놓은 돈이 없네요. 투자하든 공부를 더 해서 연봉을 올리든 뭐라도 해야 할 것 같은데 앞이 막막하네요. 싱글 때 정신 차렸어야 했는데 이대로 제 인생은 실패한 것 같아서 너무 우울합니다…." 누구나 살다 보면 지나간 일에 대해 후회하곤 하지만 이런 고민을 털어놓은 사람들은 놀랍게도 20대 또는 갓 30대들이었다.

일찍감치 성공에 목마르고 열정을 불태우는 것은 너무 좋은 일이다. 하지만 그렇다고 벌써 자신의 기대치에 못 미쳐 우울감에 빠지고 앞이 보이지 않아 포기하고 싶다는 말은 나로선 이해하고 공감하기 힘들었다. 특히 나는 어릴 적부터 미국에 건너가 독립적으로 살아가며 실컷 원하는 것에 도전하고 그 과정에서 넘어지고 다치고 다시 일어나고를 수도 없이 반복하며 살아왔기에 벌써 자신의 인생을 실패라고 생각하는 이들을 보고 놀라움을 금할 수 없었다.

이미 이 책에서 여러 번 언급했듯 지금까지의 내 인생은 성공담보다는 수많은 도전과 실패, 역경의 과정에서 이를 악물고 버티고 다시 일어서고 반등하는 극복의 이야기에 가까웠다. 즉, 나는 거침없이 도전하고 넘어지고 일어나는, 그리고 또 도전하는 오뚜기와 같은 아이콘이라고 말하고 싶다. 나는 타인이 정해놓은 인생을 살거나 남의 눈치를 보고 남의 말에 귀를 기울이는 게 아닌, 나의 내면의 목소리를 듣고 내가 원하는 인생을 당차고 소신 있게 살아왔다. 그렇게 그려온 그림들이 그간 내가 축적해온 여러 경험을 만나 현재 내가 새로 그리고 있는 그림들의 베이스와 원료가 되었다.

특히 20대 때에 실수와 실패와 무모로 점철된 그림들로 인해 현재 내가 그리고 있는 그림들은 더욱 빛을 발했고 도전과 실패, 극복의 아이콘이라는 제목의 내 그림은 더욱 가치를 더하게 되었다. 20대 때 내가 그렸던 그림들은 다수 소모적이고 낭비적인 것들이었다. 예를 들면 대학교 초반에 공부에 소홀하면서 했던 밴드 활동과 장거리 연애, 데이트에 열과 성을 다했고, 학비 일부를 사용해 내가 원하는 차를 사고 패션에 미쳐 한번 꽂힌 물건은 무조건 사겠다는 일념으로 여기저기 쇼핑을 다녔다. 친구들과 어울리고 놀러 다니느라 자기계발에 쓸 수 있던 돈과 시간을 낭비한 것이다.

하지만 과연 이 모든 것들이 그저 소모와 낭비였을까? 그렇지 않다. 이들은 내게 많은 교훈을 주었다. 그 덕분에 지금처럼 우선순위를 명확히 세우고, 주변의 갖가지 유혹에 흔들리지 않는 집중력을 유지하며, 인생에서 가장 중요한 시기에 앞만 보고 전진할 수 있는 단단한 내공을 기를 수 있었다. 지금 생각해보면 나 역시 20대를 지날 때 조바심을 느끼고 걱정하고 후회하곤 했다. 하지만 당시에 닥치는 대로, 느끼는 대로, 하고 싶은 대로 실컷 뭐든 다 해보고 나니 그때 경험들이 그저 소모적으로 날아가 버리는 게 아니라 앞으로 창창하게 남은 내 인생의 성취와 발전의 양분 역할을 하도록 하는 방법을 알게 되었다.

그렇다면 어떻게 젊은 날의 내 경험들이 현재 내 인생의 양분이 되어주는가? 30대로 넘어와 본격적으로 일하며 나의 경력을 만들어갈 때 나는 최선을 다해 친구들과 어울리고 놀아본 경험 덕에 내 일에 집중할 수 있었다. 소위 20대 때 실컷 놀아봤으니 30대로 넘어가는 중요한 지점을 지날 때 유흥과 쾌락의 유혹에 쉽사리 흔들리지 않았다. 반면 뒤늦게 노는 맛을 본 사람들이 쾌락과 유혹에 빠져 인생을 망치는 걸 수도 없이 목격한다. 이런 사람들은 인생의 매우 중요한 시기에 자기통제를 잃어버리게 되는 것이다. 연애도 마찬가지다. 20대 때부터 물불 안 가리고 최선을 다해 연애하고 사랑하고 이별해봤기에 훗날 필연적으로 마주하는 연애의 시작과 끝맺음에 있어 자기통제를 잃지 않고 내 우선순위를 지켜낼 수 있었다. 소위 "다 겪어봤고 다 해봤다been there, done that"라는 말은 꽤 강력한 것이다.

우리는 주변에서 사랑을 위해 목숨을 거는 사람들을 자주 본다. 누구나 사랑이 전부라고 생각했던 20대 때가 아닌 인생의 매우 중요한 30대,

40대의 시점에서 말이다. 일을 내팽겨치고 연인을 위해 간이고 쓸개고 다 내주고 중요한 돈과 시간을 퍼붓는 사람들은 실제로 20대 때의 철없는 사랑과 무모함이라는 감정을 느껴보지 못했기에 자기통제를 쉽게 잃어버리곤 한다. 하지만 나는 일찌감치 경험해봤기에 둘 사이의 적절한 균형을 유지하는 법을 배울 수 있었다.

경제적인 조언을 하자면 20대에 자동차, 옷, 데이트를 위한 지출을 아낌없이 해보니 30대를 지나가면서부터는 감흥이 사라지게 된다. 자동차를 구매할 때도 빠르고 화려한 차가 아닌, 내 취향을 찾게 되고 무엇보다 예산에 맞춰 고르게 된다. 명품 옷은 쳐다도 보지 않게 되었다. 패션의 완성은 옷이 아니라 운동으로 만든 몸이라는 걸 나이가 들고 깨달았다. 디자이너가 만든 옷을 구매하는 게 아니라 내 몸이 디자인하는 옷을 구매하는 것으로 바뀐 것이다. 연인과 데이트를 할 때 굳이 비싼 레스토랑을 찾는 대신 연인과의 공감대, 정서와 맞는 식당에서 주로 데이트를 했다. 많은 이들이 여자들에게 오마카세 같은 비싼 식당에 데려 가야 호감을 얻을 수 있다고 착각하는데, 사실 직접 요리를 해주는 것이 비용 면에서나 매력 발산의 면에서나 훨씬 효과가 좋다는 것을 다 해보고 나서야 알게 되었다. 사치를 하지 않고도 충분히 화려하고 즐거운 라이프 스타일을 완성하는 방법을 알게 된 것이다.

철없는 20대 초반 시절 다른 활동들에 열을 올리느라 공부를 소홀히 한 결과, 학사경고를 받고 벼랑 끝에 선 심정을 경험했다. 로스쿨을 가려했던 계획에 심각한 차질을 체감해본 끝에 공부에 대한 절실함을 느끼고 더욱 각성할 수 있게 되었다. 그렇게 각성한 후 나는 공부에 더욱 전념할 수 있었고 당시의 경험을 통해 나의 인생 필살기인 파워냅과 감성운동 루턴이 만들어졌다. 이 두 가지는 아직까지 내 인생에서 실로 어마어마한 필살기로 그 위력을 발휘하고 있다. 만약 어릴 적에 실컷 놀다가 벼랑 끝에 몰렸던 절실함이 없었다면 이렇게까지 강력한 극약처방과 인생을 단단하게 만든 나만의 필살기가 만들어졌을지는 실로 의문이다.

또 이때 바닥을 찍은 뒤 정신을 차리고 상승곡선으로 전환된 내 스토리는 훗날 로스쿨 지원서에 들어가는 자기소개서에서 많은 점수를 얻게 해준 효자 노릇을 했다. 미국에서는 그저 일관적인 상승선 또는 직선보다는 무언가 실수, 실패를 통한 좌절을 겪은 후 어떻게 문제해결을 하고 반등을 해냈는지를 보여주는 V자 곡선을 중요시한다. 즉, 인생사 반드시 실패가 찾아오기에 일련의 실패, 좌절을 통해 어떻게 캐릭터가 변화했는지, 이어 어떻게 극복을 해냈는지를 통해 사람의 내실을 판단한다. 결국 나의 V자 곡선 스토리는 그들의 마음을 울렸고 더욱 단단하고 내실 있는 사람으로서 인정받을 수 있게 해주었다.

라이브 방송에서 내게 털어놓는 고민 중 20대 때 잘못된 사람과 연애하느라 날려버린 시간이 너무 아까워서 억울하고 인생 자체가 실패로 전락한 것 같다고 하는 이들이 많다. 하지만 나는 괜찮다고 조언한다. 왜냐면 결혼이라는 중요한 결정을 하기 전에 그 사람이 잘못된 사람임을 알게 된 것 자체가 자신의 인생에 있어 축복인 것이고 그 경험을 토대로 더욱 좋은 사람을 만날 노력을 기울이면 되기 때문이다. 상대가 바람을 피우고, 자신이 원하는 대로 행동하게 만들기 위한 각종 가스라이팅을 했다는 것을 알게 된 것만으로도 얼마나 다행인가.

지난 경험을 통해 더욱 자신의 꿈을 공감하고 지원하는 동시에 자신의 열과 성, 헌신과 책임을 인정해주고 감사해주는 사람을 만나면 결국 당신이 위너가 되는 것이라고 조언한다. 나 역시 이런 조언의 배경에는 과거에 만났던 사람으로부터 배신을 당해 상당한 마음고생을 하고 바닥까지 떨어져 봤던 경험이 있었다. 그러한 경험을 통해 상대의 저질스러운 가스라이팅에 휘둘려 내 인생 우선순위와 소중한 자원들을 희생시키지 않고 무엇보다 나와 맞는 사람을 찾아내는 눈을 키울 수 있었다.

앞서 말한 바와 같이 많은 이들이 20대때 혹은 30대 초반에 이미 경제적으로, 사회적으로 뒤처졌다고 지레 좌절하고 우울에 빠져 자포자기의 마음을 갖는다. 하지만 한번 냉정하게 생각해보자. 20대 때 가져봐야 얼마나 가졌겠는가? 그래봤자 모두 사회 초년생들이다. 내가 미국에서 대학교를 갓 졸업했을 때 내 동기들은 너도 나도 대기업에 입사를 원했고 당시 우리 중 누군가가 단 몇 개월이라도 대기업에 일찍 들어가면 마치 대단한 성공을 이룬 것처럼 느껴져서 상대적으로 조바심을 느꼈다. 조금이라도 입사가 늦어지면 마치 엄청나게 실패한 것처럼 느끼고 상대적 상실에 빠지곤 했다.

하지만 지금 돌아보면 당시 1, 2년 입사 시점의 차이는 인생에 아무런 영향이 없다. 어차피 비슷하게 간다. 그렇게 되어 있으니 그저 중간에 잘 버티고, 포기하지 않고 꾸준히 스스로 동기부여하며 흔들리지 않고 앞으로 나아가는 것이 더욱 중요하다. 더욱이 요즘 우리나라의 사회 초년생들의 나이는 갈수록 늘어나고 있다. 예전보다 경쟁이 더욱 치열해져 각자 이런저런 스펙을 쌓느라 요즘은 30살을 먹어서야 회사에 신입사원으로 들어오는 경우가 많아졌다. 그런데 이런 신입사원이 자신의 집을 갖는 게 말이나 되는 소린가? 설령 가졌다고 해봐야 30년 만기 주택담보대출을 받았을 것이고 원리금 상환을 하느라 실은 매우 고역스러운 삶을 살고 있을 확률이 매우 높다. 또한, 영끌을 하여 집을 매수했기에 수시로 오르내리는 집값을 보고 오히려 밤잠을 설치는 삶을 살고 있을 것이다. 그러니 30살에 집이 없다고 불평하고 낙담하는 게 얼마나 바보 같은 일인지 알았으면 한다. 이제부터 차곡차곡 모아서 여건이 될 때 적당한 집을 장만하면 되는데 되레 남의 삶을 보고 부러워하는 것을 넘어 상대적 박탈감을 느끼고 있는 것은 매우 어리석다.

인생은 길게 봐야 한다. 남의 인생 부러워할 필요가 없다. 사실 막상 제대로 알지도 못하는 남의 인생이기에 실제로 그들의 인생은 당신이 생각하는 것과 매우 다를 수 있다. 2030세대들에겐 앞으로 살아갈 날이 너무나도 많다. 아무리 이룬 것이 없다 하더라도 지극히 괜찮다. 어린 시절 잘못과 실수를 통해 확실하게 배우고 뉘우치고 내 것으로 만들면, 이보다 더 좋은 것이 없을 것이다. 그러니 나는 차라리 20대 때 좋은 일이든 나쁜 일이든 바보 같은 일이든 다 해보길 권장한다. 이때야말로 뭐든 해도 괜찮고 그로 인한 인생의 손상이 적을 것이며 극복하고 반등을 하기에도 수월할 것이니 말이다.

하지만 나중에 나이를 먹고 무모한 짓을 하면 그냥 골로 갈 수 있다는 걸 명심해야 한다. 나는 이렇게 말한다. 20대 때의 실수는 20kg 망치로, 30대 때의 실수는 30kg, 40대 때의 실수는 40kg 망치로 상처를 남기는 법이다. 즉, 무거운 망치로 맞을수록 상처가 크고 회복이 더뎌서 힘들다.

인생사 누구에게나 언제든 반드시 실패가 찾아온다는 것은 누구나 인정할 수밖에 없는 진리이지 않은가? 그러니 살아가며 언젠가 무조건 망치로 얻어맞는다고 하면 기왕이면 20kg의 망치로 맞는 게 훨씬 낫다. 그게 아니라 40kg으로 잘못 맞으면 그대로 쓰러져 영영 못 일어나게 될 수도 있으니 말이다. 인간은 경험한 만큼 알고 아는 만큼 보이고 보이는 만큼 느끼고 느끼는 만큼 성장한다. 그러니 기왕이면 넘어져도, 망치로 맞더라도 손해가 적어 금방 털고 일어날 수 있을 때 실컷 넘어지시라. 그러다 보면 넘어지는 데 익숙한 자신을 발견할 것이고 자주 넘어져봤기에 다치지 않게끔 넘어지는 방법을 배울 것이다. 그뿐만 아니라 넘어지고 일어나보길 경험해본 당신이기에 아무리 넘어져도 금세 일어나는 방법을 터득했을 터이니, 실수와 실패, 좌절의 경험은 궁극적으로 당신을 살려내고 앞으로 남은 당신의 삶에 에너지를 불어넣는 소중한 존재로 작용할 것이다.

3장

# 미국에서 나의 모습 발견하기

1부

## 남들의 무시를 박살내고 자존감을 되찾는 방법

≫ QR 찍고 쇼츠 보기

내가 처음 유학 생활을 한 곳은 미국 인디애나 주 작은 시골에 위치한 민간 사관학교였다. 학교는 사관학교 시스템을 갖춘 보딩스쿨boarding School로서 대학교 못지않은 화려한 레이크사이드 캠퍼스에 비행장, 골프 코스 등을 갖춘, 소위 있는 집 부모들이 자식들의 절제discipline, 자기통제self-control, 끈기perseverance 등의 여러 인생 가치관을 확립시키기 위해 보내는 곳이었다. 학교는 엄격한 시스템으로 운영되었는데 평소 제복 착용은 당연하고 여러 제식훈련drill, 군사행진parade, 전체 점검general inspection 등을 주기적으로 진행했다.

나는 왜 그리 생소한 곳에 갔을까? 자진해서 가겠다고 한 것도, 행실이 좋지 않아서 부모님이 보낸 것도 아니다. 그저 아버지 친구 분들의 자녀들이 나온 좋은 학교이기에 자연스럽게 가게 됐다.

학기를 본격적으로 시작하기 전, 난 미국 중서부에 있는 사우스 다코타 주의 작은 도시에서 몇 개월을 보냈다. 나의 이모가 의사로 일하고 있는 이곳에서 잠시 지내며 미국 생활에 적응해보려 한 것이다. 당시 내게 이곳은 참으로 신기했다. 나와 이모 그리고 사촌들 말고는 전부 피부색이 하얬고 한국말을 하는 사람은 나와 이모 단둘뿐이었다. 종종 외식하러 식당의 문을 열고 들어가면 우린 모든 사람의 시선을 끌어모았고 이들이 우리를 뚫어지게 바라보는 건 일상이 되었다. 그때부터 나는 이곳 사람들과 다름을 느꼈다. 또 보이지 않는 중압감이나 불편함이 나를 항상 짓누르고 있었다.

그렇게 몇 개월을 보낸 뒤 학교에 입학했을 땐 보다 다양한 피부색과 외모를 가진 친구들을 만나게 되었다. 이에 더해 복잡하고 생소하기만 한 군사 용어와 시스템이 혼란스럽게 느껴졌다. 말도 잘하지 못하고 혼란스러워하던 누런색 피부의 어리둥절한 소년의 모습이 바보같이 보였는지 주변 친구들은 나의 어색한 영어 발음과 실수들에 연신 비웃었다. 나 역시 그런 내 모습이 너무 초라하게만 느껴져 쥐구멍에라도 숨고 싶은 마음을 자주 품었다. 그러다 실제로 한번은 숨어버린 적이 있는데 이때가 내 인생에 있어 가장 자괴감과 비참함을 느꼈던 순간이다.

제식훈련 타임이 되면 여느 때와 같이 복도에서 학생들을 관리하는 퇴역군인들의 쩌렁쩌렁한 목소리가 들리고 모두 즉각 제복을 여미고 밖으로 집결해야 한다. 그러나 하루는 침대에서 일어나 밖으로 나가는 게 아니라 그대로 스르륵 땅바닥에 눕고 몸을 침대 중앙으로 밀어 넣어 몸을 숨겨버렸다. 그대로 제식훈련에서 도망친 것이다. 제식훈련 시 실수를 남발할 때마다 주변에서 킥킥 웃어대는 친구들과 자꾸 실수하는 스스로가 미워서 그냥 그 모든 것으로부터 도망친 것이다. 침대 밑에 숨어 있을 당시 스스로에 대한 미움은 극에 달해 있었다. 내가 너무 추하게 느껴졌고, 패배감에 몸서리를 치다 못해 그냥 열불이 온몸을 휘감았다.

그날 이후로 나의 고민은 시작됐다. '내가 이것밖에 안 되는 인간인가? 어떻게 하면 저들이 나를 놀리지 않게 만들 수 있을까? 어떻게 저들이 나를 인정하게 만들지? 대체 어떻게 하면 이런 자괴감과 패배감에서 벗어날 수 있을까? 이기고 싶다. 이기고 자존감과 승리감을 느끼고 싶다.' 그렇게 고민하던 와중 영화 한 편을 보게 되었다. 한국에는 〈그들만의 계절〉이라는 제목으로 알려진 미국 영화로, 고등학교 미식축구 선수들의 인생과 목표, 꿈, 그리고 사랑 등의 모습을 그린 영화였다. 이 영화가 당시 내 삶의 전환점 역할을 했다. 영화를 보면서 머릿속에선, "와, 미쳤다. 이거다!"를 수도 없이 외쳤다. 영화를 보고 돌아오는 길 내내 내 가슴은 부풀어 있었고 통제할 수 없는 뜨거움이 몸을 태우고 있음을 느꼈다.

영화를 보고 느꼈던 감정을 토대로 내 고민을 정리해보았다. '모두로부터 인정받을 수 있는 게 바로 이거구나. 그래, 미식축구를 해보자. 그냥 하는 게 아니라 제대로 해보자. 그래서 내가 입증한다. 너네보다 내가 더 월등하다는 걸 보여주겠어. 그렇게 놀려대던 아시안 몽키의 위력을 보여주마.' 그렇게 목표를 만들고 난 후 나는 미친 듯이 운동했다. 꾸준한 웨이트 운동을 통해 왜소한 몸을 근육으로 무장시켰다.

운동뿐만 아니라 공부도 열심히 했다. 영어는 내게 제2외국어였기에 남들보다 뒤처지는 게 당연했지만, 그게 내겐 문제가 되지 않았다. 영어로 하는 공부조차도 '내가 너희보다 잘한다.'라는 걸 입증하기 위해 매일 책상에서 갈고닦았다. 이때부터 나만의 '공부-운동 평생 파트너십'이 시작되었던 것 같다. 공부하면 할수록 중간에 뇌를 쉬게 하고 재충전하기 위해 운동을 꾸준히 했고, 운동하면 할수록 노폐물이 빠지며 몸에 피가 순환하고 집중도를 높여주어 공부까지 잘하게 되었다. 이런 지속적인 실행을 통해 좋은 성적, 강인하고 멋진 몸과 정신이라는 결과로 이어지니 어느새 자존감과 자신감으로 스스로가 무장되고 있음을 느꼈다.

그렇게 몸이 좋아지니 주변에서 나에 대한 반응이 달라졌고 내게 관심을 가지는 것이 느껴졌다. 먼저 말을 걸고 친해지려는 친구들이 많아졌고, 나아가 미식축구팀에 들어가게 됐다. 어느새 흥미롭고 멋스러운, 뭔가 특이하고 궁금증을 자아내게 만드는 아시안 몽키가 되어 있음을 느꼈다. 그런 선순환이 시작되니 가면 갈수록 더욱 큰 자기발전의 탄력이 발생했고, 그런 만큼 결과 또한 기하급수적으로 나오기 시작했다. 어느새 누굴 만나서 무얼 하든 자신감 있고 힘 있게 말하고 있는 나, 먼저 다가가서 대화를 주도하고 있는 나, 사람들로 둘러싸인 나를 발견하기에 이르렀다. 그러는 와중 미식축구 선수를 하며 다양한 피부 색깔의 여자들로부터 대시도 여러 번 받고 나니 어느새 왜소한 아시안 몽키라서 무시당했다고 느꼈던 시절이 점점 머릿속과 마음속에서 지워져가는 것을 느꼈다.

그렇게 나는 자연스레 평소에 나를 힘들게 하고 짓누르던 사실(피부색, 외국인, 언어장벽, 왜소함)을 얼마든지 내가 통제하여 스스로 자존감과 자신감을 만들어낼 수 있음을 깨닫게 됐다. 그리고 내 인생의 전환점에서 느꼈던 것을 토대로 나만의 액션 플랜action plan을 과감히 실행하면 반드시 특정 결과로 이어지고 이는 또 다른 결과를 낳게 하는 작용으로 이어짐을 몸소 깨닫게 되었다. 이는 마치 시계 속에 연결된 여러 개의 태엽과 같다. 하나의 태엽이 돌아가기 시작하면 그에 연결된 조금 더 큰 태엽이 돌아가고, 그 태엽은 또 자신에 물려 있는 더 큰 태엽을 돌리면서 점차 시곗바늘 전체를 돌리듯 인생에 있어 목표설정과 목표를 이루기 위한 실행이 어떻게 결과로 이어지는지 열여섯 살의 나이에 깨닫게 된 것이다.

자존감과 자신감을 높이기 위한 셀프 동기부여 방법은 다양하다. 내면의 단단함을 만들기 위해 할 수 있다고 계속 말하거나 이미지 트레이닝을 통해 자신을 형상화하고 실제로 이룬 것처럼 행동하는 등의 방법도 좋다. 하지만 보다 직접적이고 현실적이며 즉각적인 방법은 외모를 업그레이드하는 것이다. 그중 운동을 통해 단단하고 멋진 몸을 만드는 것은 누구나 당장 할 수 있는, 노력만으로 분명 업그레이드를 이룰 수 있는 일이다.

그렇게 하다 보면 나의 첫인상이 바뀜으로써 주변의 시선이 달라지고, 타인이 나를 대하는 태도도 달라질 것이다. 또 어릴 적 경험처럼 몸의 변화뿐만 아니라 내면의 변화 즉, 정신이 강화되는 것을 느낄 수 있기에 지속성장을 위한 체인 액션chain action을 작동시킨다. 그렇게 시작된 변화는 어느새 도미노처럼 당신의 성장 모멘텀을 증가시킬 것이고, 이는 계속되는 성과들로 이어져 당신은 자존감과 자신감으로 충만한 인생을 살게 될 것이다. 그러므로 남들의 무시에 위축되어 자존감과 자신감을 잃고 살아가는 독자가 있다면 지금 당장 시작하길 바란다.

## 나쁜 습관이 매번 고쳐지지 않는 이유

≫ QR 찍고 쇼츠 보기

 우리 몸은 불편하지 않으면 움직이지 않으려는 습성이 있다. 한번 생각해보면 이는 우리의 일상에 깊숙이 뿌리박힌 게으름과 밀접한 관계가 있다. 우리 몸이 편안함을 느낄 때, 예를 들면 집에서 누워 텔레비전을 보고 있을 때 우리는 그대로 누워 있고 싶고, 한없이 게으름을 피우고 싶다. 휴식을 마치고 그만 일어나서 마땅히 해야 할 일이 있음에도 쉽사리 일어나질 못한다.
 한번 편안해지면 한없이 게을러지고 더욱 편안함만을 추구하는 인간의 본성은 누구의 일상생활에든 여실히 존재한다. 순간 방심하면 우리 일상에 끈질긴 똬리를 틀어버리는 게으름이 자기계발과 성장에 악영향을 미치게 되는 것이다. 누구나 지금까지 살면서 자신의 노력으로 크고 작은 성취를 만들었을 때 편안함을 걷어차고 게으름을 채찍질했음을 우리는 자연스레 알고 있다. 무언가를 이루려면 스스로가 편안함을 추구하도록 내버려두어야 할까, 아니면 스스로 끊임없이 불편하게 만들어야 할까. 자신을 불편하게 만들어야 몸이 비로소 움직이고 그제야 목표달성을 위해 실행이 시작됨을 우리는 모두 알고 있다.

  안 좋은 습관을 바꾸는 것도 똑같은 이치다. 세 살 버릇 여든 간다는 속담이 몇백 년을 거쳐 이어지듯 안 좋은 습관을 바꾸는 것이 얼마나 힘들고 중요한지는 몇 번을 강조해도 지나치지 않다. 습관을 바꾸는 것은 본래 몸이 불편한 일이다. 몸이 불편해지지 않는다면 습관은 절대로 바뀌지 않는다. 단순히 테이블 위에 올려놓는 쓰레기를 바로바로 정리하거나 샤워 후 빠진 머리카락을 바로 주워 청결을 유지하는 습관마저 굳이 스스로를 불편하게 만들어야 가능한 행위다. 그냥 쓱 뜯어서 테이블에 올려놓는 게 편하지만 계속 그러다 보면 테이블 위와 바닥에 수북하게 쌓이게 된다. 집 안은 점차 더러워지고 청소량은 계속 쌓인다. 엎친 데 덮친 격으로 쓰레기가 계속 쌓이다 보면 어느새 벌레가 창궐하게 되고 추후 벌레를 박멸하기 위해 더 많은 시간과 돈을 들여야 하기에 결과적으로 더 고생하게 된다.

  그렇다면 이 모든 것을 우리는 다 알고 있으면서도 왜 우리를 나중에 더 고생시킬 나쁜 습관을 바꾸지 못하는 걸까? 왜 자신을 자꾸만 편안함 속에 가두려고 할까? 그건 나쁜 습관을 좋은 습관으로 바꾸려는 마음이 자리 잡지 않았기 때문이다. 즉, 나쁜 습관에 익숙해진 스스로를 의도적으로 끈질기게 괴롭혀 불편하게 만들어서 그 불편함을 빌어 즉각적으로 행동변화로 만들어낼 생각과 실행을 하지 않았기에 그렇다.

  나는 어릴 때부터 이러한 끈질긴 괴롭힘에 일찌감치 던져지게 되어 나쁜 습관들을 없애는 방법을 빨리 터득하고 몸에 익도록 할 수 있었다. 내가 다녔던 고등학교는 사관학교 시스템을 가진 기숙사 학교였다. 매일 아침 기상 시간이 되면 무슨 전쟁이라도 난 것 같은 사이렌이 울리고 학생들을 관리하던 퇴역군인들의 터질 듯한 고함이 들려왔다. "당장 침대에서 일어나!"

고함을 듣자마자 침대에서 일어나 허둥지둥 침대보의 각 코너를 가지런히 접어 넣고 이불을 정리했다. 그러고는 옷장에 있는 셔츠들은 각을 잡아 4인치 길이로 정리했다. 씻은 뒤에는 유니폼을 착용하고 곧장 광택제를 이용해 셔츠와 모자에 달린 배지를 손질하여 광택을 내고 구두에 구두약을 묻혀 열심히 문지르고 난 후 침을 뱉어가며 마무리했다. 이어 방바닥 청소까지 마무리하고 나서야 기숙사 밖에 모여서 행군하며 아침 식사를 위해 식당으로 향했다. 참 지금 생각해보면 우리나라 기준 열여섯 살짜리 고등학생으로서는 상상 못 할 만한 일을 몇 년간 해왔다. 모두 똑같이 해야 했기에 좋든 싫든 자연스레 귀찮고 불편한 것을 몸에 익혀가며 학창시절을 보냈다.

하지만 고등학교를 졸업하고 대학에 진학하자, 정반대로 완전히 자유로운 삶 속으로 던져졌다. 아파트를 임대해 혼자 살게 되면서 더는 퇴역군인들의 고함이나 배지와 구두 광택 따위에 신경 쓸 필요가 없어진 것이다. 하지만 몇 년간 몸에 박힌 습관이 이토록 무서운 것인가? 곁에서 잔소리하는 사람이 아무도 없는데도 나는 각종 허드렛일을 마치 매일 해오던 사람처럼 하는 게 아닌가? 분명 여전히 집안일은 귀찮은 일이었는데도 아무렇지도 않게 몸이 움직이고 있던 것이다. 더구나 오랜 시간 혼자 생활을 하며 나 대신 내 일을 해줄 사람은 아무도 없었기에 내가 안 하면 전부 밥이고 청소고 그대로 남아 있다는 걸 뼈저리게 느낄 수 있었다. 결국, 게으름과 귀찮음이라는 것은 당시 내 인생에 사치와도 같았기에 청소든 밥이든 뭐든 내 인생에서 마땅히 할 일을 제때 하는 것은 자연스레 나의 습관으로 자리 잡았다.

일례로 앞서 말한 생활요리라는 필살기가 있다. 대학교 때부터 바쁘게 공부하며 사느라 밥을 제대로 챙겨 먹지 않고 사 먹는 게 다반사였는데 나는 생활요리를 통해 양질의 식사를 빠르게 해결할 수 있었다. 생활요리의 방법은 단순하다. 요리하는 동시에 재료를 손질하고, 남은 음식물 쓰레기를 처리하고, 도마, 칼, 가위 등 사용한 식기와 접시들을 설거지한다. 요리가 완성되면 따로 치울 것들이 없어지는 것이다. 이어 요리를 맛있게 먹고 사용한 식기만 씻으면 따로 청소할 게 없어 바로 다음 일정으로 넘어갈 수 있게 된다. 이 얼마나 즐겁고 효율적인 식사습관인가? 이때 박힌 나의 생활요리 습관은 아직도 사업을 비롯한 여러 일을 동시에 병행하면서도 양질의 식사를 즐기게 해주는 고마운 나의 인생 동반자로 함께하고 있다.

어릴 때부터 귀찮은 일을 제쳐두지 않고 바로 처리해버리는 습관을 몸에 박아놓으니 어른이 되면서 더욱 견고해졌다. 아버지가 살아계실 때 내게 하시던 말씀 중 내 가슴속 깊숙이 자리 잡은 건, 귀찮은 것부터 먼저 하라는 말씀이다. 어떻게 보면 아무것도 아닌 이야기 같지만, 이 말은 내 일상에서 실로 강력한 채찍으로 작용하고 있다. 앞서 말한 바와 같이 인간의 본능은 삶이 만만해지고 몸이 편해질수록 더욱 편함을 추구하게 되고 어느새 게으름이 슬쩍 똬리를 틀어 점차 일상 전체를 잠식시킨다. 내가 아무리 귀찮음을 때려잡는 것에 익숙하다지만 나도 모르는 사이 내 일상 중 순간의 안락함과 편안함 속에서 게으름이라는 마귀가 스멀스멀 올라오는 것을 자주 경험한다. 이때마다 나는 아버지의 말씀을 상기하고 스스로 주문을 외면서 게으름이 자리 잡는 것을 온몸으로 뿌리치고 바로 몸을 일으켜 세운다. 이것은 마치 내가 감성운동을 할 때 힘이 빠지고 약해져 가는 나를 채찍질할 때 외우는 주문과 같은 것이다.

/ "I didn't come this far to only come this far. I came this far so I could be strong enough to go further. I'm only getting started. This is just beginning."
"나는 고작 여기까지만 오려고 여기 온 게 아니야. 내가 여기까지 온 건 더욱 멀리 가기 위해 강해지기 위해서야. 나는 이제 시작이야. 이건 그저 시작에 불과하다고." /

그렇게 나는 매일의 일상에서 그저 조금이라도 편해지기만 하면 안락함의 탈을 쓰고 나를 찾아오는 귀찮음과 게으름에 고함을 치며 내쫓는다. 마치 고등학교 때 아침마다 우리를 침대 밖으로 끌어내던 퇴역군인들의 고함처럼 말이다. 그렇다면 당신은 어떠한가? 당신의 일상에 나쁜 습관이 있음을 뻔히 알고 있으면서 바꿔야지, 고쳐야지 생각만 하고 있지는 않은가? 잠시라도 가슴에 손을 얹고 생각해보시라, 단 한 번이라도 그런 생각에 동력 에너지를 불어넣어 실행해본 적이 있는지. 바로 움직여야 하는 걸 알면서도 '그래 오늘까지만 편히 있고 내일부터 시작하면 되지'라고 스스로 타협한 세월이 과연 얼마나 되는지. 내일부터 운동해야지, 일찍 자고 일찍 일어나야지, 돈 아껴야지, 부업 시작해야지 등 지금껏 살아오며 당신의 습관을 변화시켜 보려던 다짐이 실제로 단 한 톨이라도 실행된 적이 있었는지.

  인간은 자꾸 편안함만을 추구하려 하는 본능이 있기에 무언가를 이루기 위해서는 스스로 지독하게 채찍질하며 게으름이라는 마귀의 접근을 막기 위해 두 눈을 부릅뜨고 경계하도록 끈질기게 주문을 걸어야만 본성을 거스를 수 있다. 본성을 거슬러야 비로소 몸을 움직이게 되고 무언가 의미 있고, 가치 있는 성취를 만들어낼 수 있음을 하루빨리 깨달아야 한다. 현대인에게 알람시계가 얼마나 소중한 존재인가? 알람시계 덕분에 한없이 침대 안 이불 속에서 머무르려는 우리의 본성에 지지 않을 수 있지 않은가? 결국, 당신 스스로가 당신의 삶 속에 알람시계의 역할을 해야만 한다. 그렇지 않으면 우리 인간은 달리지 않는 말과 다를 바가 없을 것이다. 말은 주인이 올라타 채찍질해야 힘껏 달리는 존재이지, 알아서 혼자 달리려 하지 않는다.

  그러니 다시 한번 가슴에 손을 얹고 생각해보길 바란다. 당신은 지금껏 달리지 않는 말이지 않았는가? 그렇다면 이제야말로 귀찮음과 게으름에 지지 않는 스스로에 엄격한 자아를 말 위에 태우고 힘껏 채찍질하라. 이제 당신이 그토록 원했던 목표를 향한 곳으로 움직일 시간임을 명심하자. 그렇기에 당신의 말이 목표에 다다를 수 있도록 꾸준하게 주문하고 끈질기도록 채찍질하시라.

## 인종차별? 그딴 건 그저 박살의 대상일 뿐

≫ QR 찍고 쇼츠 보기

인생의 양면성이란 좋기만 한 것도 나쁘기만 한 것도 없다는 뜻이다. 즉, 좋은 것 속에도 나쁜 것이 있고, 나쁜 것 속에도 좋은 것이 있다. 혹은 장점이 때로는 단점으로 작용할 수 있고, 약점이 때로는 강점으로 작용할 수 있다. 이것을 이해해야만 긍정적인 사람으로 인생을 살아갈 수 있다.

긍정이란 무엇인가? 특정 사건이 일어났을 때 이걸 늘 좋게만 바라보고 마냥 웃어야 할까? 그렇다면 부정적인 사람이란 세상 모든 일을 나쁘게만 바라보는 사람일까? 나는 이러한 1차원적인, 이상주의적인 시각을 좋아하지 않는다.

그럼 내가 생각하는 긍정이란 무엇인가? 세상 일은 늘 좋을 수도 없지만 늘 나쁜 일만 있는 건 아니다. 좋은 일이 일어나면 상황 그대로 감사하게 받아들이고 즐기면 된다. 그럼 안 좋은 일이 일어나면? 그 또한 상황 그대로 받아들이면 된다. 있는 그대로 상황을 직시하고 냉철하게 받아들이고 난 후 어떻게 하면 상황을 더 나아지게 만들까를 고민하고 실행으로 옮기는 것이 긍정적인 행동방식이다. 나는 그렇게 행동하는 사람을 진짜 긍정적인 사람이라 부른다.

굳이 안 좋은 일을 그대로 받아들이지 않고 좋은 일처럼 웃고 스스로 위로하는 건 문제해결에 도움이 되지 않는다. 스스로도 알고 있지만 받아들이지 않기 위해 겉으로 애쓸 뿐이다. 문제를 직시하고 해결하기 위해 노력하는 것이 아니라 도망가려는 반응기제self-coping mechanism다. 지금껏 세계를 누비며 여러 사람을 만나본 결과, 대개 직접 부딪쳐 상황을 해결하는 노력 대신 그냥 "괜찮아, 그래도 웃자"로 무마하는 자신을 긍정적인 사람으로 포장했다. 하지만 살면서 쉬운 일은 없듯, 힘든 상황에서 아무것도 하지 않으면 아무 일도 일어나지 않는다. 자칭 긍정주의자는 겉으로는 티 나지 않지만 결국 비관주의에 빠지게 된다.

내가 긍정에 대해 명확하게 정의하는 이유는 진짜 현실적인 긍정주의자가 되어야만 인생의 양면성을 이해할 수 있기 때문이다. 자칭 긍정주의자, 표면적 긍정주의자, 혹은 이상적 긍정주의자들은 있는 그대로 문제를 받아들이지 못하기에 인생의 양면성을 이해하고 문제해결로 향하는 길에 접어들지 못한다. 그들은 어떻게든 현실을 비틀고 꼬아서 마치 좋은 일인 것처럼 만들어버리기 때문이다. 물론 앞서 말한 바와 같이 실제로 좋은 일이 아닐뿐더러 좋게 만들려는 실질적인 노력은 안 하기에 그들의 속은 멍이 들고 결국 비관주의자로 전락하기 일쑤다.

진짜 긍정주의를 받아들이면 문제해결에 집중하게 되기에 어떻게 하면 지금 안 좋은 상황을 바꾸고 나아지게 만들 수 있을까라든가 지금 이

어려운 상황 속에서도 무언가 교훈take-away을 얻을 수 있을까 같은 식으로 고민하게 된다. 즉, 실패했다고 낙담하거나 자신은 괜찮다고 허허 겉으로만 웃는 게 아니라 실패를 있는 그대로 받아들이고 일시적으로 감정적 동요를 보일지언정 결국 그것으로부터 무언가를 교훈으로 삼고 양분으로 삼아 내 상황을 나아지게 할 것인가라는 식으로 접근하게 된다. 그렇게 문제를 바라보는 시각을 전환하고 그 문제에 접근하는 방식을 바꾸면 세상 어떤 어려움도 그저 극복하고 이겨내고 내 것으로 만들어야 할 할일task에 지나지 않는다.

나는 아시아인으로 미국에 살면서 왜소한 체격 탓에 인종차별을 많이 겪었다. 이때부터 나는 내가 왜 아시아인인가? 왜 여기에 와서 굳이 이런 멸시를 받아야 하나? 뭘 잘못해서 이런 무시를 받아야 하나? 같은 질문을 스스로에게 했다. 하지만 구태여 스스로를 탓하거나 환경을 탓하지는 않았다. 그렇다고 현실을 왜곡하거나 비틀어서 그들이 내게 관심이 많아서 그런 거야, 또는 나를 좋아해서 그런 거야 등으로 위안 삼는 일도 없었다. 오히려 있는 그대로 현실을 받아들이고 나니 아시아인으로서 나의 장점을 고민하게 됐다.

그때부터 나는 어떤 상황이든 장점을 발견하려고 애썼다. 그러다 보니 인생의 모든 일은 나쁘고 좋은 것만 있는 게 아니라 늘 두 가지가 공존한다는 사실을 깨달았다. 그리고 진짜 긍정주의자가 되려고 노력하기 시작했다. 나는 동양인에 대한 고정관념을 떠올렸다. 대부분 안경을 쓰고, 소극적이며, 공부에만 몰두하고, 왜소하다는 이미지. 그렇다면 나는 그 반대로 가보면 어떨까? 안경 없이 또렷한 눈빛에, 운동을 잘하고, 사람들과 잘 어울리며, 체격도 크고 멋지다면 어떨까?

그렇게 미식축구를 하면서 주변인들의 관심과 인기를 끌기 시작했고 그러다 보니 친구도 많아지게 됐다. 또 진짜 신비스러운 사람으로 주변에 알려지게 되며 소위 진흙 속의 진주처럼 희귀한 보석과 같은 사람으로 주변에 인식되게 되었다. 백인, 흑인, 히스패닉을 가리지 않고 여자들이 다가와 나에 대해 궁금해하고 나와 함께 시간을 보내기를 원했다.

그렇게 실질적인 결과가 나오니 어느새 내가 미국 사회에서 무시를 받는 동양인이라는 보이지 않던 중압감은 내겐 어두운 사실로 작용하지 않았고 나를 오히려 빛나게 하는 사실로 바뀌어 있었다. 동양인인 게 자랑스러웠고 나는 그 누구에게도 꿀리지 않는다, 나는 누구보다도 잘할 수 있다, 최고가 될 수 있다는 자존감과 자신감으로 스스로 무장할 수 있게 되었다. 그렇게 나는 미국이라는 거대한 사회에서 소수인종으로서 작고 미미하지만 강인하고 절대 흔들리지 않는 견고한 나만의 세상을 만들고 지켜갈 수 있었다.

그렇듯 자기계발에 열을 올리고 있는, 성공에 목마른 독자들이 인생의 양면성을 하루빨리 이해하고 인생사를 바라보는 관점을 전환하여 자신의 힘으로 상황을 바꾸고 원하는 결과를 만들어내는 능력을 키워나갔으면 한다. 세상에 극복하지 못할 문제는 없다. 어렵고 고단한 상황에서도 해결책은 반드시 있다. 어둠 없이 빛은 존재할 수 없다. 어둠이 있기에 비로소 우리는 빛을 보게 된다. 인생사 다를 바 하나 없다. 개 같은 일의 이면에는 뭔가 좋은 일이 있다. 문제점 이면에는 해결책이 있다. 단점의 이면에는 장점으로 탈바꿈시킬 요소가 있다. 이걸 찾으려고 노력하시라. 성공의 어머니는 실패라는 말이 있지 않은가. 이 또한 인생의 양면성과 연결된다. 실패의 이면에는 성공의 양분이 숨어 있다.

실패를 실패로 끝내는 게 아닌, 실패를 통해 배우고 갈고닦아 성공의 양분으로 사용하면 실패는 비로소 성공의 어머니가 되는 것이다. 비현실적·이상적 긍정주의를 지양하시라. 이상적으로만 긍정을 쫓아봐야 현실에서 변하는 것은 하나 없다. 그저 자신은 괜찮다는 식으로 자신을 속이기만 할 뿐. 진짜 괜찮아지려면 현실을 있는 그대로 직시하고 어려움의 이면에 있는 긍정요소를 발견하여 상황을 나아지게 하려고 노력해야 한다. 그래야만 결과가 바뀌고 그 바뀐 결과로 인해 어떤 일이든 낙담하고 회피하는 것이 아닌, 당당하게 마주하고 부딪쳐서 능동적으로 문제를 해결하는 사람으로 거듭날 수 있을 것이다. 그렇게 어렵고 힘든 일을 좋은 일로 탈바꿈시키는 습관이 쌓이고 쌓이다 보면, 진짜 긍정적이고 문제를 해결해나가며 성공하는 사람으로서 인생을 소신 있고 당당하게, 자신감 있게 살아가게 될 거라 나는 믿어 의심치 않는다.

## 인생의 고난에 휩쓸리지 않는 마인드셋

≫ QR 찍고 쇼츠 보기

나는 2012년에 로스쿨 진학을 위해 다시 미국에 돌아갔다. 학부와는 달리 로스쿨의 경우 최대한 좋은 학교에 진학해야 졸업 후 좋은 로펌에 갈 수 있기에 최선의 노력을 다했다. 로스쿨 재학 중 매년 꼭 해야 하는 인턴십의 경우 클래스 상위 10퍼센트에 들어야 법원, 로펌, 대기업 등에서 기회를 얻을 수 있다. 또 그래야만 졸업 후 같은 곳 혹은 비슷한 곳에서 오퍼offer를 받을 수 있기에 로스쿨 3년 내내 하루 12시간 이상 늘 공부했고 조금도 소홀히 하지 않았다. 당시엔 공부와 운동을 제외하면 머릿속에 남는 기억이 없으니 얼마나 학업에 집중하고 살았는지 알 수 있다. 그 좋다는 캘리포니아, 특히 LA에서 살다 온지라 주변에 누군가가 맛집이나 관광명소를 물었는데 그럴 때마다 그다지 해줄 말이 없을 정도이니 말이다.

여기서 잠시 궁금해할 독자들을 위해 당시 나의 하루를 이야기해보겠다. 보통 오전 8시부터 오후 7시까지 학교에 있으면서 수업을 듣고 수업 외 시간엔 법대 도서관에서 지냈다. 식사는 잠시 캠퍼스 내 식당이나 카페에 가서 음식을 포장해 와 도서관 내 자리 혹은 건물 앞 계단에 앉아 해결했다. 찹드Chopped의 샐러드와 브레드, 팬다 익스프레스의 투 메뉴 밀 two-menu meal, 칼스 주니어Carl's Jr.의 햄버거, 치폴레Chipotle의 부리또 보울 또는 가끔 집에서 만들어 온 흰 쌀밥에 갈빗살&김치가 나의 주메뉴였다. 한참을 공부하다 졸리면 자리에서 엎드려 졸고 수업시간이 되면 자리를 떴다가 다시 도서관에 와서 공부하고 밤이 되어서야 집으로 향한다. 매일 헬스장에서 고강도 운동을 했기에 먹는 것이 굉장히 중요했다. 식단이 아니라 그저 끼니때마다 필요한 열량을 채워주고 포만감을 유지하는 게 필수였기에 집에 가는 길에 여러 군데서 장을 봐서 공부할 때 필요한 식량을 항상 준비해뒀다.

당시 몸에 박힌 습관이 하나 있다. 어떤 목표에 집중할 때면 다른 것은 다 제쳐두고 칩거 상황으로 들어가 오로지 하나의 목적을 달성하기 위해 일용할 식량을 쌓아두는 것이었다. 도서관에서 집으로 돌아가는 길에 한인타운에 들러 미리 포장 주문해둔 육개장, 설렁탕, 김밥, 김치찌개, 된장찌개, 제육볶음 등을 픽업한다. 보통 식당들이 하나의 광장에 모여 있는데 한곳에서 픽업하고 옆 가게에서 들어가 또 픽업하고 그 옆 가게에 들어가 또 픽업한다. 말 그대로 광장 하나를 털어버리는 것이다. 식당 주인들은 나를 보며 '쟤는 뭐지?' 했을 것 같다.

또 마트에 들러 여러 식료품을 사서 차 트렁크에 한가득 실어 갔다. 그렇게 포장해온 비닐이 대충 15개는 족히 넘는다. 당시 미국 마트에서는 비닐봉지를 주로 쓰기에 한 손에 족히 7-8개의 비닐봉지를 팔이 끊어지듯 들고서 엘리베이터를 탔다. 힘들지만 만족스럽고 무언가 든든한 기분으로 집으로 들어가던 내 모습이 아직도 눈에 선하다. 지금 생각하면 웃음이 나오는 기억이다.

그렇게 목적달성과 인생 업그레이드에 미쳐 앞만 보고 살아가던 중 아버지의 위암 소식을 듣게 됐다. 기존에 받았던 폐암 수술 후 암이 위로 전이됐고 전이된 위치가 좋지 않아 수술이 아닌 항암을 시도해야 한다는 것이었다. 내가 아는 지구상 인간 중 가장 강한 분이 아버지였기에 무사히 극복하실 거라 믿어 의심치 않았고 실제로 아버지께서도 그렇게 하실 거라고 내게 힘 있고 당찬 목소리를 들려주셨다. 그러나 인생사 새옹지마, 어떤 일이 어떻게 닥쳐올지 우리 인간은 한 치 앞도 내다볼 수 없다.

아버지의 상태는 급격히 안 좋아지기 시작했고 급기야 전화기 너머로 아버지의 고통스러운 울부짖음이 들려왔다. 평소 종교인들을 달가워하지 않으셨던 아버지의 입에서 나온 "믿습니다!"를 전화기 너머로 들었을 땐 온몸에 소름이 돋았다. 아, 이거 뭔가 심상치가 않다. 상황이 많이 안 좋은 것 같다. 그렇게 느낄 때마다 어머니와 나의 가디언 역할을 해주시던 이모는 괜찮다, 좋아질 수 있다고 나를 안심시켰고 나는 며칠 남지 않은 로스쿨 졸업을 향해 달려가고 있었다.

그렇게 한 달의 시간이 흐르고 졸업식 날, 아버지는 결국 아들의 졸업을 축하해주지 못했다. 온 가족이 병원에서 지내고 있었기에 지금껏 그래왔듯 로스쿨 졸업식에도 난 부모님과 함께 축하하거나 그 흔한 사진 한 장을 남기지 못하게 됐다. 그렇다. 그토록 오랜 기간 미국에서 공부하고 여러 졸업식을 거쳤지만 난 부모님과 함께 찍은 졸업사진이 없다. 늘 부모님 대신 나의 가디언 역할을 해주던 이모와 사촌들이 그 자리를 채워줬다. 내 인생 마지막 학위인 JD<sub>Juris Doctor</sub>를 받는 당시까지도 결국 부모님과 그 흔한 졸업사진을 남기지 못하게 되었다.

당시 너무나 억울했던 마음에 졸업식 예복을 구매했다. 한국에 가서 예복을 입고 나도 아버지, 어머니와 내 가족들과 사진을 찍고 싶었기 때문이다. 당시 억울하고 무거웠던 마음은 내 로스쿨 졸업식 사진에 잘 나와 있다. 왜 그리 사진이 슬퍼 보이냐는 말을 수도 없이 들을 만큼 당시 내 표정은 마치 앞으로 일어날 일을 예상하고 있는 것처럼 보였다. 아버지의 소식을 듣고서 매일 현대 찬송가CCM를 들었다. 매일 울고 기도하며 종교에 매달렸으니 나의 표정이 좋았을 리가 없었다.

그렇게 슬픈 졸업식을 마치고 허겁지겁 한국으로 돌아와서 병상에 힘없이 누워 계시던 아버지와 마주했다. 공항에서 병원으로 이동하던 중 형이 하던 말이 아직도 생생하다. 아버지 보고 놀라지 마라. 지금 아버지는 네가 알고 있던 아버지의 모습이 아니다. 그렇게 마주했던 아버지의 모습은 꺼져가는 생명을 힘겹게 붙잡고 있는 인간의 모습 그 자체였다. 나를 보시고는 반가운 마음과 미안한 마음, 안타까운 마음, 자랑스러운 마음, 고마운 마음 등등 순간 밀려오며 터져버리는 감정에 가슴이 너무 뛰니 산소마스크를 달라시던 모습이 아직도 눈에 선하다. 수고하고 돌아온 아들에게 무언가 말을 하고 싶지만, 힘에 부쳐 대신 메모에 적으려고 해도 손에 힘이 빠져 적는 것조차 하지 못했던 아버지. 그런 아버지께 내가 도움이 될 수 있는 것은 그저 옆에 있어드리는 것 말고는 없었다.

로스쿨을 졸업하면 졸업과 동시에 약 2개월 동안 변호사 시험을 준비한다. 이때가 졸업생들에겐 굉장히 스트레스가 많은 시간으로 다가온다.

시험은 이미 1학년 때 배웠던 과목들과 시험을 치를 주에서 요구하는 과목들로 구성되지만, 졸업 후 이미 받아놓은 입사 제안이 날아갈 수도 있는 중대한 위험이 있기에 하루 12시간 이상을 공부로 채워가며 매일 정해진 진도를 채워나가야 한다. 당시 나는 아버지의 곁을 지키며 병실에서 헤드폰을 끼고 프랩 강의를 들으며 뒤처지지 않으려 애를 쓰고 있었다. 이때 조용히 물끄러미 아들의 노력을 지켜보고 있던 아버지의 표정이 아직도 선명하다. 뭐라 말을 하지 못해도 '그래, 수고한다 아들아'라는 표정으로 지켜보고 계셨다. 아버지와 소통하는 것은 어려웠지만 곁을 지키며 나의 에너지를 아버지께 전달하고 아들이 이렇게 집중하고 애를 쓰는 모습을 보고 아버지도 힘을 내셨으면 한다는 무언의 메시지를 전달하고 싶었다.

그러나 고군분투하던 우리 부자에게 병마는 단 이틀밖에 허락하지 않았다. 아버지는 내가 한국에 돌아온 지 3일 만에 30초의 마지막 숨을 힘겹게 내뱉고 돌아가셨다. 그렇게 떠나간 아버지의 시신을 실은 구급차에서 두 아들은 영혼이 떠난 시신 옆에 앉은 채로 장례식장으로 이동했다. 정신없이 장례식을 마치고 집으로 돌아와 정신없는 상태로 지내다 보니 어느덧 한 주가 또 지나갔다. 변호사 시험 공부는 이미 보름 이상 뒤처져 있었다. 다음 시험을 노리는 게 최선의 선택이었다. 하지만 나는 시험을 미루고 싶지 않았다. 왠지 하늘로 간 아버지께서 원치 않으셨으리라 믿었다.

어떻게든 살겠다는 의지로 싸우시던 아버지의 눈빛이 점점 약해지던 때에 아버지는 무슨 생각을 하고 계셨을까? 아마도 본인이 얼른 떠나야 가족들이 고생을 그만하리라는 생각을 하셨을 것 같았다. 평소 강인하고 대담하고 고통에 대한 두려움이 없었던, 또한 늘 가족을 위해 본인을 기꺼이 희생하셨던 아버지였기에 분명 그렇게 생각하셨을 거라 생각했다. 그렇게 힘겹게 병마와 싸우면서도 가족들을 보며 이제 그만 가야겠다는 아버지의 뜻이 눈에 비친 것 같았다. 그래서 나는 뒤처지고 힘든 상황이지만 아버지를 위해 시험을 미루지 않고 미국으로 돌아가기로 결심했다.

그렇게 LA행 비행기에 올라 혼자서 돌아갔다. 집 문을 열었을 때 집 안에서 눈에 보이지 않는 어두운 기운이 느껴졌다. 집으로 들어서니 온갖 귀신들이 그득하게 나를 맞이하고 있음을 감지했다. 마치 나의 슬픔과 약점을 다 알고 있으니 내가 더욱 슬퍼하고 약해지길 원하는 것 같았다. 못된 선택을 하게끔 부추기는 듯한 눈빛과 표정을 하고 말이다. 그러나 나는 무섭지 않았다. 내 가슴은 아버지에 대한 그리움과 반드시 아버지께 보여드리겠다는 굳은 결심, 아버지를 그렇게 데려간 하늘에 대한 분노와 억울함으로 활활 타오르고 있었기에 귀신 따위는 무섭게 느껴지지 않았다. 그저 분노와 슬픔에 가득 차 있었을 뿐. 그렇게 나는 과감하게 집으로 들어가 여전히 생생한 분노와 슬픔의 여정을 시작했다.

집에서 매일 책상에 앉아서 새벽까지 공부하고 새벽이 되면 세면대에서 한참을 울었다. 자야 할 시간에 잠이 들지 못하고 하늘에 계신 아버지께 대화를 걸었다. "아버지 지금 어디 계셔요…. 보고 싶습니다…." 그렇게 베개를 눈물로 적시고 나면 또다시 아침이 오고 책상에서 망부석처럼 시간을 보냈다. 이때 내가 살던 아파트 맞은편에 살던 아시아계 여자는 나를 마네킹 혹은 귀신으로 생각했을 것이다. 아파트가 통유리로 되어 있어 내부가 훤히 보였는데 그 여자의 일상이 내게도 훤히 보였다. 아침에 일어나 부엌에서 밥을 먹고, 외출하고 돌아오고, 친구들과 전화하고, 영화를 보고, 또 주말엔 친구들과 파티를 하고. 그 모든 것을 하는 동안 반대편에 사는 나는 그저 망부석처럼 책상에 앉아 같은 자세로 공부를 하고 있었으니 말이다.

그렇게 지옥 같은 시간을 버티고 거쳐 드디어 변호사 시험을 치르고 집으로 돌아왔다. 한참을 미친 듯이 울었다. 시험이 끝나고 나니 긴장이 풀렸는지 억누르고 참고 있던 침통함의 눈물이 한번에 터져버린 것이다. 아, 이제 마음 놓고 울 수 있구나. 마음 놓고 아버지를 그리워할 수 있구나. 마음 놓고 슬퍼할 수 있구나. 그제야 정말로 아버지와의 이별과 슬픔을 온전히 느낄 수 있었다.

하루하루 혼자서 힘겹게 버티며 슬픔 속에서도 목표를 향해 걸어나갔던 몇 개월의 시간이 흐르고 나는 한국에 들어오게 되었다. 고민 끝에 혼자 계실 어머니를 생각하며 한국에서 일하기로 한 것이다. 그렇게 사내변호사 생활을 하면서 또 내 인생은 터벅터벅 나아가고 있었다. 업무 외 시간엔 다양한 외부활동을 하며 나름 바쁘게 지내고 있었다. 그러던 와중 잠시 지난 몇 개월을 돌아보는 순간이 있었고 나는 스스로에게 질문했다. "그냥 다 포기해버리라는 마귀들의 끈질긴 유혹과 조롱 속에 분노와 억울함의 힘으로 살던 나였는데 어떻게 지금 이렇게 환하게 웃고, 삶에 활력이 넘치지? 분명 아버지를 잃은 슬픔과 억울함은 그대로인데 난 어떻게 정상적인 생활을 하고 있지?"

그랬다. 그렇게 나는 기나긴 어둠과 고통의 터널을 지나온 것이다. 절대 끝나지 않을 것 같았던 어둠의 시간을 말이다. 아버지의 죽음은 내 삶이 끝날 때까지 고통으로 남을 것이다. 아버지에 대한 그리움은 내게 지금껏, 또 앞으로도 슬픔과 고통으로 존재할 것이 확실하다. 하지만 그럼에도 불구하고 나는 나의 인생을 살아가고 있다. 어둠 속에서 빛을 찾아냈고, 어려움 속에서 감사함을 찾아냈고, 불리함 속에서 유리함을 찾아냈고, 약점 속에서 강점에 집중했고, 내가 못하는 것보다는 내가 할 수 있는 것을 발견했다. 아무리 인생에 어려운 일이 펼쳐져도 살고자 하는 이들에겐 그렇게 인생은 살아지는 것이고 또한 나아지고 발전하는 것이다. 단 한 톨만큼이라도 말이다. 그렇게 인생은 나아가고 스스로 만들어가는 것이다. 절대로 죽으라는 법은 없다. 아무리 힘들어도 살고자 하면 살게 되어 있다.

아버지가 돌아가시고 약 1년이라는 시간은 내게 인생 교훈을 남겼다. 하필이면 내 인생 가장 중요하고 힘든 시간에 그러한 버틸 수 없는 크나큰 고통을 준 하늘을 원망하며 그렇게 내 인생 역시 끝낼 수 있었다. 하지만 살고자 했고 버티고자 했고 해내고자 했다. 그렇게 나는 지나왔다. 지나고 나니 아버지의 빈자리와 그리움, 억울함, 분노는 여전했다. 하지만 난 결국 지나왔고 더욱 강한 마음과 정신으로 계속해서 어려움에 정면으로 맞서고 있다. 그렇게 나날이 발전하고 나아가고 있다.

그렇게 언젠가 아버지와 다시 만날 시간에 성큼성큼 다가가고 있다. 그날이 오면 나는 아버지께 당당하게 말할 수 있을 것이다. 당신의 죽음이 헛되지 않았음을. 최선을 다해 열심히 살다가 이렇게 만나러 왔음을 자신있게 말할 것이다. 살아 계실 당시 늘 무언가 내가 새로운 도전을 하고 집에 돌아올 때 아버지는 내게 기특하다는 미소를 머금고 악수를 청하며 "수고했다"라고 말씀하셨다. 우리가 다시 만날 때 역시 아버지는 내게 그렇게 말할 것이다. "수고 많았다…."

그러니 오늘도 나는 매일 내 앞에 놓인 어려움과 두려움에 당당하게 맞선다. 나는 분명히 알고 있다. 그 어떤 고난도 그저 내가 뚫고 나아가야 할 과정에 지나지 않음을. 아무리 어렵고 고통스러워도 반드시 지나갈 것을. 고통의 터널이 지나면 반드시 웃고 있는 나를 발견할 것을. 그렇게 오늘 하루도 그저 지루하고 뻔하디뻔한 쳇바퀴마저도 열심히 감사히 굴리고 있다. 언젠가 부서지고 덜컹대는 쳇바퀴가 되어도 나는 열심히 굴릴 것이다. 그 쳇바퀴는 어느새 제자리를 찾고 나름의 안정감과 균형으로 부드럽게 돌아가고 있을 것이고, 결국 아버지와 재회하며 환희의 눈물을 머금게 해줄 인생 종점에 나를 데려가 줄 것이기에.

## 후회가 망상일 수밖에 없는 이유

≫ QR 찍고 쇼츠 보기

나는 어릴 적부터 무슨 일이든 궁극적인 목적을 파악하는 습관이 있다. 무얼 하더라도 이유 없이 그냥 하는 건 없었다. 어린 나이에 미국에 건너가 독립적인 생활을 했기에 늘 스스로 생각하고 하루의 목표를 세우고 실행했다. 더불어 나는 하루를 곱씹는 일까지 매일 해왔다. 그랬기에 미국에서 보낸 나의 성장기에는 크든 작든, 목표가 없었던 적이 없다. 고등학교 때는 좋은 대학을 가는 것, 대학 때는 최대한 많은 학문을 내 것으로 만드는 것, 로스쿨 때에는 최대한 좋은 인턴 경험을 쌓고 로펌에 들어가는 것에 맞추어 나의 모든 일상 행동들이 계획되었고 실행되었다.

그렇다면 과연 나는 나의 의도대로 전략적으로 목표대로만 행동했는가? 당연히 그렇지 않다. 설령 목표를 정해놨더라도 목표대로 일관적으로 행동하지 못했던 적도 허다하다. 하나 예를 들면 대학 시절 첫 2년간 학업을 소홀히 하고 밴드 활동에 빠져 있을 때가 있었다. 당시 위스콘신 대학교(매디슨)에서는 한인 밴드가 유명했는데 늘 다수 속에 특별한 소수로 거듭나려는 성향이 강했던 나는 왠지 멋져 보이는 밴드 기타리스트로 활동하며 첫 대학 생활을 즐겼다. 또 나는 뉴욕 파슨스 패션스쿨에 다니는 여자 친구와 장거리 연애를 하고 있었다. 당시에도 난 늘 감정에 충실했고 어떻게든 하고 싶은 일은 모두 해야 하는 실행력이 강한 사람이었다. 그 덕에 격주마다 뉴욕에 다니느라 공부를 소홀히 할 수밖에 없었다. 매디슨 집에서 3시간을 운전하고 시카고 오헤어 공항에 차를 주차해두고 디트로이트 공항을 거쳐 뉴욕 JFK공항으로 가는 짓을 격주마다 강행했다. 그렇게 주말을 지내고 학교로 다시 돌아갔다. 그놈의 사랑(?)이 뭐길래.

사랑에 빠진 순간에도 공부를 소홀히 하지 않으려 노력했다. 뉴욕으로 가는 비행기에서 독서등을 켜고 공부하고, 당시 여자 친구의 마네킹 공장 같은 실습 교실에서 혼자 경제학 책을 펴고 공부했다. 그래도 한 달의 반을 왕복하다 보니 수업에 빠지는 일수가 더 많았다. 아무리 공부를 한다 해도 성적이 잘 나올 리 없었다. 나름의 계획과 목표가 있었지만 실행력이 계획을 따라주지 못했다. 거기에 밴드 생활까지 더해져 1, 2 학년 때는 목적을 이루기는커녕 자기객관화와 실행력 부재로 아무 결과도 내지 못했다. 말 그대로 그냥 겉멋 들고 야심과 포부만 큰 20대 초반의 철없는 청년일 뿐이었다.

대학 시절을 축내고 있던 내가 변호사가 되고 싶다는 생각은 어떻게 했을까? 나는 어릴 적부터 사색을 즐겨 했고 늘 매사에 호기심이 많았다. 또 늘 머릿속에 구조를 갖고 생각하는 걸 좋아했다. 그냥 무슨 말이던 결론적으로 툭 던지는 것이 아니라 결론에 도달하기까지 뒷받침 되는 여러 전제를 구조화하고 논리적으로 생각하는 걸 즐겼다. 또 MBTI E성향도 충만해서 에너지가 늘 넘쳐났기에 주변인들과 만나고 대화하는 것을 즐겼고 누군가의 이야기를 듣고 조언을 해주는 것에 흥미를 느꼈다. 사람들과 만나며 에너지를 발산하면서 스스로 에너지를 충전하는 타입이라고나 할까. 그런 나의 성향을 파악하고 나니 변호사라는 직업이 굉장히 매력적으로 느껴졌다. 학부 1, 2학년 때 헛짓(?)들을 하느라 공부를 소홀히 하기는 했으나 새로운 걸 배우는 자체를 좋아했고 오랫동안 앉아서 공부에 집중하는 것에는 자신이 있었기에 변호사가 되기로 마음을 먹었다.

그렇게 마음을 먹으니 아뿔싸, 성적이 너무 낮았다. 이대로는 로스쿨은 어림도 없다는 위기감이 대학 생활을 시작하고 처음으로 들었다. 당시 내가 느꼈던 허탈함은 마치 벼랑 끝에 서 있는 것과 같았다. 하여 성인이 된 후 처음으로 뭔가 독하게 마음을 먹게 된 시간이었다. 고등학교 때 인종차별에 맞서기 위해 미식축구를 배운 뒤로 처음이었을 것이다.

3학년이 되자 제때 졸업하기 위해 최대과목maximum credits을 등록하고 공부와 운동만 하는 생활을 시작했다. 당시에 살던 아파트에 벤치프레스랙과 덤벨들을 들여놓고 헬스장이 아닌 집에서 운동과 공부만 하는 생활에 돌입했다. 학교 출석은 무조건 개근이었고 집으로 돌아오면 운동을 했다. 식사는 맥도날드 햄버거부터, 미국식 중국 음식, 직접 해먹기까지 다양한 방법으로 해결했다.

나의 전매특허인 공부·일-감성운동 모드는 이때부터 시작되었던 것 같다. 일상의 모든 것이 공부-운동 모드를 중심으로 돌아가기 시작했다. 취미, 식사, 연애 등 공부-운동을 제외한 기타 활동은 모두 서브가 되는 것이다. 예전과는 달리 어떤 상황이 벌어지든 결코 우선순위에 영향을 미치지 못하게 된다. 이때부터 나의 100% 포커스와 타협 없는 우선순위로 무장한 인생 직진은 시작되었다.

식사도 공부를 더 잘하게 하는 방식으로 했다. 학교에 있을 때의 식사도 도서관에서 해결한다. 한인 마트에 가서 냉동 갈빗살과 김치를 대량으로 사다 놓고 이걸 1인분으로 나눠 보관했다. 먹을 때도 1인분씩 꺼내 소금 양념을 하고 굽는다. 그렇게 흰밥-갈빗살을 밀폐용기에 담고 구석에는 볶아놓은 김치를 담는다. 그렇게 도서관에서 한두 끼를 해결하고 수업 외 시간은 공부에만 집중한다. 집에서 해 먹는 경우 잔치국수를 활용했다. 우선 멸치 우린 국물을 대량으로 쟁여놓는다. 그리고 계란과 다진 소고기, 대파 등을 대량으로 부쳐서 고명을 준비해둔다. 그렇게 먹을 때마다 소면만 삶고 고명을 얹어 김치와 먹으면 한 끼가 훌륭하게 해결된다. 또 하나는 카레이다. 골든 카레 고형을 사고 채소, 고기만 있다면 한 주 내내 먹어도 질리지 않는 맛있는 카레가 완성된다. 거기다 밥과 김치가 있다면 금상첨화다. 이렇게 간단한 식사는 하루의 나머지를 공부-운동의 시간으로 채울 수 있게 되어 효율성을 극도로 높여준다.

공부-운동 모드를 더욱 효율적으로 만들 수 있는 선에서 친목과 연애도 해결할 수 있다. 다만 불필요한 네트워킹은 일체 하지 않는다. 한참 호르몬 왕성한 건장한 청년이기에 연애욕구만큼은 누를 수가 없었다. 하여 누구를 만나든 나와 비슷한 우선순위를 가진 여자를 만났다. 즉, 소모적인 연애를 선제적으로 피하고 데이트를 해도 도서관에서 하고 상대방 역시 자신의 우선순위에 집중할 수 있도록 이끌었다. 둘 다 비슷한 경험과 상황에 있는 학생들이었기에 수월하게 이를 유지할 수 있었고 또 비슷한 취미를 가진 사람을 만나 굳이 특별한 데이트를 하지 않아도 같이 운동하는 것도 즐거운 데이트라고 서로 생각할 수 있었다.

그렇게 대학 생활을 최선을 다해 무사히 마무리하고 한국에 들어왔고 로스쿨에 가기 전 여러 업무 경험을 쌓으려 회사에서 몇 년 동안 일을 하게 됐다. 이때 IT 회사에서 개발PM으로 일하면서도 대학 시절 만들어온 나의 일-운동 모드는 지속됐고 나날이 견고해졌다. 하지만 한국에서 사회 생활을 본격적으로 시작하며 다양한 유혹들에 노출되었다. 한국 특유의 꺼지지 않는 네온사인들과 잠들지 않는 유흥과 다양한 즐길 거리, 사람, 연애, 자동차 등 젊은 에너지는 나의 우선순위를 흔들 만한 강력한 유혹이었다.

하지만 학창시절 낭떠러지에서 나름의 독기를 통해 정글을 헤쳐나온 경험이 있기에 유혹에 흔들리지 않되 내 것으로 소화하는 전략으로 큰 어려움 없이 내 목표인 업무 경험과 이력 쌓기를 달성할 수 있었다. 학창시절과 마찬가지로 연애, 네트워킹, 취미생활을 내 우선순위인 일-운동을 지원하게끔 전략을 세우고 균형을 만들어나갔다. 그 과정에서 잘못된 선택을 하고 좋지 않은 인간관계 및 연애도 겪었으나 그럼에도 나의 우선순위는 결코 흔들리지 않도록 유지했다.

그렇게 한국에서 약 5년을 보냈고 결과적으로 그간의 여러 업무 이력들은 나의 로스쿨 지원서에 고스란히 남게 되었고 나의 자기소개서 personal statement의 상당한 일부가 되었다. 무엇보다 성장 과정의 서사로서 큰 역할을 해냈다. 여기서 잠깐. 그렇다면 한국에서 생활하면서 시간·돈·에너지의 낭비는 정말 한 치도 없었다는 말인가? 당연히 아니다. 비생산적인 활동으로 돈과 시간을 축내고, 유익하지 않은 사람을 만난 것도 다반사였다. 하지만 내가 강조하고 싶은 건 그러한 낭비적인 활동을 할 때도 나의 목적의식은 여전히 뚜렷했고 이들을 통해 나의 목적달성에 조금이라도 도움이 되게 하려는 '시도'는 항상 끊임없이 지속했다. 그저 아무 생각 없이 또는 목적 없이 무언가를 하며 시간을 보내지는 않았다.

이러한 성장 배경과 지난 경험들을 통해 나는 현재까지도 내가 설정한 목표를 우선순위로 두고 그걸 달성하기 위해 시간과 돈을 배분하는 것을 습관화하며 살고 있다. 목표를 달성하기 위해 어떻게 하면 더 잘할 수 있을까? 어떻게 하면 더 효율적으로 할 수 있을까? 이런 습관을 통해 우선순위에 집중한 삶을 살아갈 수 있었다.

때론 이런 습관이 무모한 짓을 할 때 엉뚱한 자신감과 추진력을 심어줬다. 결과적으로 무모한 짓을 할 때 더 열심히, 과감할 수 있도록 도움을 준 것이다. 예를 하나 들어보자. 나는 카레이싱을 좋아하기에 자동차에 관심이 많다. 운동 못지않게 카라이프는 우선순위에 집중할 수 있도록 도와주는 몇 없는 나의 업무 외 활동이었다. 그러나 스포츠 드라이빙은 시간을 잡아먹고 또 그에 적합한 자동차는 비싼 편이다. 당시 내 경제 상황에 분명 맞지 않는 소비였다. 그대로 실행할 경우 오히려 나의 생산적인 활동에 방해가 돼서 우선순위에 안 좋은 영향을 줄 것이 자명했으나 나는 무리수를 과감하게 실행했다. 그렇다. 합리화다. 분명 자기합리화가 맞다. 무리임에도 과감히 진행시켰고 나는 다짐했다.

"무리가 되는 만큼 반드시 다른 불필요한 소비와 활동을 없앨 것이고 이를 통해 스트레스를 박살 내고 활력을 만들어내서 더욱 집중적이고 생산적으로 일하게 만들 거야! 반드시! 난 할 수 있어!"

과연 결과는 어땠을까? 솔직히 잘 모르겠다. 왜 모르냐고? 난 이미 실행했으니까. 둘 다 실행해보기 전까지 모르는 게 당연한 게 아닌가? 다른 선택을 했다면 어땠을까는 무언가 이미 선택한 것에 대한 후회나 부족함이 있었을 때 하는 생각이지, 나처럼 선택에 올인하고 실행하는 사람이라면 '만약에 다른 것을 선택했으면 어땠을까?' 같은 생각은 별 의미가 없다. 왜냐면 난 선택에 최선을 다했고 이미 지나간 일이기에 다른 선택을 했을 경우와 비교 자체가 불가하다. 설령 다른 선택을 했더라도 나는 주어진 상황에서 최선을 찾아갔을 것이고 그때 역시 다른 선택을 했을 경우 어땠을지 비교가 불가할 것이다. 그렇게 나는 내 인생을 살아가고 있다. 그저 내 목표를 설정하고 어떻게 하면 목표달성에 도움이 될 것인가를 고민하고, 무언가 하고 싶은 게 생기면 어떻게든 그걸 함으로써 무조건 목표달성에 도움이 되게끔 만들려고 노력한다.

    과소비 역시 그러한 마인드로 합리화일지언정 갖고 싶은 것은 과감하게 갖고 과소비의 대가로 더욱 목표를 이루려고 몇 배의 노력을 퍼붓는다. 합리화가 아니라 행동에 이유와 당위성을 부여하는 것이라 말하고 싶다. 바로 이것이 많은 이들이 내게 궁금해하는 부분이다. 어떻게 그렇게 자신 있게 말하고 실행하는지. 나는 당장은 객관적으로 잘못된 선택이 될지라도 그 선택에 따른 결과들조차 어떻게든 목표달성에 도움이 되게 만들어서 후회 없는 선택이 되도록 한다. 그게 설령 실패로 끝난다 해도 실패의 경험조차 성장을 위한 양분으로 만들 수 있으니 자신 있게 뭔가를 추진할 수 있는 환경이 되는 것이다.

    그런 마인드로 인생을 살아가면 눈앞에 어떤 선택이 놓이더라도 어떤 어려움이 찾아오더라도 자신 있게 선택하고 추진할 수 있을 것이다. 어떤 선택을 하든 내 목표에 정렬시키고 그 목표를 달성하기 위한 양분으로 쓰려는 마음가짐과 노력이 있다면 후회가 아니라 성공을 만들어가는 필요한 과정과 스토리로 승화시킬 수 있을 것이다.

그렇기에 여러분들도 일상의 어떤 행위를 할 때 그냥 하는 것이 아니라 그걸 왜 하는지 고민해보시라. 단순히 그 행위가 살찌는 음식, 과소비, 시간 소모 등과 같이 객관적으로 좋지 않은 것이라 하더라도 내 목표달성과 성장을 위해 어떻게든 이롭게 써먹을 수만 있다면 과감히 실행해보시라. 나쁘기만 한 것도 좋기만 한 것도 없듯 인생사 모든 것은 균형의 문제다. 안 좋은 것을 하여 잃는 것만큼 얻는 것 또한 분명히 있고, 그 얻은 것을 정렬하고 적재적소에 잘 활용하면 눈부신 성공의 씨앗으로 작용할 수 있을 것이다.

자동차의 타이어를 광폭으로 튜닝하면 코너 주행 시 그립과 균형이 좋아지지만 무거워진 무게 때문에 순간 가속력이 떨어진다. 하지만 내가 나아갈 길을 코너 위주로 설정하면 내가 한 타이어 튜닝은 실패가 아닌 성공인 것이다. 인생에 정답은 없다. 주어진 상황에서 나아갈 방향을 잡고 과정에서 무얼 어떻게 활용하여 앞으로 나아가 자신이 설정한 행복에 다다를 것인가가 결국 궁극적인 고민이 되어야 하는 것이다.

# 。모두가 가봐야 할 세상 가장 행복한 그곳

≫ QR 찍고 쇼츠 보기

　내가 처음 웨이트 운동을 시작했을 때는 그저 크고 멋진 근육을 만드는 것에 모든 초점이 맞춰져 있었다. 미식축구팀에 들어갔을 때 남들보다 작은 덩치를 극복하고자 운동을 시작했으므로 어찌 보면 이건 지극히 당연한 동기였다. 그렇게 근육 사이즈가 커지면서 미적인 만족뿐만 아니라 스트랭스가 늘어나기 시작했고 체력이 전반적으로 향상됨을 느꼈다. 그러다 보니 경기 중 나의 퍼포먼스가 좋아지고 이는 자연스레 자기만족과 자신감, 또한 자존감의 향상으로 이어졌다. 이는 또다시 팀 내외에서 인기로 이어졌고 어느새 캠퍼스에서 유명인사로 인식되기 시작했다. 그렇게 나의 자신감과 자존감은 더욱 고취되었다. 이윽고 언제 그랬었나 할 정도로 나는 인종차별을 정면으로 돌파하기 시작했다. 차츰 이를 극복하고 어느새 월등한 다수 사이 부족하고 못난 소수가 아니라 평범한 다수에서 특별한 소수로 인정받게 된 것이다.

그렇게 웨이트 운동을 오랫동안 하다 보니 이 운동에는 무언가 특별함이 있음을 느꼈다. 하면 할수록 인생에 대해 배워간다고나 할까. 어쩜 이리도 인생과 비슷한 부분이 많은지. 사람이 나이를 들며 경험이 축적되고 인생에 대한 인사이트가 쌓이듯, 이 운동 또한 오래 할수록 단순 미적인 만족에서 벗어나 정신적인 변화를 느끼게 되고 어떻게 하면 이를 통해 인생 정신을 더욱 강하게 할 수 있을까를 연구하게 된다. 누구나 나이가 들어 인생에 대해 알아가는 만큼 인생 이야기를 많이 하듯, 운동 또한 하면 할수록 인생과 비교하게 되고 운동-인생 스토리가 많아짐을 느꼈다.

그렇다면 과연 웨이트 운동의 어떤 점이 인생과 밀접한 관계에 있으며 운동은 어떻게 인생의 질을 향상시킬까? 웨이트 운동의 핵심은 점진적 과부하이다. 즉, 점진적으로 무게를 늘려가며 근육에 주는 자극을 늘리고 근육은 그렇게 부서졌다가 더 강하고 크게 회복하고를 반복하게 된다. 이때 점진적 과부하는 우리에게 인간의 본성에서 벗어나는 과제를 던진다. 우리는 본능적으로 무거운 무게를 스스로 짊어지지 않으려는 습성이 있다. 무거운 무게는 곧 더욱 큰 고통을 의미한다. 따라서 우리는 더욱 큰 고통을 본능적으로 피하려고 하지 더 크고 강한 근육을 위해 기꺼이 짊어지려 하지 않는다. 이미 충분하다고 생각하며 무게를 더 걸면 다칠 거라는 자기합리화로 점진적 과부하를 만들어내지 않는다. 사실 아무리 땀 흘리고 움직이는 액티비티나 운동을 좋아하는 사람이라도 웨이트 운동을 시작할 때 스스로 무게를 계속 늘리는 경우는 대개 없다. 하지만 웨이트를 하면 할수록 알게 된다. 점진적 과부하 없이는 근육이 성장하지 않고 스트랭스가 늘어나지 않음을. 그저 시간만 축내고 시간 투자 대비 가성비가 별로인 활동에 지나지 않음을. 그렇게 운동의 참된 의미를 알기도 전에 낙담하고 운동포기자로 전락하게 된다.

그렇듯 웨이트 운동을 하다 보면 우리는 점차 선택의 갈림길에 서게 된다. 충분히 잘하고 있다, 그 정도면 충분하다는 자기합리화를 멈추고 고통스럽지만 보상이 확실한 성장의 길로 들어설 것인가? 아니면 그저 남들 하는 만큼만 대충 하고 조금이라도 운동했으니 됐다는 정신승리와 편안함에 안주하는 길에 머무를 것인가?

그렇다면 우리네 인생은 어떠한가? 우리 모두 학생 때 열심히 공부하고 좋은 성적을 거두려 고군분투했던 기억이 있을 것이다. 우리 중 누구는 좀 더 열심히 하면 더 좋은 성적을 거둘 수 있음을 알고 더욱 집중하며 시간과 노력을 쏟아부어 월등한 성적을 받아냈을 것이고, 또 누구는 하면 된다는 것을 알면서도 인간의 게으른 본성에 기대어 "이 정도면 됐지"라고 안주하다가 결국 저조한 성적을 받고 "인생은 성적순이 아니잖나요?! 에이 더러운 세상!" 등의 소리를 외쳤을 것이다.

만약 당신이 전자의 경우였다면 또 한 가지 가르침을 얻었을 것이다. 열심히 공부한다는 것이 처음 시작이 힘들지, 하다 보면 자연스레 익숙해지고 더욱 높은 효율의 공부방식을 찾게 된다. 그렇게 공부효율이 올라가면서 점차 공부는 재미있어지고 더욱 몰입하게 되며 궁극적으로는 좋은 성적을 얻어 노력의 참된 의미와 땀방울의 가치에 대해 알게 된다. 그렇게 인생에서 절대적으로 중요한 자신감과 자존감 상승의 선순환이 비로소 시작되는 것이다.

반면, 당신이 후자의 경우라면 게으름은 더 큰 게으름을 부르고 결국 파멸의 길로 당신을 인도한다는 것을 알게 된다. 이를테면 당신이 하루

평균 6시간 잠을 잤는데 어느새 잠이 7시간으로 늘어났음에도 피곤함을 느낀다. 그래서 한 시간 더 늘렸는데 웬걸, 8시간도 이제 부족하다. 인간의 본성이란 그런 것이다. 게으름은 계속 번식하여 결국 악성종양처럼 당신의 인생 전체를 지배하게 된다. 이런 습관에 물꼬를 터주면 당신 인생 모든 분야에 게으름이 당신을 집어삼켜 결국 당신에겐 정신승리밖에 남지 않는다. 그렇게 열등감, 시기, 질투, 인생 비관의 악순환이 당신을 파멸로 인도하는 것이다.

다시 웨이트 운동으로 돌아가 보자. 힘들지만 성장의 기회를 더욱 크게 보고 기꺼이 도전을 수용한 자들은 점진적 과부하를 성공적으로 수행해서 성장을 만들어낸다. 본능적으로 하기 싫다는 정신적인 어려움과 게으름의 '꼬드김'을 이겨내고 결국 성장의 열매를 맛본다. 이 지점부터 바로 성장과 성취의 선순환이 시작된다. 이것은 단순 미적인 만족을 넘어서는 것이다.

여러분은 물리적·물질적 만족을 넘어서는 것이 바로 정신적 만족감이라는 말을 들어봤는가? 우리는 우리 사회에서 돈 많고 화려해 보이는 삶을 살던 이들이 정신적인 어려움을 이겨내지 못해 극단적인 선택을 하는 것을 다수 목격했다. 아무리 모든 것을 가졌다고 보여도 내면의 만족감, 안정감을 이뤄내지 못하면 인생은 파멸로 전락하는 것이다. 그렇듯 웨이트 운동의 점진적 과부하를 정면으로 인정하고 도전하고 쟁취한 자들에겐 이러한 정신적인 충만함, 자신감, 자존감이 찾아온다. 이윽고 아무리 어려워도 정면으로 부딪치고 싸워서 이겨낸다는 강인한 정신력이 길러지면서 이들은 도전정신과 진취적인 아우라로 스스로를 점차 무장한다.

그렇게 단순 웨이트 운동에서 시작된 정신적인 강인함과 내면의 단단함은 인생의 여러 분야로 흐르고 스며들어 업무성과와 보상을 증대시키고, 인적관계의 질을 높이고, 궁극적으로 이들의 인생 전반의 만족도에 지대한 영향을 미치게 된다. '하면 된다'라는 단순 명료한 문구나 생각이 인간의 삶을 어디까지 변화시키고 발전시키는지 우리가 어릴 적부터 알고 있듯이, 웨이트 운동의 참된 의미와 가치는 바로 이런 것이다.

이렇게나 많은 부분에서 웨이트 운동은 인생과 유사하고 서로 영향을 주고받는다. 하지만 여기서 한 가지 중요한 차이점을 말하고 싶다. 당신이 만약 학창시절부터 '하면 된다'의 마음으로 열심히 공부했고 이후 사회에 나와서도 같은 마음으로 살아본 적이 있다면 고개를 끄덕이면서도 무언가 불편함을 느꼈을 것이다. "음, 분명 인정하는 말인데 자꾸 무언가 덧붙이고 싶네…." "맞는 말이야, 하지만 아무리 열심히 해도 안 되는 경우도 있더라…."

우리는 학교를 떠나 직장에 들어가면서 사회생활을 시작한다. 이때야말로 진정으로 어른의 세계를 경험하게 되는 것이다. 어른의 세계란 무엇인가? 사회생활을 시작하며 어른의 세계를 본다는 것은 나 혼자서만 내 마음대로 돌리는 개인의 쳇바퀴에서 벗어나 나와 다른 여러 생각과 경험을 가진 사람들과 함께 거대한 집단의 쳇바퀴를 굴리는 것이다. 즉, 여러 사람의 이해관계가 똘똘 뭉쳐 있는 집단 속에서 내 마음대로 하지 못하는 불편함과 싫어도 어쩔 수 없이 해야 하는 일들을 감수하며 집단의 목표를 달성하고 동시에 그 집단의 목표 안에서 나 자신의 목표를 찾아가게 되는 것이다.

당신에게 질문하고 싶다. 당신의 경험상 인생이 그저 무조건 열심히만 하면 뭐든 이루어지던가? 남들과 경쟁하는데 무조건 오래 앉아서 남들은 놀 때 휴일 없이 밤낮으로 일하면 남들보다 잘살게 되는가? 직장에서 남들보다 빨리 승진하는가? 대개 확률적으로는 그렇지만 안타깝게도 무조건 그렇지만은 않다. 나 혼자만의 인풋으로 아웃풋이 결정되지 않고 단순 노력 외에도 파별적 인간관계, 집단의 이익, 불법 및 부정행위, 반칙, 전략적 요소에 의한 불이익 등에 의해 피땀 흘린 당신에게 아무런 성과나 보상이 주어지지 않는 경우는 허다하다. 즉, 나보다 훨씬 적은 노력으로도 많은 성과와 보상을 받는 자들을 보게 되고, 때로는 남에게 피해를 주며 부정하게 돈을 버는 사람들은 보게 될 때마다 우리는 '하면 된다'를 종종 의심하고 낙담하고 허탈감을 느끼게 된다.

또 우리 주변에 남에게 귀감이 되는, 열심히 살며 물심양면 남을 돕고 사는 천사와 같은 이들이 불의의 사고로 세상을 떠나는 것을 보면 우리는 깊은 한숨을 내쉬며 인생의 불공평함과 잔혹성을 절실히 느끼게 된다. 어떤 사람은 그럼에도 불구하고 인생의 긍정과 밝은 면을 보고 자신의 자리에서 묵묵히 노력하며 하루하루를 보람 있게 보내면서 한 줌의 성과에 기뻐하고, 또 어떤 사람은 열심히 살아서 뭐하나, 열심히 봉사하며 살아도 저렇게 허무하게 훅 가버리는 반면 나쁜 놈들은 나쁜 짓을 해도 잘 먹고 잘사는데 하며 인생을 방탕하게 살아가기도 한다.

사실 '하면 된다'는 현실적인 동시에 비현실적인 강력한 긍정 에너지를 내지만 때로는 우리를 낙담하게도 만드는 마인드셋이기에 계속해서 자신만의 버전으로 수정하고 재정립해야한다. 결국 인생은 원하는 무엇이든 이룰 수 있는, 개인의 잠재력을 무한하게 뽑아낼 수 있는 단 한 번뿐인 소중한 시간임과 동시에 불합리하고 불공평한 부분이 필연적으로 존재함을 알게 되는 순간 우리는 또다시 성장하게 되는 것이다. 인생의 불편한 진실을 오롯이 받아들이고 체화해낼 수 있어야, 진정으로 무한한 개인의 잠재력이 실현되고 지속적으로 발전이 이루어질 수 있는 것이다.

그렇기에 인생은 참으로 어려운 것이다. 노력하는 만큼 잘 되다가도, 갑자기 안 된다. 분명 더 열심히 했는데도 성과가 안 나오고, 아니 때로는 퇴보해버린다. 그럼에도 불구하고 우리는 낙담하는 마음을 부여잡고 채찍질하여 '하면 된다' 사이클을 열심히 굴려야 한다. 그래야만 확률적으로, 현실적으로 성공에 가까워지고 더 많은 성과와 보상을 낼 수 있기 때문이다. 즉, 피나는 노력에도 불구하고 성과를 얻지 못하든, 아니면 퇴보를 하든 어쨌든 결과적으로 나오는 성과의 총량이 균형적으로 더 많기만 하면 되기에 결국 항상 노력하고 사는 것이 정답인 것이다. 바로 이런 불공정하고 불합리한 환경에서 '하면 된다'를 계속해서 실천하기 위해 인생 마인드 컨트롤이 매우 중요하다. '하면 된다'가 무조건 인생의 정답이라면 우리는 마인드 컨트롤을 왜 그토록 절실하게 필요로 할까, 그냥 말 그대로 하면 될 것이지.

하지만 우리가 사는 인생과 웨이트의 세상은 다르다. 당신이 헬스장의 문을 열고 들어오는 순간, 오로지 두 가지 요소만이 존재한다. 당신의 노력과 당신의 성과. 다른 요소들은 전부 하위요소로 전락하게 된다. 이곳에서는 불법, 반칙 같은 불공정 행위, 파벌, 집단의 이익, 전략적 좌천 등의 요소들은 중요하지 않다. 헬스장 내 수많은 거울에 존재하는 당신 스스로와 이야기하며 당신이 얼마만큼의 노력을 기울일 것인지 결정하고 실행하면 된다. 남들보다 많은 성과를 내고 싶은가? 그럼 '하면 된다'. 아니 '하는 만큼 된다'. 그냥 조금의 성과로 만족하고 싶나? 그럼 딱 거기까지만 가져가면 된다. 더 크고 멋지고 강한 근육을 가진 남들이 부러운가?

그렇다면 하라. 하면 되고 하는 만큼 무조건 된다. 이런 세상은 이곳이 유일하다. 어떤 불공정과 불합리도 내 노력과 성과의 사이클을 침투하지 못한다. 모든 것은 내 하기에 달려 있고 나 자신이 유일한 조물주가 되는 것이다. 이 얼마나 아름답고 뿌듯하고 황홀한 세상인가?

그렇기에 바깥세상에서 온갖 어려움에 시달리다가 헬스장 문을 열고 들어오는 순간, 당신은 피로에 찌들어 어쩔 수 없이 육체노동을 하러 온 사람이 아니라 기쁜 얼굴로 모든 것이 가능한 행복의 세상, 나만의 세상으로 들어와 노력을 통한 여과 없는 성과를 수확하러 온 사람이어야 하는 것이다. 나의 모든 인풋이 아웃풋으로 나오는, 지구상 어디에도 존재하지 않는 세상. 그렇기에 천국인 것이다. 그렇기에 모두가 가봐야 할 세상 가장 행복한 곳인 것이다.

# 미국 변호사가 알려주는 공부 잘하는 필살기 공개

≫ QR 찍고 쇼츠 보기

 나는 효율적인 것을 좋아했다. 무슨 일이든 한번 시작하면 끝을 봐야 직성이 풀리는 성격이라 어느 정도 만족할 만한 결과를 만들기 위해 여러 방면으로 고민하고 집요하게 분석하는 습관이 있었다. 공부도 예외는 아니었다. 미국에서 좋은 대학교와 로스쿨을 거치는 동안 공부시간이 평균적으로 24시간 중에 대략 절반을 차지했다. 단순히 시험을 잘 치기 위해서가 아니라 매일 시험을 준비한다는 우직한 자세로 교과서 위주로 남들보다 미리 오래 공부하는 습관을 들였다. 이런 습관 덕분에 학부 때는 좋은 성적을 거둘 수 있었다.

 그런데 로스쿨 때는 공부량이 워낙 많기도 하고 판례집casebook을 읽고 분석하고 완벽히 이해해야 했기에 무작정 오래 앉아 있다고 공부가 잘되는 건 아니었다. 특히 헌법의 경우 빼빽하게 쓰인 하나의 사례가 족히 이

삼십 장이 되는 경우가 많다. 따라서 장시간 앉아서 차근차근 일일이 이해까지 해가며 읽고 분석해야 했는데 피곤하거나 졸린 상태에서 공부할 경우 페이지 한 장을 넘기지 못하고, 대충 읽거나 같은 부분을 또 읽는 비효율이 발생할 수 있었다. 그래서 나는 공부효율을 올리기 위한 시행착오 trial and error를 반복하다가 파워냅power nap을 구체화하고 체화해나가는 결과에 이르렀다.

  법 공부처럼 긴 판례를 꼼꼼히 읽고 이해해야 하는 학문일수록 집중력이 중요하다. 학부 때까지는 그나마 어떤 과목이든 대충 읽고 넘어가도 시험 몇 주 전부터 요약본만 잘 챙기면 좋은 성적을 거둘 수 있겠으나 좀 더 깊이 파고들수록 공부는 이해하고 실제 사례 적용을 해봐야 내 것이 된다는 걸 알 수 있었다. 따라서 파워냅과 같은 공부효율을 높이는 기술을 제대로 익힌다면 무작정 외우는 학문보다 이해를 통한 적용이 필요한 학문일수록 실로 엄청난 효과를 낼 수 있다.

  파워냅의 원리는 간단하다. 사람마다 집중도가 오르락내리락하는 구간이 다를 텐데 파워냅은 집중도가 가장 떨어질 때, 졸음이 오거나 같은 문장을 계속 몇 번이고 읽고 있는 스스로를 발견할 때 리셋 버튼을 누르고 뇌를 잠시 쉬게 하는 방법이다. 마치 컴퓨터나 핸드폰과 같은 기기들이 아무 이유 없이 버벅댈 때 그냥 리셋만으로 원래 성능을 발휘토록 하는 것과 일맥상통한다. 또 직장인들이 점심을 먹은 뒤 15분, 20분 낮잠을 자고 일어났을 때 컨디션이 좋아짐을 느끼는 것도 같은 맥락이다. 많은 대기업에서 점심시간 종료 30분 전에 아예 일괄 소등을 통해 파워냅을 유도하는 것도 마찬가지이다. 이를 통해 기업이 직원들의 업무효율을 최대화해서 업무성과의 향상을 꾀하려는 의도를 발견할 수 있다.

내가 파워냅 영상을 처음 유튜브에 올렸을 때 반응이 엄청났다. 긍정적인 반응이 대다수였으나 일부 부정적인 반응도 있었다. 어떻게 15분, 20분만 자고 딱 일어날 수 있는가, 파워냅하려다가 파워 슬립해서 다음 날 참새 소리를 들으며 깨어났다, 파워냅하다가 시험을 놓쳤다 등등. 긍정 댓글은 아니지만 실로 웃음을 자아내게 하는 반응들이었다. 왜? 나 역시 하루이틀 만에 파워냅에 적응한 것이 아니라 수없는 반복을 통해 체화했기에 이들의 말에 공감했기 때문이다. 인간의 속성은 게으름을 추구하기에 편안함에 익숙해지면 질수록 더 편해지려고만 한다. 인생사 모든 단련discipline은 지속적인 노력과 도전, 끈기를 통해서만 완성된다. 따라서 실패하더라도 끈기를 가지고 노력하고 재도전하여 자기 것으로 만들어야 파워냅의 진정한 힘을 경험할 수 있다.

나는 파워냅을 체득하기 위한 노력은 무조건 가치가 있다고 말하고 싶다. 파워냅의 가공할 만한 힘은 단순 공부, 업무뿐만 아니라 인생 전반에 영향을 미칠 수 있기 때문이다. 일하는 과정에서 집중도를 높이는 것과 동시에 워라밸work life balance도 챙길 수 있고 이로 인한 업무효율과 성과, 나아가 인생의 질이 올라가는 것을 경험할 수 있기 때문이다.

어떻게 파워냅을 실제 직장에서 실행할 수 있냐고? 직원의 성과가 좋으면 어느 기업 집단이든 직원의 목소리를 인정해주기 나름이다. 아무리 경직되고 오래된, 소위 꼰대 집단이라 하더라도 특정 직원의 성과가 좋고 능력을 인정할 경우 신뢰를 하기 마련이고, 그러한 신뢰는 해당 직원에게 일에 대한 자유도를 어느 정도 인정해주는 것으로 이어진다. 그렇게 되면 근무시간의 전체적인 테두리를 지킨다는 전제에서 직원은 업무뿐만이 아니라 자신의 일상 루틴과 우선순위대로 업무를 소화하게 됨으로써 생활 측면의 만족도를 높일 수 있을 것이다.

실제로 내가 대기업 사내변호사로 근무할 때 근무시간이 지나도 부서원들은 정시 퇴근을 하지 못했다. 다들 눈치싸움을 최소 한 시간 반은 해 대는데 나는 정시 퇴근을 '자행'하고 헬스장으로 향했다. 팀장님의 별다른 잔소리 없이 말이다. 어떻게 가능했나? 나는 업무 중에도 파워냅을 백분 활용해 내게 주어진 업무와 기대치를 소화했고 그 누구도 이에 대한 불만을 제기하지 않았다. 따라서 매일 두 시간 반 동안 감성 운동을 할 수 있게 되었다.

그뿐만 아니라 근무시간이 지났음에도 나는 최종 잠자리에 들기까지 주기적으로 파워냅을 활용하여 추가적인 업무를 볼 수 있었다. 예를 들면 퇴근 후 두 시간 반 동안 운동하고 나서 집에 돌아가 잠깐 파워냅 20분을 한 뒤 추가 업무를 처리하곤 했다. 꾸준한 사이클링의 결과는 직장에서 추가적인 성과로 이어진다. 추가적인 성과는 보상과 동료들의 인정, 직장에 대한 만족도와 자존감으로 이어져 내 삶에 대한 전반적인 만족으로 이어진다.

자존감, 자신감을 올리는 파워냅의 또 다른 측면을 알아보자. 파워냅을 체득, 체화하는 순간 세상 어떤 과제가 주어져도 잘할 수 있을까 하는 고민과 두려움을 박살 낼 수 있게 된다. 왜? 정말 극소수의 경우 또는 팀이나 여러 사람의 투입이 필요한 경우를 제외하고 대다수 개인의 업무는 끈기 있고 성실하게 노력하고 집중하면 성과로 이어지기 때문이다. 하여 파워냅을 체득하는 순간 업무를 효율적으로 처리하게 되고 이것이 업무성과와 보상으로 이어지게 되는 선순환이 작동된다. 우리 스스로 자존감과 자신감으로 매일 무장시킬 수 있게 되는 것이다.

따라서 나는 독자들이 파워냅을 꼭 체득하고 체화했으면 한다. 영상에서 말했듯이 한 개의 알람으로 일어날 수 없다면 두 개, 세 개의 알람을 여러 곳에 배치해보시라. 특히 머리맡이 아닌 굳이 침대에서 일어나야만 알람을 끌 수 있는 곳에 멀찌감치 알람을 배치하시라. 다시 잠자리로 돌아가려는 자신을 어떻게든 막아야 한다.

스스로 주의를 분산시키고 다시 침대에 눕지 못하도록 파워냅이 끝난 후 하는 행동들을 루틴routine화시키는 것을 추천한다. 정 힘들면 일어나자마자 가족, 친구, 연인 등에 전화를 걸어 침대로 돌아가려는 자신의 의지를 억제해라. 일어나서 딱 2, 3분만 버티면 자신을 침대로 이끄는 게으른 마귀의 목소리는 급격히 줄어들 것이다. 그러고 나서 공부를 재개하다 보면 어느새 올라간 집중력에 스스로 놀라고 새로운 경지에 와 있음을 경험하게 될 것이다.

처음은 힘들고 고단하겠지만 독자들이 나를 믿고, 아니 반드시 할 수 있다는 자신을 믿고 하루빨리 파워냅을 체득하여 공부와 업무효율을 끌어올려 성과라는 열매의 단맛을 느끼면 좋겠다. 억지로 일하는 것이 아니라 일하며 살아 있음을 느끼고, 일하는 인생의 즐거움을 독자들이 느끼길 바란다. 또 자신의 워라밸에 대한 통제까지 챙겨 인생 전반의 만족을 꿰차길 바란다.

## 면접에서 완벽한 에이스가 되는 법

≫ QR 찍고 쇼츠 보기

난 어릴 때부터 호기심이 많았다. 뭐든 그저 남에게 듣고 그런가 보다 하는 게 아니라 손으로 직접 만져보고, 부딪쳐보고, 갖고 놀아보고 해봐야 직성이 풀렸다. 적극적으로 기를 쓰고 달려들어 빨리 경험했기에 좋은 일도 남보다 앞서가고, 나쁜 일도 일찌감치 후회했다. 그냥 뭐든 닥치는 대로 경험해봐야 직성이 풀렸다. 그렇게 적극적으로 살다 보니 또래 친구들보다 조숙해졌고 더욱 다양하고 많은 경험을 쌓을 수 있었다.

되돌아보면 나의 그러한 적극적인 성향은 아버지의 영향이 컸다. 아버지는 내가 어릴 때부터 뭐 하나 '이렇게 해라, 저렇게 해라' 하신 적이 없었다 그리고 아버지에게서 많은 부모들처럼 자신이 원하는 바를 자식에게 주입하거나 아들을 통해 자신의 꿈을 이뤄 대리만족하고자 하는 모습은 찾아볼 수 없었다. 늘 주도적으로 호기심을 가지고 문제를 해결하도록 지켜봐 주셨고 잘못된 일을 하더라도 직접 넘어져서 털고 일어날 수 있도록 멀찌감치에서 기다려주셨다. 그렇게 내 진로에 대해서도 스스로 고민하며 앞길을 직접 결정하고 헤쳐나갈 수 있게 지원해주셨다.

어느덧 대학을 졸업하고 첫 직장에 들어갔고 처음 실무를 해보며 여러 생소하고 복잡한 일들을 경험했다. 이때에도 내 특유의 호기심과 적극성은 빛을 발했다. 아니, 때로는 나를 무던히도 괴롭혔다. 신입사원이라 실무를 잘 모르고 할 수 있는 것보다 할 수 없는 것이 더 많은 게 당연한데 나는 그런 경험과 능력이 없는 스스로를 그냥 놔둘 수가 없었다. 그래서 야근을 밥 먹듯이 하며 닥치는 대로 일하고 여러 사람에게 직접 다가가 많은 것들을 배우고 흡수하려 노력했다.

한번은 주제와 능력에 맞지 않는 프로젝트를 맡은 적이 있다. 당시 IT 업계에서는 SAAS Software As A Service가 유행하기 시작했다. 마케팅과 회계, 조직관리 등 기업업무의 효율을 높여주는 프로그램을 통으로 사는 것이 아닌, 월정액을 내고 인터넷만 연결되면 언제 어디에서든 원격접속하여 프로그램을 사용할 수 있는 것이다. 쉽게 말해서 요즘 앱의 개념이고 별로 특별할 것이 없지만 당시엔 보통 기업업무 관련 프로그램을 개발업체로부터 통으로 사서 회사 인트라넷에 설치해야 했기에 복잡하고 비용이 많이 들었다. 그러던 중 업무 경험도 부족했던 내게 개발PM project manager이라는 직책이 생겼다. 나는 세금계산서 발행을 쉽고 효율적으로 만들어주는 프로그램을 개발하고 오픈하는 프로젝트를 위해 개발자들을 이끌어야 했다.

나는 학부에서 경제학을 전공하여 당시 프로그래밍에 대한 지식이 없었다. 그런데도 당시 회사의 여러 경제적 상황과 인력 부족 문제로 인해 어쩔 수 없이 내게 능력에 맞지 않는 기회가 주어진 것이다.

이때 나는 어떤 기분이 들었을까?

1) "아직 어린 나이에 이런 능력개발의 기회가 오다니?! 잘해봐야지!"

2) "하아, 뭔 개발PM이지? 난 개발에 대해 1도 모르는데. 대체 뭘 하라는 거지? 그냥 못한다고 해야겠다."

나는 어릴 적부터 키워 온 특유의 호기심과 도전정신이 발동해서 이런 답을 내놓았다.

"그래 까짓거 해보지 뭐. 뭔 큰일이야 나겠어?"

이때부터 나는 주말마다 팀원들과 개발 교육 세션을 진행했다. 개발 PM의 역할을 제대로 수행하려면 직접 코딩을 하지 않더라도 소스 코드를 읽을 줄 알아야 했기에 프로그램 언어를 공부했다. 그렇게 몇 달간을 쉴새 없이 공부하고 일한 결과, 짧은 기간 안에 괄목할 만한 성과를 냈다.

사실 지금 생각해보면 도전정신이라는 건 좋게 말하면 과감한 실행과 돌파 정신이고 나쁘게 말하면 일종의 객기였을 수도 있겠다. 당시 동료 대부분이 우리가 목표로 했던 프로젝트와 타임라인을 두고 팀원들의 수준과 역량에 비해 무모하다고 했으니 말이다. 그렇다면 나의 과감함 또는 무모함의 원천은 무엇이었을까? 한번 생각해보자. 여러분이 나라면 어땠을까?

사실만 되짚어보자면 능력과 경험이 부족한 사람에게 능력 개발과 승진의 기회가 찾아왔다. 능력은 확실히 부족하지만 지속적인 교육을 통해 어느 정도 보완이 가능하고 무엇보다 실무에 곧바로 적용할 수 있으니 교육효율이 높아지고 효과도 즉각적이다. 이건 아무리 공부를 많이 해도 실무에 적용을 해보지 못하는 한 진짜 실리적이고 가성비 있는 지식으로 남지 못하는 것과 비슷한 이치이다.

또, 당시 나를 비롯한 우리 팀원들은 사회 초년생이었기에 결과를 내지 못한대도 그다지 잃을 것이 없었다. 어차피 기대가 크지 않았고, 잘될 가능성도 낮다는 것이 주변의 공통된 시선이었다. 반면 잘했을 때는 과분한 칭찬과 보상이 이어질 것이다.

더욱이 당시 나는 몇 년 일한 후에 변호사가 되기 위해 로스쿨에 갈 계획을 확실하게 세워두고 있었으니 당시 회사에 많은 걸 바라고 의지할 이유가 없었다. 어차피 몇 년 다니다가 나갈 사람이었기에 가늘고 길게 남 눈치 보며 다니지 않아도 됐다. 종합해보면 당시 그냥 해보자, 부딪쳐보자 한 내 결정은 생각보다 무모하지 않은 굉장히 합리적인 선택이었던 것이다.

이때, 누군가는 질문할 것이다. 만약 당시 회사를 떠날 계획이 없었더라면 다른 결론이 지어지지 않냐고. 당연하게도 그렇지 않다. 사실 나갈 것이기에 멋대로 한다는 개념이 아니라 어차피 잘못했을 때 잃을 것보다는 잘했을 때 얻을 것이 더 많았다는 것이다. 잘했을 때 반드시 내 이력서에 고스란히 남을 것이고 이는 평생 나의 이력으로 남을 것이다.

여러분들도 정말 현실적으로 생각해보면 굳이 회사를 어차피 떠날 계획이 없고 회사에 의지해야 하는 상황이라 하더라도 결론은 같을 것이다. 요즘 회사 생활은 예전에 비하면 매우 달라졌고 현재에도 급격하게 변화하고 있다. 예전의 경우 한번 회사에 들어가면 대단히 큰 실수를 하지 않는 한 가늘고 길게 노후 걱정 없이 이어지는 게 대부분이었다. 오죽하면 좋은 대학을 졸업하고 대기업에 입성만 하면 마치 인생 성공이라는 비현실적인 공식이 우리 사회에 만연하고 문화로 자리 잡았을 정도이니 말이다. 하지만 이 공식은 이미 깨져버린 지 오래고 40대 후반에도 실적이 없이는 잘려나가는 경우를 우리는 급격하게 많이 목격하고 있지 않은가.

그러니 결국 주어진 기회를 두 팔 벌려 환영하고 실패의 두려움과 걱정 따위는 개나 주고 과감히 실행해야 한다. 무슨 수를 써서라도. 설령 그게 누군가의 눈에는 무모하고 객기로 보이더라도 말이다. 그렇지 않으면 나처럼 전략적 스탠스를 가진 사람들에게 당신은 머지않아 추월당할 것이고 상대적인 실적 저조로 회사를 떠나게 될 것이 분명하다.

그렇게 나는 일했다. 설령 떠날 회사라도 근무하는 시간 동안 내게 오는 모든 업무를 자기발전의 양분으로 보았다. 추후 무모한 도전이 되어 실패로 돌아가더라도 말이다. 실패조차 나의 성장의 양분이 될 것을 확신했기 때문이다. 이러한 도전정신과 무모함은 나의 뇌리에 깊이 박힌 아버지의 말씀으로 인해 더욱 커지고 확신의 불꽃을 피웠다. 회사에서 실적을 내고 인정받게 되니 나의 열망과 욕심은 계속해서 커져만 갔다. 더욱 큰 프로젝트의 기회가 주어졌고 나는 또다시 성취의 목마름과 반드시 해낸다는 열정에 불타오르기 시작했다.

하지만 이번엔 회사 동료들과 주변에게서 이전에 받았던 걱정과 응원보다는 시기 질투와 불필요한 간섭이 이어졌다. 내게 자신들의 '코칭' '조언' 등이 통하지 않으니 내 팀원들에게 프로젝트 타임라인의 무리함과 기획 및 개발전략의 방향에 대해 지속으로 간섭하고 만류하기 시작했다. 어느새 일을 진행하는 데 있어 가장 큰 어려움이 팀원을 관리하고 이들의 a 마인드셋을 코칭하고 강화하는 것이었을 정도로 당시 업무적인 스트레스보다 인간관계와 조직관리에 대한 스트레스가 훨씬 심했다. 또 매일 야근을 밥 먹듯이 하며 몰입하다 보니 건강에 이상이 있음을 느꼈다. 당시 나는 흡연자였는데, 흡연량도 많아지고 뭔가 주변에서 나를 볼 때 건강이 걱정될 정도로 얼굴 상태도 좋지 않았던 것 같다. 어느새 회사 생활이 활기에 찬 뿌듯함이 아니라 피로와 짜증으로 변화해가고 있음을 느꼈다.

그 당시 아버지는 웃음을 머금은 여유로운 표정으로 내게 말씀하셨다. "너 꼭 그거 안 해도 충분히 잘 먹고 잘 살아. 그러니 천천히 하셔." 이 말씀은 이후 나의 과감한 실행의 뒷받침이 되는 도전정신과 남들이 말하는 무모함을 활활 태우는 연료로써 크게 작용했고 아버지가 돌아가신 이후에도 나의 정신에 깊이 새겨져 있다. 세상 누구보다 불굴의 의지로 살고 어떤 실패의 아픔과 고통에서도 불사조같이 일어나 가족을 위해 헌신했던 아버지는 왜 그런 말씀을 하셨을까? 과연 그러한 말씀의 진정한 의미는 무엇이었을까?

한국에서 회사 생활을 일단락하고 로스쿨 진학을 위해 미국으로 돌아가 인생의 2막을 위해 시작한 항해에서 나는 이 말씀의 의미를 더욱 깨닫게 되었다. 로스쿨 생활을 마치고 변호사로 활동하기까지 수많은 시험과 면접, 소위 내 가치를 테스트받는 모든 순간에 이 말씀은 내게 반드시 할 수 있다는 자신감과 확신을 심어주고, 확고하고 과감한 도전정신의 불길로 나를 감싸주는 방패로 작용했다. 그렇다. 아버지의 말씀은 "그냥 대충 해, 뭘 그리 심각하게 생각하니"가 아니었다. 오히려 더욱 목표에 제대로 도달할 수 있도록 체력적, 정신적 강도를 조절하라는 뜻이었다. 이는 성취를 향한 지속적인 마인드셋을 위한 나의 불씨를 조절하기 위함이었다. 이는 나의 인생 경험에 실패의 두려움에 지배당하지 않고 오히려 이를 '갖고 놀며' 성공을 만드는 강력한 마인드셋이 되었다.

너무나 하고 싶고 반드시 해낸다는 생각은 간혹 우리 스스로 무리하게 만든다. 인생 모든 것은 균형이라는 말이 있다. 즉, 좋기만 한 것도 나쁘기만 한 것도 없다. 그리고 아무리 좋은 것도 지나치면 부족함보다 못하기에 인생은 균형이 특히 중요하다. 아무리 미친 듯이 노력하고 일해도 효율적인 휴식이 없다면 우리는 쓰러지게 마련이다. 자동차가 아무리 빨리 달려도 제대로 된 브레이크가 없다면 사고로 이어진다. 아무리 강한 육체를 갖고 있더라도 육체를 움직일 강한 정신이 없다면 실행으로 이어지지 않는다. 정신이 몸을 채찍질하지 않으면 게으름을 추구하는 우리의 몸은 움직이지 않는 법이다.

그렇듯 우리는 우리 스스로 정신적인 균형 잡기를 매일 해야 한다. 이것이 곧 마인드 컨트롤이다. 아버지 말씀에 담긴 뜻은 바로 그것이었다. 별것 아닌 것 같지만 실로 강력했다. 이후 나는 수많은 시험과 면접, 인적 네트워킹의 챌린지를 이어왔고 '못해도 괜찮다'는 마음은 실로 어마어마한 자신감을 만들어냈고 크고 작은 성공에 크게 이바지했다.

다만 여기에서 한 가지 전제를 정확히 해두고 싶다. '못해도 괜찮다'는 자신이 할 수 있는 최선을 다하는 사람에게만 무궁무진한 효과가 있다. 만약 당신이 무얼 하든 그럭저럭, 그냥저냥 하는 사람이라면 '못해도 괜찮다'는 권하고 싶지 않다. 자칫, 당신을 게으름과 자기합리화의 길로 인도하여 진짜 못하게 되는 결과로 이어질 수 있기 때문이다. 인생에서 도전하고 쟁취해야 할 일들을 마주할 때 불필요한 두려움과 걱정, 불안함을 없애 백분 능력 발휘를 할 수 있도록 하기 위한 말이지, 그냥 대충 하라는 말이 아니기 때문이다.

만약 당신이 주어진 위치에서 할 수 있는 최선을 다한 후 시험, 테스트, 면접 등과 같은 결전의 날을 앞두고 있다면 '못해도 괜찮다'를 시도해보시

라. 그렇게 되면 어느 순간 어차피 해봐야 아무 소용 없고 오히려 독이 되는 두려움, 걱정, 불안함이 사라지는 마법을 느낄 것이다. 그렇게 되면 또 뭔가 심적인 여유가 생기는 것을 느끼고 이어 나 혼자만의 갑갑한 시야에서 벗어나 전체를 보는 듯한 시야로 전환됨을 느낄 것이다. 마치 텔레비전에 나오는 배우를 보는 것처럼 단순 배우의 시각만이 아닌 배우를 둘러싼 무대장치, 다른 플레이어들과 같은 환경이 전부 눈에 들어올 것이다.

면접으로 치자면 면접관의 질문을 단지 잘 받아내야만 하는 일방적인 수비가 아닌, 상대방에게 잘 쳐서 보내주고, 이어 지속적으로 매끄러운 핑퐁처럼 보이게 된다. 즉, 질문 자체에만 매달리지 않고 질문의 의도를 꿰뚫게 되어 상대방이 원하는 적절한 답변을 찾을 수 있다면, 질문자와 소통과 대화를 하는 식으로 면접의 내용이 달라질 것이다.

우리가 보통 경험하는 면접은 어떠한가? 뭔가 을의 입장에서 일방적으로 질문 공격에 몰리고 그저 잘 수비하는 것이 목적이 되어버린다. 상대방이 원하는 답을 찾기 위해 노력할 뿐이지, 자신이 원하는 것을 상대방에 묻거도 상호이익에 대해서 생각하지도 못한다. 무조건 어떻게든 상대의 마음에 들어 합격을 따내는 것만이 목적이기에 잘 대답하는 것만이 최우선이라고 생각하는 것이다. 그렇기에 긴장하고 두려워하고 불안해하는 것이다. 하지만 앞서 말했듯 '못해도 괜찮다'로 시야가 넓어지고 마음의 여유가 생기면 상대방 즉, 회사에 대해서도 궁금해진다.

여러분은 여러분의 면접에서 "혹시 회사에 질문이 있으신가요?"에 질문을 했던 적이 있나? 보통 "아니오 없습니다"가 대부분이었을 것이다. 하지만 시야가 넓어지면 어느새 '이 회사가 나와 맞는 곳인가? 내 캐릭터와 목표가 잘 융화되어 함께 성장하며 오래 일할 수 있는 곳인가?'라는 생각이 들 것이고 이내 일방적으로 갑에게 듣기 좋은 말을 하여 좋은 인상을 남기려는 목적보다 대화하고 소통하여 상호 만족할 수 있는 접점을 찾으려는 것으로 면접의 프레임이 전환될 것이다. 그럼으로써 을의 입장에서 벗어나 어느새 일방적인 질문에 뻔하디뻔한 답을 하는 것이 아닌 자신의 진솔한 이야기를 하게 되고 마법같이 면접을 주도하고 있는 자신을 발견하게 될 것이다.

이것은 마치 연극을 하는 배우와 같다. 배우는 연극에서 자신의 스토리와 감정을 연기하고 관객들에게 마음껏 기량을 뽐낸다. 배우에게 목적은 자신의 쇼를 잘하는 것이지, 그저 관객들이 원하는 것을 일방적으로 보여주는 것이 아니다. 관객은 배우의 연기와 스토리텔링에 열광하지, 자판기에서 원하는 것을 잡아다가 꺼내주는 로봇과 같은 퍼포먼스를 보고 싶어하지 않는다. 그렇기에 배우의 마음은 '**진짜 자유롭고 멋지게 훨훨 날아올라서 나만의 쇼를 보여줘야지! 후회 없이 내가 가진 모든 것을 보여주자! 쇼의 주인공은 나야, 최선을 다해 즐겨보자!**'가 되어 결국 최고의 쇼를 관객에 선사하게 되는 것이다. 진정 배우가 그런 마음가짐일 때 이들의 진정성과 예술성은 관객의 마음을 울리고 흥행을 거두게 된다. 그저 관객이 원하는 것을 꼭두각시처럼 보여준다고 되는 것이 아니다. 나는 면접에 임하는 지원자의 마음이 이래야 한다고 생각한다.

면접은 회사가 아니라 지원자를 위한 것이다. 면접은 지원자가 회사에 보여주는 쇼다. 꼭두각시나 로봇처럼 회사가 원하는 대답을 천편일률적으로 하는 게 아니라 자신이 살아온 스토리와 경험, 가치관이 어떻게 회사의 성장에 이바지할 것인지를 보여주고 면접관들의 마음에 동의와 공감을 만들어내는 지원자만의 쇼인 것이다. 그렇기에 배우처럼 긴장과 불안보다는 흠뻑 즐기는 마음으로 후회 없이 임해야 한다. 그랬을 때야말로 진정 자신이 원하는 결과를 얻을 수 있을 것이다.

또 그래야 설령 면접에 떨어졌다 하더라도 진정으로 후회가 남지 않는 것이다. 그리고 그렇게 해본 사람은 분명 알 것이다. 떨어졌다 하더라도 실패가 아님을. 면접이라는 쇼를 통해 관객의 마음을 훔치지 못했더라도 자신의 쇼를 얼마나 최선을 다해 즐겼는지. 저조한 저수를 받은 연극 배우에게 물어보라. 관객평이 별로라고 배우가 연기에 최선을 다하지 않았다고 생각하고 그에 대한 후회가 남는지. 그는 분명 자신은 최선을 다해 연기했고 그랬기에 후회가 남지 않는다고 말할 것이며 관객 평을 배움 삼아 더욱 분발하여 관객의 마음을 울릴 수 있도록 노력하겠다고 말할 것이다. 당신 역시 면접이라는 당신의 쇼를 즐기며 최선을 다했음에도 떨어졌다면 그러한 마음을 느낄 것이다. 그러고는 실패한 면접에 낙담하는 것이 아니라 실컷 연습했으니 오히려 도움이 되는 시간으로 여기고, 그 시간을 다음 성공을 기약하는 계기로 삼을 것이다. 그뿐만 아니라 연습이 늘고 경험이 늘었으니 자신감도 어느새 붙어나 있어 다음 쇼를 즐거운 마음으로 기다리게 된다. 그렇게 당신은 면접의 불안과 긴장을 극복하고 당신의 쇼를 준비하게 되는 것이다. 쇼츠에 나오는 LG상사에서의 면접 당시 내가 그랬다.

나는 로스쿨 재학 시절부터 많은 면접에 도전했으며 많은 실패를 거듭했다. 로스쿨은 학년별로 인턴십이 매우 중요하다. 어떤 인턴십을 하느냐에 따라 졸업 후 변호사로서 취업하는 직장이 달라진다. 따라서 미친 듯이 공부하는 동시에 로펌, 법원, 기업 등에 수시로 지원하며 면접을 통과해야 하는 과제가 생긴다. 나는 1학년 때는 법원에서, 2학년 때는 회사의 법무실에서 인턴을 거쳐 가장 중요한 졸업 후 로펌에 들어가기 위해 수많은 면접에 지원했다. 미국 로스쿨은 해당 지역에 있는 로펌과 밀접한 관계를 맺고 있고 주로 졸업생이 파트너로 있는 로펌과 소통하며 다양한 직업적 네트워킹 이벤트를 제공한다. 따라서 로펌에 근무하는 현직 변호사들과 만나는 주기적인 소모임speed networking과 각종 만남의 장mixers을 비롯해 취업시즌에는 로펌들이 캠퍼스를 방문케 하여 면접 기회를 제공한다. 이때마다 나는 첫 직장을 로펌에서 시작하기 위해 매 공고에 법무 분야practice area를 가리지 않고 지원했고 면접에 임했다.

어떤 한 면접에서의 일화를 말하고 싶다. 내가 지원했던 로펌에서 면접 제의가 들어왔는데 당시 나의 지인으로부터 이미 합격자가 모두 내정되어 있다는 정보를 입수했다. 로펌에서는 이미 스케줄이 잡혀 있어 어쩔 수 없이 그저 형식적으로나마 면접을 진행했는데 나는 그럼에도 불구하고 최선을 다해 면접에 임했다. 왜? 내겐 해당 로펌에 들어가지 않더라도 해당 면접을 통해 나만의 스토리를 내 방식대로 이야기하고, 내게 주어진 무대에서 주인공으로서 멋진 쇼를 해내고, 자신감과 자존감을 만들어내는 연습을 하는 것이 목표였기 때문이다. 이러한 소중한 기회를 그냥 자포자기의 심정으로 날려버리고 싶지 않았다. 해당 면접을 끝내고 난 후 난 면접관을 맡았던 파트너 변호사로부터 이런 말을 들었다. "당신이 살아온 인생에 대한 영화를 본 것과 같았어요. 당신이 어떤 사람인지 짧은 시간 만에 알게 됐으며 어떤 모습으로 회사에서 근무할지를 선명하게 예측해볼 수 있었어요." 물론 이미 내정자가 있었기에 오퍼로까지 이어지지는 않았으나 면접관이 자신의 인맥이 파트너로 있는 다른 로펌에 면접 기회를 제공해주어 당시 나의 쇼가 그저 나만의 쇼로 끝나지 않았음을 확인하게 되었다.

또 다른 면접 사례를 공유하고 싶다. 이번 사례는 내가 지금껏 겪었던 면접 중에 최악의 경험으로 남은 사례임과 동시에 '그러든 말든 나는 상관 안 해' 정신으로 나만의 최고의 쇼로 만들었던 사례다. 한국에 들어온 뒤 대형 로펌에서 면접을 보았다. 당시 나의 면접관은 해당 로펌의 지분 소유 파트너equity partner중 한 명이자 최고의 세법 권위자였다. 이분은 면접을 시작함과 동시에 굉장히 무례한 태도로 나를 압박했다. 연세가 많고 오랜 경력의 소유자임을 알고는 있었으나 일부러 나를 압박하려는 듯한 시도를 할 줄은 예상하지 못했다. 굉장히 무례한 말투와 어조는 기본이었으며 다리를 꼬고 의자에 앉아 반쯤 드러눕듯이 의자를 젖히며 내게 나의 논문에 대해 영어로 설명하라고 했다. 내가 썼던 논문은 증권법 분야에서 꽤나 알려진 사례Halliburton II에 대한 논문으로 굉장히 방대하고 복잡했는데 나는 아랑곳하지 않고 최대한 간결하게 설명하려 애썼다. 그런데 20초 정도 설명을 하는 와중 갑자기 크게 하품을 하는 게 아닌가. 순간 정신이 아찔해졌다.

수많은 면접 경험을 했고 내 비장의 무기인 '못해도 괜찮다'로 무장하여 어떤 상황에서도 자신감을 잃지 않고 나의 쇼를 보여줬는데 반쯤 누운 자세로 하품을 연달아 하는 순간 당황해버렸다. 하지만 당황도 잠시, 나는 빠른 결정을 내렸다. '그래, 이번 면접은 떨어진 모양이네. 좋다. 못해도 괜찮다! 대신 변호사님, 제 연기는 끝까지 봐주세요. 제 쇼는 아직 안 끝났습니다. 저도 시간을 쓰고 돈을 써서 이 자리에 왔으니까 그 정도는 해주십쇼'를 속으로 말하고 곧장 다음 면접을 위한 연습 모드로 들어갔다. 그렇게 약 3분간을 논문에 대해 떠들었고 그 와중에 변호사님은 하품을 족히 열 번은 한 것 같다. 그것도 아주 크게 말이다.

하지만 내가 아랑곳하지 않고 흔들리지 않는 눈빛과 목소리로 한참을 말하고 나니 당시 그분의 눈빛은 이렇게 말하는 것을 느꼈다. '뭐야 이놈, 대놓고 몇 번을 하마같이 목청이 울리도록 하품했는데 계속 해버리네? 미친놈인가?' 그렇게 나는 면접에 떨어졌지만 대수롭지 않았고 실패로 여기지 않았다. 왜? 생전 처음 겪은 매우 어렵고 당황스러운 면접에서도 나는 충분한 연습을 했고 경험을 쌓았기에 오히려 얻은 것이 더욱 많았기 때문이다. 그런 황당한 추억조차 내 것으로 만들고, 지금 여러분에게 이렇게 일화로 풀고, 내 쇼츠의 밑거름이 되었으니 해당 기억은 사실 내겐 성공인 것이다.

그렇게 수많은 면접, 아니 나만의 쇼를 거듭하며 연습하고 갈고닦은 후에 쇼츠에서 언급한 LG상사 면접에 임했다. 수많은 경험과 연습, 또 그것들을 뒷받침하는 나만의 '못해도 괜찮다' 마인드셋으로, 면접 당시 나는 자신감과 나의 쇼를 펼쳐낼 기대에 잔뜩 흥분돼 있었다. 그렇게 긴장하지 않고 여유로운 마음을 유지한 채 면접에 들어가니 면접장에 있는 사장님을 비롯한 면접관들의 얼굴들이 하나하나 보였고 그분들의 표정 또한 읽을 수 있었다. 그렇게 텔레비전을 보는 제삼자의 눈으로 면접상황을 볼 수 있었고 그렇게 나만의 쇼를 시작했다.

그런데 즐거운 마음으로 자리에 앉자마자 갑자기 의자가 뒤로 확 젖혀지는 것이 아닌가! 하지만 여유롭고 즐거운 마음으로 있었던지라 순간 놀랬지만 전혀 당황하지 않았다. 마치 기분이 좋을 때 갑자기 넘어지더라도 기분이 그렇게 나쁘지 않은 것처럼 당시 나는 호탕하게 웃으며 나만의 특유의 적극성과 에너지로 바닥에 꿇고 앉아 가뿐하게 의자를 손봤다.

그렇게 내 적극성과 에너지를 보이고 나니 모든 이들의 눈에서 나에 대한 애정이 보였다. 그렇게 면접은 하하호호 가벼운 소통과 새로운 만남에 대한 상호 기대와 설렘으로 끝났고 회사와의 인연은 그렇게 시작됐다.

사실 그런 것이다. 이미 서류에 합격이 되었다는 말은 회사 기준에 적절하다는 뜻이고 결국 면접은 그 서류에 있는 능력치와 기대치가 실무에서 실현될지를 가늠하는 장인 것이다. 즉, 면접은 그걸 실제로 끌어낼 수 있는 내면의 능력을 갖추었는지를 주로 보고자 하는 것이니만큼 어떠한 문제를 해결하는 지원자의 자세와 행동, 내면의 상태를 알려주는 답변, 당시의 표정과 자신감 등이 면접에서 보고자 하는 핵심인 것이다. 그러한 핵심을 달성하려면 바로 두려움과 긴장, 불안함을 잠재우는 '못해도 괜찮아' 마인드셋과 이를 뒷받침하는 최선의 노력이 절대적으로 필요하다. 그렇게 어릴 적부터 뭐든 부딪쳐서 적극적으로 배우고, 넘어져도 스스로 일어나는 나의 습관과 그걸 인내심을 갖고 지지해주시던 아버지의 자식 교육은 아버지가 돌아가신 후에도 깨지지 않는 다이아몬드처럼, 단단하게 오래가는 꺼지지 않는 불꽃처럼 내 인생을 지펴가고 있다.

여러분들도 면접이든 시험이든 늘 최선을 다해 준비하되 '못해도 괜찮다'로 정신을 무장하시라. 늘 적극적으로 부딪치고 실패조차 내 것으로 만들겠다는 정신으로 최선을 다하시라. 진심으로 하다 보면 어느새 이렇게 느낄 것이다. '아, 난 진짜 최선을 다했다. 그러니까 못해도 괜찮다. 또 못해도 반드시 남는다. 실패가 아닌 다음 성공을 위한 양분으로 말이다.' 다음 기회가 오면 여러분은 자신만의 무대의 주인공으로서 훨훨 무대를 날고 있는 스스로 발견할 것이고, 평생 느껴보지 못했던 에너지가 발바닥 끝에서부터 끌어 올려져 폭발하고 있음을 느끼게 될 것이다.

# 페라리, 람보르기니 20대 오너들의 정체

≫ QR 찍고 쇼츠 보기

　나는 미국 중부 위스콘신 주에 있는 위스콘신 주립대학교(매디슨)에서 공부했다. 지금도 그렇지만 당시 내가 재학 중일 때에도 한국 학생들이 매우 많았고 한인회 또한 큰 규모를 자랑했다. 고등학교 때까지는 학교에 한국 사람이 그리 많지 않아 한국 사람들과 어울리는 일이 흔하지 않았는데, 대학교에 들어가고부터 꽤 많은 한국인을 보고 놀랐던 기억이 있다. 어딜 가나 한국인들이 보이고 교양, 전공 과목을 가리지 않고 같은 클래스에 몇 명은 꼭 한국인이 있다 보니 자연스레 교류가 많아졌고 한인 학생회에도 꾸준히 참석하게 되었다. 그중 몇 명과는 깊은 친분을 쌓았고 현재까지 연락을 이어오고 있다. 당시에 친하게 지냈던 사람에 대해서 졸업을 하고 나서야 알게 된 흥미로운 사실들이 있다.
　당시에 나보다 한 살 어린 후배가 있었는데 이 친구가 알고 보니 대단한 집안의 아들이었다. 온라인·오프라인을 망라하고 뉴스를 비롯한 우리나라 모든 매체를 장식했던 굵직한 사건이 있었는데 그 사건의 주인공이 그 친구 아버지였다. 국내 재계 순위 서열이 꽤 높은 회사의 오너였던 것이다. 그뿐만 아니라 국내 터줏대감 격의 이름만 대면 누구나 알법한 기업의 자재들이 알짜배기 중견기업 오너의 자제들이 어쩜 그리도 많던지 학교를 졸업하고 나서야 비로소 놀라움을 금치 못했다.

사실 재학 중에는 그다지 관심이 없었다. 당시에는 '쟤나 나나 같은 학비 내고 수업 듣고 비슷하게 사는 거지, 뭐'라고 생각해서 대기업 오너 집안의 아들이나 보통 집안의 아들이나 크게 다르다고 생각하지 않았다. 예컨대 앞서 말했던 모든 뉴스의 헤드라인을 장식했던 오너의 아들은 당시 BMW사의 X5를 타고 다녔고 나는 인피니티 G35를 타고 다녔다. 둘 다 좋은 럭셔리 차량이고 값을 따져도 그다지 큰 차이는 나지 않았다.

또 대학 시절 나는 명품 쇼핑을 상당히 좋아했다. 당시 돌체앤가바나, 페라가모, 구찌 등을 굉장히 좋아했고 한 달에 한 번씩은 시카고 미시간 애비뉴에서 쇼핑을 했다. 한번은 잡지에 나온 돌체앤가바나 벨트를 사기 위해 전 세계에 있는 매장에 전화를 걸어 물건을 사수했을 정도로 나의 명품 패션 사랑은 강렬했다. 지금 생각해보면 어처구니가 없고 다분히 미성숙하게 느껴지지만, 당시엔 학비 일부를 가져다 쓸 정도로 패션에 관심이 지대했다. 평소 학교에만 박혀 있어 수업, 도서관, 집을 반복하다 보니 나름의 정신적 도피처를 찾으려 했던 것 같다. 그렇게 써버린 돈이 부모님이 뼈 빠지게 번 돈이라는 사실을 망각한 채 말이다. 어쨌든 나 역시 그들처럼 먹고 싶은 것 다 먹고, 사고 싶은 것 다 사고, 타고 싶은 차도 골라 탈 수 있었기에 재벌 3세, 중견기업 오너 2세의 삶이 그다지 부럽지 않았다.

하지만 모든 유학생이 호화로운 생활을 했던 것은 아니다. 당시 한 선배와 이야기하다가 스스로가 굉장히 철없다고 느낀 적이 있었다. 그 선배와 같이 시카고를 다녀왔는데 돌아오는 길에 미시간 애비뉴에 있는 삭스 피브스 애비뉴Saks Fifth Avenue 백화점에 들러서 돌체앤가바나 재킷을 하나 샀다. 같이 간 선배가 가격 태그를 보더니 깜짝 놀라며 자기 한 달 용돈보다 많다는 말을 했다. 그때 나는 표현하지는 못했지만 두 가지 이유로 굉장한 창피함을 느꼈다. 첫째, 누군가의 한 달 용돈을 옷 사는 데 써버리는 경제적 미성숙함. 둘째, 소비능력이 없는데도 판단력과 절제력을 잃고 소비를 해버린 점. 모든 유학생이 마냥 풍족하게 사는 게 아님을 느끼고 경제관념이 서서히 바뀌기 시작한 계기가 되었다.

그렇게 대학을 졸업하고 로스쿨에 가기 전까지 다양한 경력을 쌓기 위해 몇 년 동안 국내 기업에서 근무했다. 당시 나와 함께 대학 생활을 했던 오너 자제들도 대거 귀국해 그들 역시 사회생활을 시작하던 때였다. 그들은 자신들의 부모가 오너로 있는 회사에서 근무를 시작했다. 나는 그들이 편하게 부모 회사에 들어가서 놀면서 대접받고 일한다고 생각했다.

당시 나는 밤낮을 가리지 않고 열정적으로 일하며 3년이라는 시간을 보냈고 어느덧 로스쿨을 지원하는 시기였다. 여러 동기를 통해 오너 자제들의 소식을 접하게 되었는데, 이때 나는 꽤 충격을 받았다. 편하게 일하는 줄 알았던 그들이 오너인 그들의 부모 못지않게 온몸을 불사르고 주인의 자세로 일을 하며 차기 오너가 될 준비를 하고 있었다는 것을 알게 되었다. 직장인들이 흔히들 '세상 직원 중에서 나보다 열심히 하는 직원은 없을 거야! 어떤 직원이 주인도 아닌데 나처럼 일할까? 난 충분히 잘하고 있어!'라고 생각하지만, 실제로는 주인인 그들이 직원들보다 훨씬 더 많이, 오래 일하며 회사를 위해 헌신하고 있었다. 따라서 '직원들 중에서'라는 전제가 틀린 것이다. 오너는 직원보다 본래 몇 배나 많은 노력과 헌신을 한다. 그렇기에 오너 자제들이 얼마나 많은 노력을 쏟아붓고 있었는지를 미처 생각하지 못한 것이다. 그들은 그렇게 초고속 승진을 해나갔고 지금은 사장 타이틀을 달고 자신들의 회사를 위해 더욱 많은 헌신을 하고 있다.

요즘 우리나라의 사회 분위기는 어떠한가? 요즘은 셀프PR의 시대이기에 모든 사람이 앞다투어 스스로를 뽐내려 SNS에 사진과 영상을 올려댄다. 맛집, 카페 투어의 목적은 사진이고 여행 또한 인증 샷을 위해 가는 사람이 많아지고 있다. 우리나라 사람들은 본래 남 눈치를 많이 보고 그만큼 남의 인생에 관심이 무척이나 많다. 좁은 땅에 하도 많은 사람이 살고 있다 보니 살짝만 눈을 돌리면 옆집에서 뭐 하는지 알 수 있다. 옆집에서 차를 사면 바로 알기에 자신들도 사야 하고 그러지 못하면 불행하게 느끼고, 옆에 사람이 멋진 신발을 신었으면 자신도 같은 신발을 사고 싶어 안달이 난다. 인스타그램에서 누군가가 옷을 사면 자신도 옷을 사려 달려들고, 예쁜 카페에서 사진을 찍으면 자신도 같은 사진을 찍으러 간다. 맛집 사진을 보면 똑같이 찾아가 같은 메뉴의 사진을 찍어서 올려야 직성이 풀린다.

갈수록 이렇게 남과 비교하고 따라 하는 문화가 퍼지자 따라 할 수 없는 이들의 마음속에서는 불행과 우울, 낙담이 싹을 트기 시작했다. 남은 풍족하고 넘치고 잘나가는데 자신들은 부족하고 모자라는 현실에 우울해하고 낙담에 빠져 스스로를 망치게 되는 사례가 갈수록 늘어나고 있다. 많은 이들이 SNS 콘텐츠를 무분별하게 소비하면서, 그것이 현실인지, 아니면 거짓·허영·눈속임에 불과한지 가려내기 어려워졌다. 어느새 '20대에 이미 엄청난 성공을 했다'고 자처하고, 출처조차 불분명한 슈퍼카를 과시하며, '돈이 많다'는 메시지를 반복하는 콘텐츠가 넘쳐난다. 이러한 콘텐츠들은 수많은 사람들을 상대적 박탈감과 우울의 길로 접어들도록 인도하고 있다. 이것이 SNS가 초래한 현실이다. 독이 조용하고 서서히 온몸에 퍼져나가듯 그러한 거짓과 허영, 눈속임은 이들의 인생에 은밀하고 광범위하게 침투하고 있다. 그리고 무엇보다 치명적인 것은 이러한 움직임이 나처럼 직간접적인 경험을 통해 진짜와 가짜를 구별하는 통찰력이 없는 젊은 층에게 주로 퍼진다는 것이다.

그렇다면 한번 생각해보자. 과연 어떤 20대의 젊은이가 5억 원 상당의 람보르기니를 소유할 수 있을까? 재벌 3세라서? 사업에 성공해서? 무언가로 돈을 크게 벌어서? 이렇게 크게 세 가지 가능성을 볼 수 있을 것이다. 그럼 재벌 3세가 스스로를 SNS에 드러낼 가능성은? 당신이 재벌 3세의 부모라면 그걸 허용할 것인가? 사업에 성공했다고 하면 어떤 사업일까? 그 구체적인 근거는 확인이 가능한가? 여러분이 봐온 그런 SNS 콘텐츠에 성공의 근거를 제시하는 걸 본 적이 있는가? 가끔 코인으로 억만금을 벌어들인 사람이 실제로 있다. 하지만 과연 몇 년 후에도 이들이 억만장자로 살고 있을까? 전 세계를 망라하고 복권에 당첨된 자들의 몇 년 후 삶은 어떠한가? 99%의 확률로 돈을 잃고 불행 속에서 살고 있다. 그렇다면 과연 왜 그토록 많은 젊은이가 뻔한 거짓과 눈속임으로 가득한 콘텐츠에 이끌려 허영을 좇고, 그들의 삶을 실제라 믿고 부러워하다 못해 결국 자신의 삶을 비관하게 된 걸까? 왜 그들은 그런 거짓과 허상, 눈속임을 제대로 판별하지 못할까?

앞으로는 누군가의 거짓, 허영 때문에 자신의 인생을 비관하고 스스로를 망치는 대신 자신만의 경험과 냉정하고 이성적인 시선으로 모든 것들을 바라보고, 검증되지 않는 것은 거를 수 있는 자정 능력을 갖추었으면 좋겠다. 살면 살수록 예나 지금이나 공통으로 통하는 진리는 너무나 많다. 그중 하나가 바로 빈 수레는 요란한 법이라는 말이다. 성공하는 사람들은 이들이고, 대기업 오너인 나의 동문들처럼 티를 내지 않고 묵묵히 헌신하는 이들이다. 어쩌다가 운으로 성공하기란 바늘구멍에 낙타가 들어가는 것과 같다. 어쩌다가 기형으로 태어난 작은 낙타가 살기 위해 작은 구멍을 통과할 수는 있겠지만 모든 낙타가 같은 구멍에 들어가려고 한다면 낙타는 머지않아 멸종하게 될 것이다.

세월이 지나고 기술이 발전하고 사회가 변하여 인간이 살아가는 모습은 바뀔 수 있겠으나 어떻게 하면 보다 풍족해지고, 그 풍족함을 영위할 수 있는지는 시대가 변하더라도 바뀌지 않는다고 나는 확신한다. 남과 비교하지 않고 자신이 처한 고유의 환경과 상황에서 자신이 할 수 있는 것들을 하나하나 해나가면서 버티며 나아가는 자들은 어떤 시대와 어떤 사회를 막론하고 자신의 상황을 지속적으로 나아지게 하며, 궁극적으로는 물질적·정신적 성공에 접어들 것이라 확신한다. 그렇기에 진짜들은 정도를 걷고 있으며 그렇게 오랜 시간 정도를 걸어온 사람이 진짜로 거듭나는 것이다.

## 성공을 위해 당장 버려야 할 말버릇

≫ QR 찍고 쇼츠 보기

우리는 주변에서 자신의 목표에 대해 말하는 사람을 종종 목격한다. 이때 가만히 한번 관찰해보시라. 목표에 대해 말하는 그 사람의 눈빛과 목소리, 제스처 등을 봤을 때 당신은 어떤 생각이 드는가? '와아, 저 사람은 왠지 확실히 목표를 이룰 것만 같다' 내지는 '음, 말하는 걸 봐선 그냥 꿈만 꾸고 있는 사람일 것 같다'라는 느낌을 받을 것이다.

만약 누군가가 당신에게 목표가 무엇인지를 물어본다면 당신은 어떻게 대답할 것인가? 한번 거울을 보고 말해보시라. 동시에 당신이 만약 청중이라면 당신의 말이 어떻게 들릴지 한번 생각해보시라. 목표가 무엇인지, 꿈이 무엇인지에 대해 말할 때 당신의 눈빛과 목소리, 제스처를 볼 때 당신은 어떤 생각이 드는가? 눈빛이 흔들리는가? 아니면 눈빛에서 무언가 결연함이 느껴지는가? 소위 목에 칼이 들어와도 목표를 달성하겠다는 그런 묵직한 눈빛과 표정이 보이는가? 떨리는 목소리가 아닌, 너스레 떨 듯이 유머 섞인 말투가 아닌, 쓸데없이 겸손에 찌들어 자신감 없는 분위기를 내는 게 아닌, 정확하고 확신에 찬 당찬 목소리와 말투로 말하는가? 부끄럽고 민망해서 수줍어하는 몸짓을 섞으며 말하고 있는가? 당신이 그 말을 들었을 때 실제로 그 꿈이나 목표가 이루어질 것 같은가? 아니면 그냥 말만으로 끝나겠다는 생각이 드는가?

나는 몇 년간 유튜브에서 활동을 해오며 여러 동기부여, 자기계발, 마인드셋 관련 영상을 만들었다. 나를 좋아하고 인정하는 많은 2030청년들이 가장 많이 해준 이야기가 "눈빛과 말투, 목소리를 들으면 신뢰할 수밖에 없음을 느낀다" "이 사람의 말에서는 짙은 진정성이 묻어난다" "이 사람은 진짜다" "말과 행동에서 얼마나 깊은 고민을 하고 노력을 해왔는지 다 보인다" 등이다. 어떻게 나에 대해 잘 알지도 못하는 사람이 이런 말을 할 수 있을까? 영상만을 보고 이런 말이 어떻게 나올 수 있을까?

혹자는 그냥 듣기 좋은 소릴 한 것 가지고 뭘 그리도 의미부여를 하냐고 생각할 수도 있다. 하지만 우리는 서로 안다. 인간에게는 여섯 번째 감각이 있다. 살아가다 보면 우리의 촉이 발동하거나, 뭔가 동물적으로 특정 기운을 느끼는 순간이 있다. 그래서 잘 모르는 사람을 만나더라도 희한하게 신뢰, 확신, 결의, 진정성을 느끼는 경험을 누구나 해봤을 것이다. 반대로 '아, 잘 모르겠지만 이 사람은 왠지 어울리면 안 될 것 같다' 또는 '뭔가 싸하다'라고 느끼기도 했을 것이다. 그리고 참 신기하게도 나중에 돌아보면 당시 우리가 느꼈던 촉과 동물적 감각이 실제로 틀리지 않았음을 알 수 있다.

그렇듯 누군가에게 말을 할 때 당신의 눈빛, 말투, 제스처가 어떤지에 따라 당신의 말의 힘과 실현 가능성이 가늠되고 때로는 당신의 속내가 상대방에게 온전히 전달되는 것이다.

그렇다면 어떤 사람이 자신의 꿈을 말할 때 눈동자가 흔들리고, 목소리가 떨리고, 마치 스스로를 내려치고 깔보는 듯한 유머 섞인 말투로 말하는 이유는 무엇일까? 그것은 바로 두려움으로 인한 실패자 마인드 때문이다. 자신이 말하고 있는 꿈과 목표를 이루지 못할까 봐 지레 겁먹고 두려운 것이다. 목표를 이루고 꿈을 실현하려면 필사적인 노력을 기울여야 하는데 그럴 자신이 없는 것이다. 혹은 꿈이 이루어졌으면 좋겠다고 생각은 하지만 마땅한 노력은 기울이고 싶지 않은 것이다. 실패할 거라는 두려움은 열심히 노력하고 싶지 않아서 생긴다. 그들은 알고 있다. 헌신과 희생을 통해 미친 듯이 노력을 하면 꿈과 목표에 점차 다다르게 되리라는 걸. 하지만 그렇게 하려면 쾌락과 편안함, 휴식 등을 포기하고 자기절제와 인내, 피나는 노력과 헌신을 해야 함을 알기에 자신이 없는 것이다. 그러니 자신의 꿈과 목표를 이야기하면서 흐리멍텅한 눈빛으로 장난스레 말하는 것이다.

만약 진심으로 자신의 꿈이 이루어지길 원한다면 반드시 이런 실패자 마인드는 스스로 채찍질하여 바로잡고 고쳐야만 한다. 비단 꿈과 목표를 위해서가 아니더라도 무언가를 갖고 싶거나 하고 싶으면 마땅한 노력을 해야만 한다. 사실 꿈을 이루기 위한 과정이 두렵고 귀찮은 이들 역시 남들이 가진 걸 갖고 싶고 남들처럼 살고 싶어한다. 길에서 멋진 페라리가 지나가면 '와아, 나도 저거 갖고 싶다'라는 생각을 할 것이다. 하지만 뒤돌아서서 "에이, 내가 무슨 페라리야…" 하고 푸념한다. 이때 나는 묻고 싶다. 왜 저 사람은 되고 당신은 안 되는가? 왜 저 사람은 페라리를 타는 게 당연하고 당신은 못 타는 게 당연한가? 저런 차를 갖기 위해 그들은 폭포와 같은 땀방울을 매일 흘리고 자신을 절제하고 통제하며 인생의 많은 부분을 헌신했는데 당신은 그러고 싶지 않은 것 아닌가? 그래서 당신은 "에이, 내가 무슨 페라리야"라고 말한 것 아닌가? 그런 게 아니고서는 당신이 페라리를 못 가지는 것은 당연하지 않다. 못 가질 이유가 전혀 없다. 그저 마땅한 노력과 절제, 헌신이 필요할 뿐이다. 원하는 것을 얻기 위해 고난과 역경의 시간을 보내야 한다. 천국의 땅으로 가기 위해선 마땅히 정글을 지나야만 하는 것이다.

만약 당신이 진정 노력을 하고 싶지 않다고 하면 그냥 꿈을 꾸지 않으면 그만이다. 꿈이고 목표고 뭐고 그냥 지금 되는 대로, 주어진 상황에서 만족하고 살면 된다. 마치 연못 안에 사는 가재, 붕어, 개구리처럼 말이다. 연못 밖의 세상을 쳐다볼 필요도 없고 굳이 힘들게 연못 밖으로 올라갈 생각도 하지 않으면 된다. 어떤가? 그렇게 할 수 있는가?

남들이 꿈을 이루고 행복을 찾아갈 때 당신은 그저 현재에만 만족하고 살 수 있는가? 눈물겨운 노력으로 개구리가 연못 밖으로 뛰어나가 평생 포식할 먹이를 찾고 교미를 하여 가족을 꾸리고 살아가는 것을 연못 안에서 반 올챙이의 모습으로 바라만 볼 수 있는가? 자신도 뛰어나가서 개구리로 성장하여 포식하고 가족을 꾸리고 싶지 않은가? 멋진 페라리가 지나가는 것을 그저 바라보고만 있는 게 아니라 당신도 운전석에 앉아 터질 듯한 페라리의 심장 소리를 들어보고 싶지 않은가?

혹시 내가 하는 말에 뜨끔했는가? 마치 당신의 마음을 훤히 들여다본 것 같은가? 불편하고 받아들이기 힘들겠지만, 어쩔 수 없는 사실이다. 성공하고 싶다면, 꿈을 이루고 싶다면 무조건 그걸 방해하는 자신의 두려움과 귀찮음을 인정해야만 다음 스텝으로 넘어갈 수 있다. 그렇다면 어떻게 두려움과 귀찮음을 이겨내고 실제 꿈을 이루기 위한 강한 의지를 불태울 수 있을까? 그리고 어떻게 이런 의지를 실행으로 옮길 수 있을까?

첫째로 나는 감성운동을 통한 불굴의 의지 만들기를 추천한다. 감성운동을 할 때 우리의 정신은 더욱 강해진다. 목에서 끄으 소리가 나올 때까지 운동을 해봤는가? 그냥 으악이 아니라 목에서 강제로 끌려나오는 끄으 소리 말이다. 젖 먹던 힘까지 끌어다 쓴다는 말처럼 진짜 죽을힘을 다해 힘을 쓰면 목에서 끄으 소리가 난다. 어떻게든 이 무게를 들어 올리겠다고 마음속에서 칼을 갈며 눈이 뒤집혀 흰자가 보이고 목에서 끄으 소리가 날 때까지 운동하는 것이다. 그렇게 실제로 무게를 들어 올린 순간 차오르는 성취감은 말로 표현할 수가 없다. 아무리 주변에서 그깟 운동하는 걸 가지고 같잖은 성취감을 느끼냐고 치부하더라도, 이건 해보지 않은 사람은 절대로 알 수 없는 정신적·신체적 한계돌파의 영역이다. 즉, 한계에 가보지 못한 사람은 절대로 상상할 수조차 없는 단순하면서도 매우 고차원적인 정신력의 영역인 것이다.

매일 그렇게 운동하다 보면 사자의 심장과 같은 의지와 정신력은 어느새 운동할 때만이 아니라 당신의 하루하루 일상으로도 서서히 퍼져나가게 된다. 그리하여 내 일을 대할 때의 자세와 집중력이 놀랍게 날카로워지고 일은 단순히 돈벌이가 아니라 자기 자신과의 약속, 사명처럼 여기게 되어 오랫동안 굶주린 사자가 먹잇감을 쫓는 눈빛과 터질 듯한 심장박동으로 내 일을 처리하게 된다. 그렇듯 감성운동은 굳은 의지와 불도저 같은 실행력을 만들어내는 원천이다.

그러니 운동할 때 그냥 적당히만 하지 말고 스스로의 한계치까지 매 세트와 횟수, 무게를 끌어올리시라. 무거운 무게를 반복하면서 나는 절대로 포기하지 않을 거라고 스스로에게 주문하고, '이 무게를 들어 올려야만 나의 꿈을 이룰 수 있다'라고 상기하시라. 이 무게를 들어 올리지 못하면 나의 꿈은 그저 꿈으로 남고 만다고 생각하시라. 내지는 당장 당신이 원하는 무언가가 있다면 이 무게를 들어 올려서 원하는 것이 이루어지는 상상을 하시라.

미국에서 로스쿨에 다닐 때 살던 아파트 내 헬스장은 전면이 통유리였다. LA 다운타운이 한눈에 보이는 뷰를 자랑했는데, 여기서 운동을 할 때마다 화려한 시내의 주요 건물들이 웅장하게 보였다. 이때 매 세트를 끝낼 때마다 나는 창밖에 보이는 폴 헤이스팅스Paul Hastings라는 굴지의 미국 로펌 빌딩을 향해 검지를 치켜세웠다. '넘버원, 나는 최고다'라는 의미도 있지만 '기다려라, 반드시 저기에서 일한다. 저 건물에서 일하는 날이 반드시 올 것이다'라고 칼을 가는 나만의 제스처였다.

이는 마치 종교와도 같다. 어느 종교의 어느 신을 믿든 간에 기도할 때 우리는 간절하게 이루어지게 해달라고 기도한다. 그렇게 매일 기도하다 보면 어느 순간 우리도 모르게 우리의 일상에서 벌어지는 일들에 의미를 부여하며 서서히 우리의 기도가 이루어지고 있다고 생각하게 된다. 이어 우리는 더더욱 열심히 진심으로 기도하게 된다. 마찬가지로 운동을 하며 이 무게를 들어 올리면 나의 부모님이 건강해질 수 있다, 내가 원하는 배우자를 만날 수 있다, 변호사 시험에 합격할 수 있다, 면접에 합격할 수 있다, 페라리를 살 수 있다 등의 조건을 달고 운동하면 죽을힘을 다해 무게를 들어 올리게 된다. 이런 사이클을 묵묵하고 꾸준히 돌리다 보면 마치 신이 기도에 응답해서 인생을 잘 풀리게 하듯, 자기 자신에게 했던 간절한 주문 역시 서서히 이루어진다.

그러니 자신의 꿈을 향한 굳은 의지, 강력한 실행력을 만들기 위해 당장 감성운동을 배우시라. 더는 자신의 꿈을 입 밖으로 낼 때 불확실한 눈동자, 떨리는 목소리, 유머 섞인 말투, 겸손 따위는 하루빨리 쓰레기통에 폐기하시라. 내 인생 아무도 대신 살아주거나 책임져주지 않는다. 내 꿈을 이야기할 때 내 꿈은 오로지 내 것이다. 남들이 뭐라고 생각하든 내가 상관할 바가 아니다. 그들은 내 꿈에 대해 단 한 치도 도와주거나 걱정하거나 책임져주지 않을 것이기 때문이다. 그러니 확실하게 말하시라. 무엇이 되고 싶은지, 어떻게 될 것인지, 그렇게 되기 위해 당신은 어떤 노력을 얼마만큼 할 것인지 말하시라. 도전하는 과정에서 나가떨어지더라도 나는 절대 포기하지 않는다고 말하시라. 감성운동을 하며 눈의 흰자를 내보이고 목에서 끄윽 소리가 올라올 때까지 포기하지 않고 무게를 들어 올리는 것처럼.

꿈을 향한 굳은 의지를 만들고 실행해나가는 또 하나의 방법을 소개해보고자 한다. 내가 지금까지 살아오며 지나온 많은 목표달성을 향한 과정에서 실로 어마어마한 힘을 내어 버텨낼 수 있게 해준 이미지 트레이닝이라는 필살기다. 이미지 트레이닝은 말 그대로 내가 원하는 것이 이루어졌다고 상상하는 것이다. 그러면 갑자기 기분이 좋아지고 가슴이 쿵쾅대고 설렘과 흥분에 가만히 있지 못하게 된다. 즉, 게으름에 빈둥대고 누워 있다가도 이미지 트레이닝만으로 갑자기 벌떡 일어나게 되거나, 아침에 일어날 때 알람 중지 버튼을 누르고 이불 속으로 다시 들어갔다가도 이미지 트레이닝 한 번에 다시 튀어나오게 만드니 실로 대단한 힘을 내는 무기인 것이다.

내가 로스쿨에 다닐 때 남들보다 더욱 오래 앉아 공부하고, 여러 유혹에 흔들리지 않고 우선순위에 집중하도록 했던 이미지 트레이닝은 매우 간단하다. 매 학기가 끝나고 방학이 시작되면 나는 다음 학기 과목을 미리 예습했다. 이때 크리스마스 캐럴이 여기저기에서 울려 퍼지고 축제를 즐기는 이들의 모습과 소리가 들릴 때 나는 책상에 앉아 흐뭇한 상상을 했다. 남들이 즐기고 놀고 있을 때 나는 마치 건설자의 마음으로 묵묵하게 건물을 쌓아 올리고 있다는 상상이다. 시간이 흘러 남들은 눈비를 피할 곳을 찾아 헤맬 때 하나하나 차곡차곡 쌓아 올린 벽돌은 어느새 멀끔한 집이 되어 있고 나는 그 집에서 아늑하게 앉아 있는 상상을 말이다. 그런 상상을 하면 기분이 좋아졌고 귀찮음과 게으름, 그리고 축제를 즐기지 못하는 서운함이 어느새 사라지게 됐다.

변호사 시험을 준비할 때는 아버지의 상을 치르고 피폐해진 상태에서 몇 개월간 시험준비를 이어갔기에 정신적, 신체적으로 매우 지쳐 있었다. 둘째 날을 버티고 시험 셋째 날, 여섯 시간이 지나갈 때 즈음 급격하게 힘에 부치고 집중력이 와르르 무너지는 걸 느꼈다. 이때 당황하지 않고 고개를 들어 시험장 앞쪽에 앉아 있던 감독관을 바라봤다. 그러고는 감독관이 아버지라고 상상했다. 평소에 의자에 앉아 계시던 아버지의 모습을 시험장에 앉아 있던 감독관에게 투영한 것이다. 그러자 갑자기 아버지의 음성이 들려왔다. 아버지가 내게 이렇게 말씀하시는 것처럼 느껴졌다. "조금만 더 힘내라, 둘째야. 잘하고 있다. 거의 다 왔다." 이어 내 가슴은 다시 쿵쾅대기 시작했고 온몸에 뜨거운 에너지가 채워지는 것을 느꼈다. 그 에너지는 눈물로 내 눈가를 적셨고 이어 내 눈은 다시 번뜩이고 나의 뇌는 다시 힘차게 돌기 시작했다. 그렇게 이미지 트레이닝을 통해 나만의 순간 초능력을 만들어낸 것이다.

　마지막으로 한 가지 방법을 더 소개하고 싶다. 당신의 꿈과 목표를 이루기 원한다면 만인의 앞에서 입 밖으로 당신의 꿈과 목표를 공언하라. 만인들에게 공언함으로써 당신은 이제 무조건 목표를 달성하고 꿈을 이뤄야만 한다. 그렇지 못한다면 당신은 만인 앞에 그저 실패자로 전락할 것이다. 어떤가? 그냥 실패자로 전락할 것인가 아니면 죽이 되든 밥이 되든 실패자가 안 되려고 미친 듯이 한번 부딪쳐볼 것인가? 당신의 선택이다. 당신이 게으름과 귀찮음 때문에 꿈이 이루어지지 않을까 봐 지레 겁먹고 포기하려고 할 때, 이젠 어쩔 수 없이 도전할 수밖에 없도록 하는 극약처방을 내리는 동시에 그냥 즉각 움직이고 달려들어 보라는 파이팅의 에너지를 불어넣는 것이다. 만약 다짐하고도 하지 않는다면 당신이 마주할 것은 패배자에 대한 무시와 놀림, 그리고 강하게 사무치는 자괴감일 것이기에 어떻게든 당신은 도전하고 실행하여 앞으로 나아갈 것이다. 만약 중간에 잠시 멈추더라도 한번 만들어진 동력과 모멘텀이 있기에 다시금 앞으로 나아갈 수 있을 것이다.

　결국 마인드 컨트롤은 자신의 정신을 건드리고 자극시켜 뇌를 깨우고, 이어 깨어난 뇌가 사지에 움직이라는 신호를 보내고, 신호를 받은 사지가 목표를 이루기 위한 움직임을 만들어내도록 하기 위해서 하는 것이다. 따라서 어떤 방식을 동원해도 좋다. 그저 당신의 목표와 꿈을 향한 발걸음을 만들어내기만 하면 된다. 안 될 것 같다는 자기의심과 두려움, 마땅한 노력을 하기 싫게 만드는 귀찮음과 게으름을 부숴버릴 자극을 만들 수만 있다면 무엇이든 좋다. 그러니 감성운동이든 이미지 트레이닝이든 타인에게 공언이든 어떤 방법을 써서라도 당신의 꿈을 실현하기 위해선 죽어도 좋다는 불굴의 의지, 꿈을 향한 길에서 반드시 필요한 꾸준한 노력과 집중력을 지속시켜주는 절제와 헌신을 길러내길 바란다.

그렇게 하다 보면 어느새 당신 주변의 사람들이 당신을 바라보는 눈과 태도는 달라져 있을 것이다. 당신의 꿈과 목표에 대해 말하는 당신의 눈에서는 강한 빛이 나고, 당신의 목소리에서는 힘이 느껴지고, 당신의 몸짓에선 자기확신과 당당함이 배어나와 거침없을 것이기 때문이다. 그렇게 당신은 타인에게 자신의 꿈을 향해 확실하게 나아가고 있는, 묵직하고 신뢰할 수 있는, 삶에 진정성 있는 사람으로 느껴지게 될 것이다. 그리고 당신이 서서히 꿈을 향해 전진하는 사이 어느새 당신의 꿈에 가까워졌음을 알게 되고, 상상이 실현되고 있음을 발견하게 될 것이다.

2부

## 진정한 자신감을 찾고자 하는 이들에게

≫ QR 찍고 쇼츠 보기

앞서 설명한 바와 같이 로스쿨에 입학하려면 많은 준비가 필요하다. 학부 성적뿐만 아니라 LSAT라 불리는 로스쿨 입학시험 점수를 최대한 높게 받기 위해서는 공부에 많은 시간을 쏟아야 한다. 이를테면 내가 시험을 준비할 당시 여러 탑top 대학교 출신들과 함께 공부했는데 그중 실제로 로스쿨에 입학한 사람은 대략 열두 명 중 단 세 명에 지나지 않았다. 포기한 여러 명 중에는 학부 GPA 4.0 만점을 가진 아이비리그 출신들이 즐비했고 SKY 출신 수학 천재도 있었다.

LSAT는 본래 논리적 사고를 중점적으로 테스트한다. 단순 노력만으로 정복할 수 없고 어느 정도 갖고 태어나는 두뇌력이 매우 중요하다. LSAT를 준비하는 많은 사람이 모의시험을 반복적으로 풀고 채점하고 복습하며 시험을 준비하는데 그 과정에서 빨리 읽는 방법, 시간을 효율적으로 쓰는 방법 등 시험을 보는 '기술'을 연마하여 점수를 일부 올릴 수 있다. 하지만 LSAT는 아무리 오랜 시간 준비해봐야 기술만으로 점수를 올리는 데 한계가 있다. 결국, 두뇌 회전이 빠르고 논리적으로 사고할 수 있어야만 시험을 잘 볼 수 있는 것이다. 학부 성적이 좋다는 것은 분명 성실한 사람이라는 방증이지만 그렇다고 논리적으로 사고하는 사람이라는 방증은 아닐 수 있는 것이다. 그렇게 대다수의 명문 학교 출신들이 좋은 점수를 받지 못해 로스쿨을 애초에 포기하고 만다.

여기서 잠깐, 왜 다들 그렇게 높은 LSAT 점수에 집착하는지 궁금할 것이다. 미국 로스쿨에 입학하는 데 가장 우선순위가 바로 LSAT 점수이다. 다음이 학부 성적, 추천서, 자기소개서, 경력 등이다. 즉, 좋은 로스쿨에 가기 위해서는 무조건 높은 LSAT 점수를 받아야 하기에 많은 사람이 최소 6개월 이상을 미친 듯이 준비하는 것이다.

그렇다면 왜 다들 로스쿨 순위에 집착하는 걸까? 다른 대학원과는 달리 로스쿨은 무조건 변호사를 길러내기 위한 직업학교이다. 즉, 여기에 오는 사람들의 진로는 변호사 말고는 없다. 변호사가 아니라면 시간과 노력, 돈을 무의미하게 쓰는 것이다. 이어 로스쿨 졸업 후 변호사 자격을 취득하고 로펌에 들어가는 게 일반적인데, 이때 로펌들은 졸업생들을 로스쿨 순위에 따라 채용한다. 결국, 순위가 높은 로스쿨을 졸업해야 대형 로펌 또는 연봉이 높은 로펌에서 입사제의를 받을 수 있는 것이다. 그렇기에 좋은 로스쿨에 가기 위해서는 학부 때와는 달리 그저 열심히, 죽어라 해서도 안 나올지도 모르는 LSAT 점수를 어떻게든 잘 받아내야만 하고, 진학한 뒤에는 어마어마한 경쟁과 중압감을 성실하게 이겨내야만 하는 것이다.

나 역시 LSAT를 준비하느라 약 6개월간의 잊지 못할 시간을 보냈다.

최대한 시험 당일과 똑같은 컨디션을 유지하려 시험 모드로 하루하루를 보냈다. 아침 7시에 일어나 모의시험 한 개를 최대한 실제 시험과 똑같이 치르고 점심시간을 갖는다. 이후에는 채점하고 틀린 문제를 집중적으로 분석한다. 그리고 나면 어느새 저녁 시간이 되고 두 시간 운동을 한 후 오늘과 똑같은 컨디션을 다음 날에도 유지하기 위해 하루를 칼같이 마무리 한다. 그렇게 악바리같이 준비해서 결국 로스쿨에 갈 수 있었다.

원래 로스쿨은 1학년이 가장 힘들다. 생소한 과목을 배워서도 그렇겠지만 무엇보다 공부 외에 해야 할 일이 너무 많다. 수업은 기본이고 법률 리서치하는 방법, 법리적 어휘와 작문 등 따로 들어야 할 코스들이 너무나도 많다. 그 밖에도 미국 로스쿨은 한국 로스쿨과는 달리 공부만 시키는 것이 아니라 1학년 때부터 학교 진로 지원센터에서 여러 네트워킹 이벤트를 제공한다. 취지는 현직 변호사들과 만나는 각종 네트워킹 행사에서 인사하고 어울리며 얼굴도장을 찍고 여러 취업 관련 자문을 얻으라는 것이다. 물론 반드시 참석해야 하는 것은 아니지만 뭔가 눈치 싸움과 같이 참석을 하지 않으면 할 일을 안 한 기분이 들고 왠지 남들보다 뒤처지는 느낌이라 억지로라도 참석을 해야만 했다.

어떻게 보면 비굴하게 보일 수 있으나 목마른 새가 우물을 찾는 법이라고 학업 중 인턴십을 구하거나 졸업 후 취업을 위해서는 네트워킹이 너무나 중요했기에 나 역시 비굴함과 불편함을 무릅쓰고 여러 네트워킹 이벤트에 참석했다. 처음 보는 사람한테 먼저 다가가서 말을 걸고 공통 관심사를 찾으려 애쓰고, 상대방도 뭐 때문에 말을 거는지 뻔히 알고 있는데도 최대한 목적을 드러내지 않고 대화하려 애쓰는 것이 생각만큼 쉬운 일은 아니다.

상대방은 이미 로펌에서 일하고 있는 변호사이니 학생들과의 네트워킹 이벤트에서는 갑의 위치에 있게 마련이고, 이들에게 여러 로스쿨 학생들이 몰려들어 뻔한 질문을 해댄다. 이때 이들은 얼마나 지루하고 따분할까? 나 역시 그렇게 한다면 이 얼마나 특징 없고 뻔하디뻔한 인간으로 그들의 기억 속에 남으려나? 아니, 기억에 남기라도 하려나? 그렇게 생각하고 나는 갑을 관계를 떠나 분주하게 뭔가 공통 관심사를 찾으려 노력했고 그러면서도 뭔가 소정의 결과물을 얻어내려 꾸준히 고민하고 다분히 애썼다. 그러한 수많은 네트워킹 노력과 경험을 거쳐 나는 대화 스킬을 향상시킬 수 있었고 그러한 과정을 바탕으로 나의 사회생활 관련 또는 프로페셔널 네트워킹 관련 쇼츠들이 탄생한 것이다.

공부의 경우 당연히 로스쿨 3년 내내 한 치의 후회도 없을 만큼 최선을 다했다. 학부 때와는 달리 나는 3년 내내 100퍼센트의 출석률을 기록했다. 내가 가장 좋아했던 과목 중에 부동산법이 있는데 당시 내가 다녔던 로스쿨에 굉장히 저명한 부동산법의 권위자였던 교수님이 계셨다. LA지역에서 대단히 유명했는데 웬만한 대형 로펌 부동산법을 담당하는 파트너들은 전부 그분의 제자일 정도였다. 그런 분의 수업을 듣는 것은 특권 그 자체였다. 한번은 그분이 수업 중에 갑자기 손주뻘인 우리에게 이렇게 말했다. "여러분은 지금 수업 중에 흘러가는 시간이 얼마인 줄 알고 있나요? 그렇게 흘러가는 1분이 얼마인지 알고 있나요?" 로스쿨 학비가 워낙에 비싸기도 했지만 내가 다녔던 USC 로스쿨은 미국 전역에서도 특히나 비싸기로 유명했는데 교수님께서 손수 계산을 해서 1분당 값어치를 알려주시니 갑자기 뒤통수를 세게 맞은 것 같았다. 아, 나름대로 열심히 하고 있다고 생각했는데 더 정신을 바짝 차려야겠구나. 수업 중에 꾸벅꾸벅 조는 것은 사치였구나를 느끼고 더욱 고삐를 바짝 조이고 스스로를 채찍질하며 공부했다.

쇼츠에서 여러 번 말한 적이 있는데 나의 공부방식은 매우 간단하면서도 굉장히 우직하다. 나는 학기가 시작함과 동시에 시험 모드에 들어간다. 여느 친구들처럼 적당히 하다가 시험 몇 주 전부터 도서관에서 밤새는 게 아니라 학기 시작부터 일정한 공부 일정을 가져간다. 즉, 시험 6개월 전과 3개월 전, 열흘 전, 하루 전이 전부 똑같다. 결국, 공부하고 운동하고 밥해 먹고 자고 일어나는 것. 이게 내 학기 중 일상인 것이다. 그래서 시험 전날엔 남들과는 달리 그리 긴장하지 않고 대단히 분주하지도 않다. 그저 평소대로 공부하고 두세 시간 운동하고 밥을 해 먹고는 푹 잔다. 그렇게 매일 평상의 컨디션을 유지한다. 이건 그저 다분히 지루한, 그다지 특별할 것 없는 나와 같은 노력파들의 루틴이자 방식인 것이다.

이어 로스쿨을 마치고 변호사 시험을 준비하는 와중에는 7월 4일 미국의 독립기념일을 기념하는 폭죽이 온종일 터졌다. 몇 개월간 하루 13시간 공부에 찌들어 있던 나는 내가 당시에 살던 아파트 통유리 너머로 폭죽에 소리치며 기뻐하는 사람들을 보았다. 이때 느꼈던 감정은 '하아, 나도 좀 나가서 놀고 싶다'가 아니라 '지금 나는 내 삶을 한 치의 후회 없이 최선으로 살고 있구나. 이거야말로 정말 뿌듯한 삶이다. 잘하고 있다. 잘되고 있다'라는 뭉클함이 잔잔하게 밀려왔다.

그렇게 나 자신에게 떳떳하고 후회가 남지 않도록 최선을 다하며 살다 보니 점차 내가 가는 길을 자기확신으로 가득 채울 수 있었다. 그 과정에서 마주친 여러 유혹에도 흔들리지 않고 나아갈 수 있게 되었다. 그렇게 나는 자신할 수 있었다. 어떠한 역경이 와도 나는 최선을 다할 것이며 절대로 포기하지 않을 것을, 그 어떤 유혹도 나를 흔들 수 없음을. 그렇게 노력과 실행으로 뒷받침된 나의 자신감은 앞으로 펼쳐질 내 인생길에 있어 나를 더욱 과감하게 도전하고 진취적으로 실행하는 사람으로 무장시키고 있었다.

메릴랜드 주 대법원 판사실에서 일했을 당시의 기억은 여전히 내게 생생하다. 특히 기억에 남는 한 사건이 있었는데 이 사건은 자신을 속이지 않는 최선의 노력이야말로 자신감의 원천이라는 나의 믿음을 더욱 굳건하게 만들었다. 당시 나의 역할은 나의 판사님에게 배정된 사건들에 대한 사건 브리프를 작성하는 것이었다. 대법원에서 맡는 사건의 경우 검토해야 할 서류의 양이 지방 법원 서류의 족히 세 배는 넘는다. 지방법원에서 사건이 접수됐을 당시엔 당사자별 각종 서면을 검토하고 그걸 베이스로 브리프를 만들지만, 이어 사건이 항소심을 거치게 되면 당사자별 서면의 양은 당연히 배가 되고 여기에서 또 상고할 경우 당사자별 서면이 또 늘어나는 것이다. 하여 대법원에 근무했던 내가 검토해야 할 서류는 지방법원과 항소심에서 다뤄졌던 모든 서면과 상고심에서 제출된 각 당사자의 서면들을 전부 포함한다. 이는 실로 방대한 분량의 법률 문서들로 온종일 검토하더라도 최종적인 사건 브리프를 작성하는 데에도 몇 주간의 시간이 소요된다.

내가 만든 사건 브리프는 재판기일에 나의 판사님께 소위 성경과 같은 역할을 하게 된다. 판사님은 내가 정리한 사건 브리프를 바탕으로 각 당사자의 주장과 근거를 판단하고 각 당사자에게 질문하는 것이다. 따라서 사건 브리프가 제대로 만들어지지 못하면 나의 판사님만 아니라 소송 당사자에게도 실로 엄청난 악영향을 미치는 것이기에 나의 역할은 굉장히 중요했다. 그리하여 내 역할의 중요성을 인식하고 더욱 긴장하고 각성하여 내게 주어진 3주라는 시간 동안 도서관에서 장기 칩거에 들어갔다. 온종일 샌드위치만 사 먹을 수는 없었기에 집에서 두 끼 분량의 도시락을 준비하고, 과자·빵 같은 간식도 챙겨 장기 칩거에 대비했다. 그렇게 만반의 준비를 갖춘 뒤 칩거에 들어갔다.

  도서관에서 칩거하는 동안 내가 배정받은 총 4개의 사건을 눈이 빠지도록 검토했다. 그렇게 검토하느라 쌓아둔 자료들을 보니 족히 A4 사이즈로 30cm 높이의 타워 4개 정도는 됐다. 사건을 검토하며 각 당사자의 주장을 정리하고 내 의견을 만들다 보니 이런 생각이 들었다. '아, 내가 조금이라도 긴장을 풀고 대충 봤다가는 순식간에 이 사람들의 인생에 대단한 민폐를 끼치게 될 것 같다. 정신 차리자. 더욱 꼼꼼하게 분석하고 고민해보자. 사람들의 인생이 달려 있다.'

  그런 각성과 각오로 임하다 보니 어느새 시간이 가는 줄도 모르게 판사님과의 미팅이 정해졌다. 내가 맡은 4개의 사건 브리프를 제출하고 기일 이틀 전에 판사님께 사건별로 구두 브리핑을 해드리고 의견을 조율해가는 최종 미팅인 것이다. 사실 나는 이때 굉장히 떨렸다. 개별 사건 자체의 중요성도 그렇고 사건 자체의 복잡성과 방대한 자료의 양으로 인해 내가 한 분석이 맞는지에 대한 확신이 더욱 필요했다.

  분명 최선을 다해 진정으로 검토했고 브리프를 작성했는데도 판사님과 막상 미팅에 들어가니 떨림을 금할 수 없었다. 판사님은 당시 70세의 할머니셨는데 굉장히 순하고 인자한 분이셔서 내가 편안함을 느낄 수 있도록 많은 배려를 해주셨다. 하지만 두 시간째 판사님과 사건별 브리핑을 이어가던 와중 갑자기 머리가 하얘졌다. 몇 개의 사건은 굉장히 복잡하고 어려운 사건이었기에 판사님과 핑퐁을 계속하다 보니 논리가 꼬이고 말 그대로 머리가 하얗게 질려버린 것이다. 급기야는 판사님의 연속되는 질문에 일관적인 대답조차 하지 못하기에 이르렀다.

내가 당황한 걸 보신 판사님은 잠시 휴식을 가지자 하셨고 나는 법원 밖으로 나와 스스로에 이렇게 말하며 마인드 컨트롤을 시작했다. '너 준비 엄청 열심히 했잖아? 너도 알잖아. 얼마나 진심으로 네가 가진 모든 것을 쏟아부어 준비했는지? 이 세상에서 이 사건들에 대해 제일 잘 아는 사람은 바로 너야. 그러니 스스로 믿어. 너의 땀방울과 진정성을 믿어. 잘하고 있어. 잘되고 있어.'

그렇게 스스로와 대화하고 정신을 다잡고 다시 미팅에 임했다. 그러자 뭐 때문인지 생각이 다시 정리되고 꼬였던 뇌가 다시 서서히 풀리는 것을 경험했다. 판사님의 질문의 요지가 보였고 그 요지에 맞게 각 당사자의 주장을 정리해드리고 판사님이 재판기일에 각 당사자에 던질 질문까지 제안해드릴 수 있었다. 이 사건의 마스터는 바로 나라고 생각을 하니 신기하게도 자신감이 생기고 마음이 편해졌다. 긴장감이 없어지자 머릿속 혼란은 사라지고 굳어버린 머리가 활활 돌면서 내 눈빛과 말에서는 강한 힘이 발산됐다. 실제로 사건에 대해 가장 잘 알고 있는 사람이 나였기에 판사님께 내가 검토한 모든 것들을 알려드리고 완벽한 재판 준비를 하실 수 있도록 온 힘을 다해 브리핑을 마쳤다. 며칠 후 재판기일에 참석하여 판사님께서 내가 준비한 사건 브리프를 보시고 각각의 당사자에게 질문했고 그중 몇 가지는 내가 제안한 질문들이었음을 확인했다. 그렇게 다시 한 번 뜨거운 보람과 땀방울의 가치를 느꼈고 그 경험으로 인해 자신감을 만들어내는 나의 방식과 신념은 더욱 확고해졌다.

사람은 망각의 동물이라고 한다. 아무리 의지에 불타올라도 시간이 지나면서 몸과 마음이 편해지면 의지의 불씨는 점차 약해지기 마련이다. 매사 열의에 넘치고 스스로 떳떳하려 늘 최선을 다하며 자신감을 만들어가던 로스쿨을 마무리하고 나는 변호사가 되어 몇 년간 일했다. 인생 살다 보면 참 뜻하지 않은 일들이 일어나듯 내게 갑자기 찾아온 인생 전환점으로 인해 한국에서 일하게 되었다.

한국에 돌아와 나는 국내 탑 5에 속하던 한 로펌과 국내 대기업 두 곳을 고민하다가 결국 대기업을 선택했는데 당시 선택의 주된 이유 중 하나는 워라밸이었다. 평소 나는 일을 통한 성취와 성장, 행복추구를 지향하는 사람이라 무작정 워라밸을 따지는 것에 회의적인 시각을 갖고 있었다. 하지만 이때는 아버지를 갑자기 여의고 정신이 무너졌던 상황이라 당분간만이라도 워라밸을 선택하기로 했다. 그렇게 사내변호사 생활을 했다.

당시 나의 워라밸은 정말 최고였다. 좋은 아파트에 살며 차를 2대나 굴리고 여가 시간을 자유롭게 쓰며 사는 전문직의 삶은 정말 달콤했다. 그렇다고 일을 통해 얻는 만족감과 행복이 없었던 것도 아니었다. 회사에서 굵직한 프로젝트를 맡아 법무담당자로서 프로젝트의 성공에 기여했다. 하지만 서서히 업무에 대한 만족도와 일로부터 얻는 성취의 기쁨은 무뎌졌고, 어느새 나도 모르게 매너리즘에 빠져가고 있었다.

당시 내가 다녔던 회사에서는 주에 한 번씩 CFO에게 법무 이슈 회의를 진행했다. 법무실 전원이 참석하고 각 법무 담당자가 맡은 법무 이슈에 대해 보고하는 회의이다. 한번은 내가 담당한 프로젝트에 대해 보고서를 만드는데 내가 봐도 다소 헐렁한 보고서처럼 느껴졌다. 회의 전에 좀 더 이슈를 세밀하게 파악하고 로펌과 보다 세밀한 협의를 거쳐 분석하고 결론 내야 하는 이슈가 분명 있었음에도 어차피 CFO는 법무 전문가가 아니기에 모를 법한 내용이라 그냥 덮어두었다. '뭐 이 정도면 됐다. 그냥 대충 하자. 어차피 매주 하는 보고니까.' 그렇게 회의에 들어갔다. 그런데 아뿔싸. 평소엔 그냥 보고만 듣고 대강 넘어가시던 CFO께서 갑자기 내 프로젝트에 대해 질문을 하시기 시작했다. 사업부장들한테 어디 다른 회의에서 무슨 이야기를 들으셨는지 갑자기 프로젝트에 대해 알고 계신 게 많아졌고 날카로운 질문 공세가 시작됐다.

　이때 나는 순간 당황했고 CFO의 눈을 마주치지도 못하고 제대로 답변 못하고 말을 더듬기 시작했다. 갑자기 자신감이 바닥을 치고 순간 당황해서 머릿속이 하얗게 물들었다. 이게 대체 무슨 일인가? 나는 알고 있었다. 내가 준비되어 있지 않았음을. 얼마나 당시 프로젝트 이슈에 대해 준비하지 않았음을 스스로 정확히 알고 있었다. 사람들 눈엔 내가 언제나 그렇듯 자신에 차 보였겠으나 나는 스스로에게 떳떳하지 못했다. 분명 이슈에 대한 파악이 필요했음을 알고 있었으면서도 제대로 파헤치는 노력을 하지 않고 그냥 안주해버렸음을 나는 인정할 수밖에 없었다. 그래서 나의 자존감은 당시 당황해하던 나를 구해주지 못한 것이다. 대법원 인턴 당시 판사님과의 회의에서 머리가 하얘진 상태에서 진정성과 자신감이라는 활활 타오르는 혈류를 공급받았던 것과는 다르게 말이다. 그렇게 나는 CFO께 준비가 되지 않은 걸 실토했다. 그때의 당황스러움과 동료들 앞이라 창피했던 순간은 그렇게 나의 머릿속에 오랫동안 깊이 남게 되었다.

　많은 사람이 자신감에 대해 정의할 때 높은 스펙, 성취, 성공, 업적이 필수적인 조건이라고 말한다. 마치 일종의 공식처럼 말이다. 스펙, 성취, 성공, 업적이 없으면 자신감은 가질 수 없다는 것이다. 나는 이에 전적으로 동의할 수 없다. 위의 나의 경험을 비춰 볼 때 그런 자신감의 공식은 성립하지 않기 때문이다. 로스쿨 때의 나의 자신감은 실로 넘쳐났다. 오로지 앞만 보고 앞길을 위해 최선을 다했고 '할 수 있다, 잘되고 있다'의 진정성이 너무나 강했다. 진짜 최선을 다하고 있다고 나 자신에 떳떳했으니 나는 한 치의 흔들림도 없이 발전했다. 하지만 변호사가 되고 나니 어느새 나도 모르게 목마름이 사라졌고 편안함에 안주하기 시작한 것이다. 그러자 한 치의 흔들림이 없던 나의 자신감은 하락하기 시작했고 평소의 진취적이고 대담한 에너지가 점차 줄어들고 있음을 느끼게 됐다. 분명 변호사가 되고 날이 갈수록 경력도 쌓이고 업무 성과도, 개인의 능력치도 향상되었는데 자신감은 줄어든 것이다.

이유는 간단하다. 그것은 바로 자신감이란 얼마나 좋은 스펙을 갖추었고 많이 가졌는가가 아니라 매사 최선을 다하고 있다고 얼마나 자부할 수 있는지에 의해 만들어지는 것이기 때문이다. 아무리 좋은 학교를 나오고 좋은 직장에 다니고 좋은 차를 타고 좋은 집에 살아도 누군가에게 표출되고 인식되는 자신감이란 궁극적으로 얼마나 자기 스스로 떳떳할 수 있는지에 따라 발현되기 때문이다.

자신의 감정에 솔직하지 못한 사람은 결코 자신감 있게 행동할 수 없다. 누군가 앞에서 마음에 없는 이야기를 하게 되면 반드시 스피커의 눈의 초점은 흔들리고 눈빛은 혼탁하며 말에는 힘이 실리지 않는다. 또 몸짓이 모호해지고 불안해지며 말을 더듬게 되기도 한다. 아무리 높은 스펙과 많은 것을 가진 사람이라도 말이다. 자기 자신은 알고 있기 때문이다. 스스로가 거짓을 말하고 있는 것을. 마치 내가 CFO 미팅 당시 프로젝트 이슈에 대해 다 알고 있다고 자기합리화로 속이려 했을 때 자신감이 결여되었던 것과 같은 이치이다. 반면 다소 떨어지는 스펙을 가진 사람이라도 얼마든지 자신감으로 무장할 수 있다. 자신에게 주어진 환경에서 나아지고 발전하기 위해서 최선의 노력을 하면 할수록 스스로 떳떳할 수 있기에 더욱 당당하고 진취적으로 말하고 행동하게 되며, 또 그런 사람으로 남들에게 보일 수 있는 것이다.

로스쿨을 다니고 졸업해서 변호사가 되기까지의 그 과정에서 나는 늘 강력한 자신감으로 무장되어 있었다. 그 원천은 스스로에 대한 떳떳함이었다. 당시 내가 최선의 노력을 다했다는 것을 나 스스로가 너무 잘 알고 있었다. 남들의 눈에도 나는 자신감에 넘치는 사람, 당차게 말하고 행동하는 사람, 말하는 것을 반드시 이뤄내는 사람, 역경에 흔들리지 않는 사람, 무슨 일이든 해낼 수 있는 사람으로 보였다. 나는 그 누구보다 열심히 하고 있다는 걸 스스로 확신했기에 후회가 남지 않을 정도로 가진 모든 걸 걸고 도전하고 실행했다. 그래서 나는 나보다 훨씬 잘나고 강한 그 누구보다도 강력한 자기 확신과 자신감으로 살아갈 수 있었다.

여러분들도 나의 이야기를 듣고 한번 생각해보길 바란다. 과연 살면서 활활 타오르는 자신감을 느꼈던 것은 언제인지 말이다. 당신의 자신감의 원천은 무엇인가? 자신감이 떨어졌던 이유는 무엇이었는가? 그저 스펙이 낮고 갖춘 것이 부족해서? 스스로 이보다 더 열심히 할 수 없다는 떳떳함을 느껴본적 있는가? 감정에 솔직하게 말하고 행동해왔는가? 화려한 스펙과 가진 것이 많은 당신이라면 실제로 자신감에 넘치는 삶을 살고 있는가? 그렇지 않다면 그 이유는 무엇인가? 그런 질문을 하다 보면 여러분들도 진정한 자신감의 원천을 찾아낼 것이고, 내가 그랬듯 '최선을 다하고 있다, 잘하고 있다, 잘되고 있다'라는 주문을 통해 진정한 자신감으로 자신을 무장시킬 수 있게 될 것이다.

# ◦ 나약한 내 모습을 박살내는 강력한 방법

≫ QR 찍고 쇼츠 보기

어릴 적부터 나는 미국에 건너가 독립적으로 살며 나만의 여러 루틴과 방식을 만들고 수정하고 다듬기를 수도 없이 반복해왔다. 어려운 길을 지나 도전하는 순간마다 긴장 또는 걱정과 마주하면서 나는 그것들에 맞서고 이겨내는 방법이 필요했다. 아무도 내게 방법을 알려주지 않는 상황에서 뭐든 직접 부딪치며 뚫고 나가는 방법을 터득해야만 했다. 이를테면 어린 나이에 인종차별을 겪었을 때 이를 어떻게 받아들이고 맞서고 극복해나가야 할지를 스스로 찾아야 했고 나만의 방식으로 하나하나 실행하며 스스로 독려하고 희망을 불어넣었다. 차별을 가하는 이들에게 기죽지 않으려 발버둥 치며 운동을 통해 스스로 자존감을 지켜냈고 남들 모두가 인정하는 미식축구팀에 들어가 더욱 활동적으로 사람들과 소통하며 자신감을 불어넣었다. 그렇게 백인들이 지배하는 사회에서 나는 기죽지 않고 내 앞길을 당당하게 만들고 전진할 수 있는 나만의 필살기들을 만들어 왔고 그중 하나가 이미지 트레이닝이었음은 앞에서 밝힌 바 있다.

내가 말하는 이미지 트레이닝을 다시 간략히 정리하자면 원하는 일이 이미 이루어졌다고 믿고, 그 장면을 머릿속에 선명히 그려 그때의 감정을 지금으로 끌어오는 연습이다. 그렇게 마음이 짜릿하고 행복해지면 그 감정이 내 안의 잠재력을 깨워, 지금의 어려움도 버티고 앞으로 나아갈 힘과 이유를 준다. 결국 좋은 상상이 조바심을 행동으로 바꾸어, 침대에 뒹굴대는 대신 지금 해야 할 일을 향해 한 발을 내딛게 만든다.

이미지 트레이닝 방법은 여러 가지가 있는데 그중 하나는 부모님의 사진을 내가 공부하는 책상 주변 여러 곳에 배치해두는 것이다. 미국에서 보낸 학창시절부터 지금까지도 내게 있어 가장 큰 동기부여는 바로 부모님이다. 부모님이 평생을 자식들을 위해 헌신하고 희생했음을 너무나도 잘 알기에 비싼 돈을 들여 미국에서 오랜 시간 유학한 것에 대한 감사한 마음을 늘 가지고 살았고, 아버지가 떠나신 현재까지도 어머니께 보답하고자 최선을 다해 노력하는 삶을 살아가고 있다. 그리하여 평상시 두 분의 모습이 가장 잘 담긴 사진을 대형 액자로 만들어 내가 공부하다가 지쳐 고개를 들 때마다 부모님 얼굴이 바로 보이도록 배치해두었다. 그렇게 힘들고 피곤하고 집중이 흐트러질 때면 정신을 다잡고 두 분이 보고 계신다고 이미지 트레이닝하고 정진할 수 있다.

나만의 또 다른 이미지 트레이닝 방법은 거울을 이용하는 것이다. 나는 학창시절 여러 시험과 면접 등의 도전을 이어왔다. 학생이라면 누구나 다 하는 도전이지만 미국에서 외국인으로서 본토의 학생들과 경쟁하는 것은 생각만큼 당연하고 간단한 일은 아니었다. 특히 탑 20 로스쿨이니만큼 미국 전역에서 똑똑한 이들이 모여서 탑 10에 들기 위해 죽을힘을 다해 경쟁하는데, 이 경쟁에서 이기기 위해 내가 했던 노력은 단순히 누구나 다 하는 그런 노력은 아니었다. 도전할 때마다 경쟁자들보다 두 배의 노력을 퍼부어야 했을 만큼 나는 절실하고 간절했다. 준비과정에서 피나는 노력은 물론이고, 무엇보다 실전에서 제대로 결과를 내기 위한 마인드 컨트롤이 매우 중요했다. 이럴 때마다 거울을 이용한 나의 이미지 트레이닝은 빛을 발했다.

여러분은 거울을 볼 때 무엇을 하는가? 대부분 그저 외모를 치장하고 정리하는 데 그칠 것이다. 하지만 나는 거울 속에 비치는 나와 이야기한다. 평상시에도 그렇지만 특히나 정신적으로 지칠 때마다 거울을 찾는다. 즉, 다가오는 도전에 걱정이 앞서거나 떨릴 때, 실패에 대한 두려움이 다가올 때, 낙담이나 우울감이 밀려올 때, 짜증이나 후회와 같은 부정감정들이 나를 괴롭힐 때면 늘 거울 속 나 자신을 소환했다. 도전을 앞두고 긴장하고 떨리는 정신을 부여잡을 땐 스스로에게 말했다.

"야 친구야, 넌 진짜 준비됐다. 너 진짜 열심히 했다. 얼마나 열심히 했는지 우리 둘 다 알지. 네가 가진 모든 걸 쏟아부었어. 와, 네가 얼마나 열심히 했는지 진짜 믿을 수가 없다. 정말 열심히 했어. 그렇기에 넌 준비가 됐어. 정말 내일(시험, 면접, 비즈니스 미팅)이 끝날 때까지 기다릴 수가 없을 정도야. 이제 네가 빛을 발할 차례야. 가서 있는 그대로 쏟아부으라고. 모든 준비 완료야. 가서 실컷 즐겨봐."

그렇게 시험, 면접, 중요한 미팅에 임하고 더도 말고 덜도 말고 딱 준비한 만큼만, 그 누구보다도 자신 있게 나답게 준비한 모든 것을 훌훌 털어내려 노력했다. 또, 긴 싸움에 임하느라 정신이 지칠 때면 수시로 주변에 거울을 찾아 거울 속 나 자신을 소환시켜 동기부여의 에너지를 구했다.

내가 사내변호사로 일할 때 내가 맡았던 프로젝트는 주로 중동지역에 화공플랜트 및 발전소를 건설하는 것들이라 두바이로 자주 출장을 갔다. 한번은 두바이에 있는 앨런앤오버리Allen & Overy라는 영국 로펌의 두바이 사무실과 매우 중요한 미팅을 가진 적이 있다. 이때 두바이 국제 금융센터DIFC에 있는 으리으리한 사무실을 방문했는데 사무실에 마치 금장을 두른 듯 화려한 실내 덕분인지 엄청난 아우라에 압도되는 것을 느꼈다. 그때 그곳의 화장실에 들렀는데 이건 그냥 내가 그간 가본 화장실 중 가장 화려하고 고급스러운 화장실이었다. 그런 생리적인 용무를 보는 것이 미안할 정도였다. 이때 함께 미팅한 로펌 측 담당자들은 나 같은 피라미 변호사가 쉽사리 상대할 수 없는 최소 2·30년차 지분소유 파트너equity partners들이었는데 이들과 만나 악수하는 순간부터 긴장이 밀려와 땀으로 손이 젖고, 그들의 기와 아우라에 눌려 눈빛이 흔들리고 정신이 없었다. 멀리서 날아온 나는 미팅 후 본사에 돌아가 경영진에 보고해야 했기에 어떻게든 제대로 된 결과를 가져가야 한다는 사명감을 떠올렸고 잠시 화장실에 다녀오겠다고 말하고선 나의 든든한 파트너의 지원을 요청하러 화장실 속 거울 앞으로 갔다.

으리으리한 화장실이든 거적때기 수준의 화장실이든 거울 속에는 세상 가장 강력한 나의 파트너가 존재한다. 화려한 로펌 화장실의 아우라를 걷어내고 거울 속에 있는 나를 소환했다. "야, 친구야, 넌 준비됐어. 네가 클라이언트야. 네가 키맨이라고. 저 사람들만큼 너도 열심히 준비했어. 저들만큼 너도 자격을 갖췄다고. 그리고 이 프로젝트에 대해서는 저들보다 네가 더 잘 알아. 이건 너의 프로젝트잖아. 이 프로젝트의 아버지가 너야. 이 프로젝트는 너의 베이비라고. 전 지구상에 아버지만큼 아들에 대해 잘 아는 사람은 없어. 그러니 네가 원하는 걸 가서 얻으라고. 이건 너의 쇼야. 지금은 네가 날아오를 시간이야. 자유로운 나비처럼 훨훨 날아오르라고!"

미팅룸으로 돌아간 나는 눈빛부터 목소리까지 달라졌다. 그저 거울 속 나를 소환했을 뿐인데 몇백 쪽을 넘겨가며 검토한 프로젝트의 계약 내용이 머릿속에 펼쳐졌다. 자연스럽게 미팅을 주도하는 건 내가 됐다. 베테랑 파트너들이 내게 질문하고 내 말을 받아적기 시작했다. 놀랍게도 내가 프로젝트의 키맨으로 미팅을 주도했다. 성공적인 미팅 뒤에 다시 화장실 거울 앞에 섰다. 거울 속 나에게 말했다. "수고했다, 친구야. 네가 잘할 줄 알았어. 멋지게 해낼 줄 알았어. 네가 정말 자랑스럽다. 자랑스러움을 느끼게 해줘서 고마워."

그렇게 일을 뿌듯하게 마치고 나서 거울 속 나에게 보고하는 것은 필수적인 루틴이다. 그렇게 일을 뿌듯하게 마치고 나서 거울 속 나에게 오늘도 그의 동기부여 덕분에 당당히 최선을 다했음을 알리고 감사 인사를 건네면, 거울 속 나는 한 걸음 더 성장한 나를 인정해주고 나는 그 확인으로 보람과 성취의 기쁨을 거두는 소중한 수확의 시간이기 때문이다. 그렇게 나의 중요한 도전과 성장의 과정에서 거울 속 나를 소환하고 그와 대화하는 나의 이미지 트레이닝은 지속적으로 갈고닦아졌고 어느새 나만의 필살기로 자리매김하게 되었다.

사실 거울 속 나를 만나는 이미지 트레이닝을 가장 많이 사용한 곳은 헬스장이었다. 헬스장은 내게 있어 굉장히 신성한 곳이다. 이미 여러 번 언급한 감성운동을 하는 곳이기 때문이다. 나는 헬스장에서 억울하게 아버지를 잃은 슬픔과 화를 미치도록 운동을 하며 풀어낸다. 아버지가 병마와 싸우고 계실 당시에 아버지의 고통을 미국에서 수화기 너머로 듣고

만 있었기에, 뒤늦게나마 운동할 때 느끼는 근육통으로 아버지의 고통을 조금이라도 덜어드리고 있다고 상상하며 이미지 트레이닝을 한다. 또 하루 동안 차곡차곡 모아놓은 내 인생에 벌어지는 크고 작은 역경들과 그로 인한 각종 부정감정을 전부 소환하여 이들을 매우 엄하게 채찍질하기도 한다.

유튜브 쇼츠를 통해 24년의 운동경험을 토대로 헬스장에서 운동할 때 가져야 할 여러 마음가짐을 이야기했다. 그중 하나는 남의 시선은 무시한 채 자신의 운동에만 집중하라는 것이다. 감성운동으로 하루 중 자신이 겪었던 실패들과 각종 부정감정을 부수는 시간이기에 남의 시선을 신경 쓸 겨를 따위 없다고 말이다. 그러기 위해 그냥 땅만 보고 자신의 운동을 하라는 것이다. 나 역시 정확하게 그런 방식으로 운동하고 있음을 실제로 나를 헬스장에서 목격한 사람은 알 것이다. 내 경험을 토대로 말한 것이니 당연한 이야기겠지만, 여러 기구에서 운동 세트를 진행할 때 세트를 마칠 때마다 기구 사이를 걸어다닐 때도 나는 땅바닥을 쳐다보고 혼자서 중얼거리며 이동한다. 아마 미친 사람처럼 보일지도 모른다. 혼잣말하며 운동을 하는 사람이 딱히 정상으로 보이지 않는다는 걸 알지만 상관없다. 나는 나만의 감성운동을 한다. 부정감정들을 마구 부수고 승리자로 거듭나는 중이다.

헬스장은 부정감정을 때려잡기에 아주 적합한 장소이다. 이미 여러 번 말한 바 있듯이 감성운동으로 일상 속 부정감정을 기꺼이 소환하고 이들과 정면으로 맞서 싸워 이들을 부수고 나면 상쾌하고 뿌듯한 승리의 감정을 느끼게 된다. 즉, 싸움에서 승리했다는 새로운 자신감과 자존감으로 무장하여 다시 세상과 도전할 준비가 된 채로 헬스장을 떠나는 것이다. 또 평소 부정감정들에 짓눌려 살아오던 대로가 아니라 내가 필요할 때마다 부정감정들을 능동적이고 적극적으로 소환하여 나 자신의 발전과 성장의 먹이로 쓸 수 있게 되는 것이다.

바로 이걸 해내기 위해 나약한 스스로를 거울 속에서 소환하는 것이다. 부정감정에 짓눌려 있는 나약하고 쇠퇴한 겁쟁이 같은 자신을 거울 속에서 찾아 불러내는 것이다. 우리는 일상 속에서 부정감정을 하루에도 몇 번이나 마주하고 이들에게 빈번하게 짓눌리곤 한다. 이런 상태로 헬스장 거울 앞에 서면 이들에 짓눌리고 정복당해 힘들어하고 시달리는 스스로가 너무나도 거대해 보일 것이다. 그렇게 당신 앞에 나타난 나약한 자아는 당신에게 말한다. "힘들지? 그냥 거기까지만 해. 뭘 그리 애를 쓰니? 어차피 해도 소용없어. 네 잘못이 아니야. 그냥 남들이 다 잘못한 거야. 네가 암만 노력하고 잘해봐야 바뀌는 건 없어. 그냥 마음 편하게 대충 살자. 어차피 안 돼." 그렇게 나약하고 게으름과 절망을 부추기는 악마의 속삭임을 듣고 있으면 당신은 어느새 영혼을 빼앗기게 된다. 나날이 운동하는 이유를 찾지 못하고 그냥 대충 스트레칭만 하다가 떠돌아다니게 되어, 어느새 나약하고 게으르고 쇠퇴한 모습으로 전락하게 될 것이다.

하지만 그런 거울 속 거대한 모습의 게으른 자아와 그 악마의 속삭임 속에서도 눈을 부릅뜨고 귀를 쫑긋 세워 성공을 열망하고 반드시 할 수 있다며 가능성을 외치는 자아의 모습을 찾으려 애써 본다면 결과는 다르게 나타난다. 당장은 어둠의 자아가 거울 속을 꽉 채우고 있지만, 당신이 강한 자아의 모습과 외침에 집중하다 보면 점점 어둠의 속삭임은 멀어져 가고 강한 자아의 힘찬 목소리와 밝은 빛이 거울 속에서 점점 커져가는 것을 보게 된다. 그렇게 강한 자아가 해주는 응원의 목소리에 집중하면 할수록 당신의 몸과 마음은 에너지로 가득 채워지고 어느새 나약함과 두려움으로 가려진 부정감정들을 하나씩 꺼내어 부수게 된다. 또 운동 세트를 진행할 때마다 당신이 거울을 볼 땐 단순히 운동 자세를 확인하고 펌핑된 근육에 도취되는 대신 강한 자아와 뜨겁게 소통하며 실시간으로 부정감정을 때려잡는 정신적 에너지를 수혈받는 것이다.

이렇게 운동하며 거울 속 자신과 마주하면 뜨거운 눈물이 터지기도 한다. 이때의 눈물은 두 가지 의미가 있다. 한 가지는 나약함을 부추기는 부정감정을 때려 부수며 나는 할 수 있다, 잘하고 있다, 반드시 해낸다는 뜨거운 성취의 감정적 복받침이다. 다른 하나는 돌이킬 수 없는 이미 지나간 상처에 대한 설움의 폭발이다. 이건 마치 너무 힘들고 슬플 땐 마음껏 다 쏟아내라는 말과 같다. 내겐 아버지를 잃은 설움이 이에 해당한다. 어쩔 수 없이 받아들이고 매일을 살아가지만 매일 억울하고 매일 화난다. 그런데도 살아야 하는 억울함과 설움을 헬스장 거울 속 자아와 함께 실컷 울어내고 쏟아내는 것이다. 가끔 헬스장에서 나를 본 사람들은 그런 나를 목격했을 것이다. 그러고는 분명 어딘가 나사가 잘못 끼워져 있는 사람이라고 느꼈을 것이다. 하지만 괜찮다. 거울 속 강한 나와 함께 흘린 눈물은 극복의 눈물이자 불굴의 의지와 도전을 알리는 눈물이기에.

여러분에게 헬스장은 지금껏 어떤 의미였나? 많은 사람에게 그렇듯 멋진 몸을 만들고 스트레스를 잠시라도 푸는 장소였을 것이다. 누군가에게는 살을 빼고 건강을 찾기 위한 고통스러운 운동을 억지로 참아내는 곳이기도 할 것이다. 하지만 거울 속의 당신 스스로와 솔직하게 발가벗겨진 채로 마주하는 장소라고 생각해보면 당신의 마음가짐이 어떻게 달라질 것인가? 더 이상 헬스장은 고된 노력을 하러 억지로 오는 곳이 아닌, 반가운 친구를 만나러 오는 곳으로 변할 것이다.

아마도 많은 이들이 그렇게 생각해본 적이 없을 것이다. 헬스장에 거울이 많은 이유는 운동하는 일분일초 당신 스스로와 마주하고 세상 가장 투명하고 성스러운 소통을 하라는 의미임을. 좌절과 실패로 당신을 꼬드기는 나약하고 게으른 자아에 현혹되지 말고, 할 수 있다고 외치며 성취의 뜨거운 에너지를 불어넣어주는 강한 자아와 만나라는 의미인 것이다. 그렇게 거울 속 강한 자아를 통해 인생 역경을 버티는 힘을 내고 목표를 향해 끊임없이 전진하라는 의미임을 나는 당신도 이제는 알았으면 한다. 당신의 꿈을 찾아 나아가는 과정에서 필연적으로 마주할 고난과 역경의 어둠 속에서, 당신의 강한 자아가 작지만 어둠을 이겨내는 빛으로 당신의 앞길을 환하게 비춰주길 희망한다. 부디 행복을 향해 걷는 길에서 당신과 평생 함께할 거울 속 강한 자아를 하루빨리 찾아내기를 바란다.

## 매일 핑계 대는 당신의 눈을 뜨게 할 자극 한 사발

≫ QR 찍고 쇼츠 보기

나는 지금껏 42년을 살면서 세계 여러 곳을 누볐다. 덕분에 다양한 배경의 사람들과 어울리며 살아왔다. 덕분에 세상엔 다양한 모습과 생각을 가진 사람이 많음을 일찌감치 깨달을 수 있었다. 이를테면 내가 다녔던 고등학교에서는 아침 일찍 복도에 시끄럽게 울리는 종소리와 퇴역군인들의 고함으로 기상을 하는데, 기상하자마자 매트리스의 코너 부분을 각지게 접고 이부자리를 정리하고 옷장 안 셔츠들을 4인치로 칼 각을 잡아 정리해야 한다. 즉, 고성이 울리면 무조건 분주하게 움직여야 하는데 당시 내 앞방에 살던 흑인 친구와 그의 이슬람 출신 룸메이트는 매일 아침 싸우기에 바빴다. 그 이유는 아침마다 일어나서 정리할 시간도 부족한데, 이슬람 친구의 기도시간이 겹치면서 정리를 제때 못 했기 때문이다. 결국, 두 사람은 매번 페널티를 받기 일쑤였다.

그 옆방에는 중국인 친구와 미국 남부 시골 출신 백인 친구가 살았는데 이 친구들 역시 매일 티격태격하느라 바빴다. 당시 내가 본 대다수의 중국 유학생들은 문화적인 이유로 머리를 감지 않았다. 공용 샤워실에서 마주치면 분명 몸에는 물기가 있는데 머리는 기름진 상태 그대로 나오는 걸 보고 의아했던 기억이 있다. 이걸 불결하게 느낀 그의 룸메이트는 미국 남부 시골에서 백인들만 보고 자란 친구라 여러 가지 문화적 다름에 많이 힘들어했다. 하지만 어릴 적부터 멜팅 팟melting pot에서 다양한 사람들과 자연스럽게 섞이며 서로 다른 가치를 추구하는 모습을 지켜본 나는, 그 과정을 통해 인간 행동에 대한 깊은 이해를 축적해나갈 수 있었다.

이들의 피부색, 생김새, 언어, 문화, 추구하는 가치처럼 서로 다른 점만 내 기억에 존재하는가? 아니, 그렇지 않다. 미국이라는 거대한 멜팅 팟에서 약 13년간 살아오며 다양한 사람들 사이에서 표면적으로는 차이가 있지만 오히려 비슷한 점이 많다고 느꼈다. 서로 다른 배경을 넘어 인간의 본성적인 측면에서는 사실 크게 다르지 않다는 점을 자주 경험했다. 전 세계의 동기부여 영상들을 보면 세상 어느 종교를 믿든, 어떤 인종이든, 어떤 언어를 쓰든 간에 그 내용은 하나로 통한다. 그것은 바로 노력, 절제, 의지, 성취와 같은 인간 본연의 가치이다. 만약 여러분이 동기부여 영상을 한 번이라도 본 적이 있다면 언어나 발화자와 관계없이 그저 고개를 끄덕였던 경험이 있을 것이다.

그만큼, 서로 다르게 생기고, 다른 언어를 쓰며, 문화적·사회적 배경이 달라도 인간의 기본적인 본성과 가치에서는 크게 다를 바가 없다는 걸 깨닫게 된다. 또한 인간은 누구나 돈, 명예, 권력, 편안함, 안락함, 풍족함을 원하지만, 그 목표를 실제로 이룰 수 있는 노력, 절제, 의지와 같은 가치를 추구하고 갈고닦는 것에 어려움을 느낀다. 전 세계 모든 사람이 인간으로서 삶에서 원하는 것은 대체로 비슷하기에 우리는 그 과정을 통해 힘들어하고 하소연하는 모습도 실시간으로 매일 목격하고 있다.

나 역시 거대한 멜팅 팟의 구성원으로서 원하는 것을 쟁취하는 과정에서 어렵고 좌절스럽고 답답한 여러 순간을 겪어내며 살아왔다. 내가 읽었던 한 마케팅 관련 책에 의하면 인간은 어떤 태스크를 바라볼 때 불필요할 정도로 복잡하게 생각함으로써 오히려 복잡함을 야기한다는 말이 있다. 말인즉, 최대한 간단하게 생각하며 문제의 해결책을 찾아가야 하는데, 문제의 본질이 아닌 디테일에 복잡하게 집중하느라 문제를 더욱 복잡하게 만들어버린다.

나는 MBTI로 치면 ENTJ/ESTJ 유형으로 어떤 문제를 발견하면 머릿속에 문제를 해결하려는 생각으로 꽉 차서 지체없이 문제를 해결하려는 성향이 강하다. 그래서 때때로 문제를 해결하는 과정에서 꽤 스트레스를 느끼는 편이다. 문제가 복잡하면 복잡할수록 나의 몰입도는 더욱 상승하고 그로 인한 스트레스 또한 증가한다. 하지만 나는 문제를 해결함으로써 굉장한 성취감을 느끼고 내가 살아 있음을 느끼는 타입이기에 분주하게 일거리를 찾아다니며 굳이 사서 스트레스를 받는 아이러니한 삶을 살아왔다. 그래서 나는 원하는 걸 얻기 위해, 문제를 해결하기 위해 필연적으로 받는 스트레스와 중압감을 잘 소화해내는 나만의 방법이 필요했고, 삶의 여러 과정에서 쉴 새 없이 고민하고 나만의 방법을 테스트하며 살아왔다. 그중 하나는 주어진 상황에서 최선의 노력을 하되 할 수 있는 것들에만 집중하는 것이다.

어릴 때부터 나는 내가 하고자 했던 일이 생기면 집념과 의지를 다해 반드시 해내는 성격이었다. 일화를 들자면 외가 친척들이 이민 1세대로 미국에서 거주했기에 어릴 때부터 미국을 자주 왕래했다. 기억나지는 않지만, 그 당시 내가 쓴 일기를 보면 파란 눈, 흰 피부, 금발 머리를 가진 친구들에게 내가 먼저 다가가 말을 걸고 함께 축구를 했다는 내용이 있다. 말도 통하지 않고 생김새도 달랐지만 친구들과 재밌게 놀았고 그들과 소통하기를 원했다. 일기 내용 중, 가게에 적힌 'open'이라는 단어를 왜 오펜이 아니라 오픈이라고 읽는지 궁금했던 일화에도 외국인 친구들과 소통하고 싶었던 당시의 내 생각이 담겨 있다. 그렇게 나는 내가 원하는 나만의 것을 찾고 그걸 이루기 위한 의지와 열정으로 반드시 결과를 얻어내는 나만의 삶을 일찌감치 시작했던 거다.

쇼츠에서 예시로 들고 있는 운동도 다를 바가 없다. 건강하고 멋진 몸을 갖고 뽐내고 싶은 욕구는 전 세계 누구에게나 있는 공통된 욕구이다. 그리고 모든 이가 동의하듯 자신의 의지와 노력으로 얼마든지 그런 몸을 만들 수 있다. 하지만 동시에 여기에는 통제 밖의 영역도 일부 존재한다. 아침에 일어나 온종일 운동과 식단만 할 수 없는 것이 현실이기에 직장 생활, 기타 일상적 의무, 그리고 여기에서 오는 걱정, 스트레스와 정신적·육체적 피로로 인해 운동을 쉬게 되는 경우가 그러하다. 그치만 그렇다고 아예 운동을 포기하려는 사람에게 당신은 뭐라 말하고 싶은가? "일부 통제 밖의 요소에도 불구하고 할 수 있는 부분이 훨씬 더 많고 실제로 해보면 하지 않는 것보다 얻는 것이 훨씬 더 많으니 핑계 대지 말고 그냥 좀 해봐!" 이렇게 말하고 싶을 것이다. 분명 자신의 욕구를 스스로 인정하고 얼마나 그걸 원하는지 주변에 재차 하소연하기까지 했으면 그냥 좀 해보라고 말할 것이다.

하지만 많은 이들은 통제할 수 없는 영역은 그냥 냅두고 할 수 있는 일에만 집중하라는, 단순하지만 강력한 전략을 알면서도 게으름이라는 마귀에 영혼을 빼앗겨 애초에 포기해버린다. 그 결과 자신의 삶을 비관하고 남의 인생만 부러워하며, 꿈만 꾸다 생을 마감하는 안타까운 결말을 맞는다.

그러니 나는 모두에게 말하고 싶다. 당신이 원하는 게 진정 불가능의 영역에 있는 것들인가? 즉, 당신이 하고자 하는 의지는 있지만 전부 당신의 통제 밖에 있어서 안 하는 것인가? 왜 그렇게 통제 밖의 요소만 보는지, 통제되는 것들을 보려고 하지 않았는지 생각해봤으면 한다. 이제 모든 문제를 바라볼 때 내가 할 수 있는 것들에 집중하고 모든 힘과 노력을 기울여보길 권한다. 그리고 나머지 통제 밖의 일들은 인내심을 가지고 내려놓으시라. 인생에서 어떤 것들은 이루기 위해서는 마땅한 시간이 반드시 지나야만 한다. 사실 살면 살수록 인생 모든 것들이 그러함을 느낀다. 따라서 당장 한 번에 문제가 해결되고 원하는 걸 가질 수 있다는 생각은 당신을 지레 지치도록 할 것이다. 스트레스라는 불에 당신을 타버리게 하지 말고, 마땅한 노력을 전부 기울여놓고 불필요한 스트레스와 압력으로부터 스스로 보호하는 마인드 컨트롤에 집중하자. 그러면서 서서히 당신이 원하는 것들이 모두 가능 영역에 있음을 깨닫고 하나하나 자신의 것으로 만들 수 있기를 진정으로 소망한다.

## 취미 생활 만렙 N잡러가 되는 방법

≫ QR 찍고 쇼츠 보기

이 책에서 이미 여러 번 언급했듯 나는 대학교에 들어가고 첫 2년간 한인 밴드에서 기타리스트로 활동하면서 주말에는 여자 친구를 만나러 위스콘신에서 뉴욕으로 다니느라 성적관리에 소홀했다. 그러다가 3학년이 되어서야 발등에 불이 떨어져 로스쿨을 목표로 정신없이 공부를 최우선으로 두고 그야말로 초집중의 학교 생활을 이어갔다.

그렇다면 대학 생활 첫 2년을 방탕하게 보냈다는 말인가? 그렇지 않다. 핑계라면 핑계일 수 있으나 당시에도 나만의 우선순위가 있었고 나는 그 우선순위대로 열심히 살았다. 그저 우선순위가 잘못되었을 뿐이다. 그렇다면 당시의 우선순위는 무엇이었는가? 밴드 활동과 연애, 그리고 공부였는데 생각만큼 공부에서 성과를 내지 못했다. 지금 생각해보면 당연히 현실적으로 이행이 불가한 우선순위였지만 당시 여러모로 부족했던 나로서는 가능하다고 생각했던 것 같다.

 왜 그렇게 밴드 활동에 집중했는가? 내가 나온 위스콘신 대학교 매디슨 캠퍼스에서는 나름 전통적으로 이어져온 한인 밴드가 있었다. 우연한 기회에 밴드에 합류하게 되었고 고등학교까지 백인들과 흑인들 사이에서만 살아오던 내게 한국인들과 자유로운 캠퍼스에서 다채로운 활동을 할 수 있게 된 대학 생활은 너무나도 즐거웠던 시간이었다. 매주 연습실에 모여 연습하고 한인의 밤Korean Night에 있을 우리들의 공연을 준비하느라 분주하지만 즐거웠다. 많은 사람 앞에 서서 연주하고 그들의 시선을 받는 것을 즐거워했던 당시를 회상하면 지금 나의 관종끼는 당연한 일이라는 생각이 든다.

 왜 연애가 그토록 중요했나? 파란만장한 20대를 보내본 사람이라면 그때에만 느낄 수 있는 순수함과 사랑에 대한 열정은 굳이 설명할 필요는 없을 것이다. 사랑의 감정이 영원할 것 같고, 나와 여자 친구가 마치 하늘에서 이미 정해놓은 세기의 커플처럼 느껴졌던 건 나만의 경험은 아닐 것이다. 주말마다 내가 살던 매디슨에서 시카고로 두세 시간을 운전하고 공항에 차를 세워두고 시카고에서 디트로이트 공항을 경유해 뉴욕을 한 학기 내내 오갔다. 앞서 말했듯 공부를 여전히 우선순위에 두었기에 공부할 것을 미리 다 준비했고 비행기 안에서도 공부했다. 여자 친구와 함께 뉴욕에서 데이트할 때에도 그녀의 학교 도서관에서 빠지지 않고 몇 시간이고 공부했다. 하지만 당연하게도 암만 책을 펴고 있어도 앞에 있는 여자 친구에게 눈이 가 있었다. 지금 생각해보면 공부가 제대로 될 리가 만무했다. 어쨌든 나름의 세 가지를 우선순위에 두고 노력을 해봤으나 결과적으로 학사경고를 받기에 이르렀다.

〈 3장 〉 미국에서 나의 모습 발견하기

한번은 학기 말 시험을 앞두고 여자 친구가 심한 감기에 걸려 몸져누운 일이 있었다. 당시 하늘이 내려준 천년의 사랑 중이었던 나는 재빨리 교수님께 메일을 썼다. '교수님, 제 할머니를 뵈러 뉴욕에 와 있는데 할머니가 현재 많이 아프십니다. 간병인도 따로 없어서 제가 옆을 지켜야 합니다. 그래서 대체시험을 요청 드립니다.' 교수님은 할머니의 진단서와 뉴욕에 갔다는 비행기 영수증을 요구했다. 내가 아무리 정신없는 철부지 대학생이라고 해도 진단서를 허위로 만들어낼 수는 없었기에 개인정보라 본인 말고는 발급이 어렵다는 얼토당토않은 말과 함께 실제 비행기 티켓이 아닌 여정표를 만들어 보냈다. 이쯤이면 됐다 싶었는데 교수님의 답변은 달랐다. 단어 하나가 눈에 크게 들어왔다. 'unacceptable.' 용납 불가라는 뜻이었다. 그렇게 기말시험에 F를 받아 학사경고에 이르렀다.

3학년이 된 나는 절벽에 매달린 절박함을 한몸에 느꼈다. 먼저 나의 우선순위를 다시 세웠다. 이전처럼 그럴듯하게 보이는 것이 아니라 철저히 실행할 수 있는 현실적이고 타협할 수 없는 우선순위가 만들어졌다. 공부, 운동, 가끔 쌓이는 스트레스를 해소할 레이스 트랙에서의 스포츠 드라이빙이 바로 그것이었다. 이 세 가지를 제외한 나머지는 말끔하게 내 일상에서 삭제시켜 버렸다.

그때부터 수업 참석률은 100%를 이어갔고 식사는 도시락과 테이크 아웃으로 도서관에서 혼자 해결했다. 운동하러 학교 헬스장에 왔다 갔다 하는 시간도 줄이고자 당시 살던 아파트에 올림픽 벤치와 105kg 무게 세트를 사두고 매일 집에서 운동했다. 학교 수업을 마치고 집으로 돌아와서 먹는 한 끼 역시 나만의 생활요리 필살기로 나름 양질의 음식을 만들어 퀄리티 있게 해결했다. 다만 당시 친구들끼리 모여 카페 및 식당에 가고 도서관에 우루루 몰려가 그룹 스터디를 하는 일 따위 일체 하지 않았다.

실질적이고 실현 가능한 우선순위를 만들고 이를 강력하고 철저하게 실행해서 결과를 만들어내는 나만의 우선순위 초집중 생활은 이때부터 시작되었다. 이런 생활이 로스쿨과 회사를 거쳐 현재 사업과 유튜브 활동까지 이어지고 있다. "남들은 놀 때 당신은 갈고닦아라You grind while they are out partying." 이 말은 내가 스스로에게 자주 하는 말이다. 여러분도 몇 번이고 들어봤을 당연하고 뻔한 말이기도 하다. 하지만 이 말을 실행으로 옮기면 실로 대단한 결과가 만들어지는 것을 알 수 있다.

남들 놀 때 나도 놀아야지 어떻게 매일 일만 하느냐, 친구들도 만나고 여행도 가끔 가고 그러지 않으면 진짜 폭발해버리고 말 거라는 사람도 있을 것이다. 하지만 그렇지 않다. 절대 폭발해버리지 않는다. 어떻게? 가장 중요한 우선순위를 두고 나머지는 우선순위를 달성하는 과정에서 쌓이는 가스를 빼주는 것들로 채우면 된다. 즉, 진짜로 폭발해버리지 않도록 주기적으로 가스를 빼주는 활동들 딱 몇 가지로 채우라는 이야기다. 내게 그러한 활동들은 운동과 스포츠 드라이빙이었다.

여러분은 고스트 모드ghost mode라는 말을 들어본 적 있는가? 고스트 모드는 자신의 성장을 위해 남들 눈에 띄지 않는 상태로 자신만의 동굴에 들어간다는 추상적인 표현으로, 스스로 세상과 격리하고 오로지 자신의 성장만을 위한 행동에 전념한다는 의미이다. 남들이 하는 여행, 파티, 연애에 신경 쓰지 않고 오로지 자신의 성장을 위한 우선순위들을 달성하는 데에만 모든 집중을 모으는 것이다.

이때 반드시 지켜야 하는 규칙이 있다. 당신이 고스트 모드에 들어가 있는 중엔 남들에게 드러나면 안 된다. 자신을 드러내는 순간 고스트 모드는 깨지게 되고 성장을 만들어내는 사이클 또한 멈추게 된다. 그럴 경우 당신은 혹독한 노력 없이 인생을 즐겁게만 살고 싶어하는 이상주의자에 지나지 않게 될 것이다. 놀 거 다 놀고 살 거 다 사고 여행 갈 거 다 가면서도 성공과 풍요로움을 원하는 한낱 이상주의자 중 한 명으로 전락할 것이다. 그러다가 실제로 당연히 발전하지 못하는 자신들의 삶을 비관하고 자신보다 훨씬 더 많은 헌신과 노력으로 사회적·경제적으로 성장하는 사람들을 끌어내리려 하는 열등감에 똘똘 뭉친 사람이 되는 것이다.

하지만 당신이 고스트 모드로 혼신의 집중을 하고 갈고닦는 과정을 잘 버텨낸 뒤에 세상 밖으로 나오게 되면 당신의 존재와 복귀는 만인에게 빛을 발한다. 당신이 갈고닦는 시간 동안 그 잘난 워라밸을 신나게 누리고 있던 자들과 엄청나게 성장한 당신의 차이는 어마어마하게 벌어져 있을 것이기 때문이다. 그러한 차이는 당신의 눈이 아니라 타인의 눈에 훨씬 더 크게 보인다. 그런 선망의 시선을 느끼는 순간 당신의 자존감과 자신감은 더욱 증폭될 것이고, 고스트 모드에 들어가 자신의 성장을 위해 갈고닦는 수행이 더 능수능란해지고 더 즐거워진다. 그렇게 당신은 남들이 놀 때 필살기를 하나 가지게 된다.

나 역시 내 삶 속 여러 과정에서 여러 번 고스트 모드에 들어가 남들의 눈에서 사라지고 돌아오기를 반복했다. 동굴 안에 들어가 있는 동안 나는 너무 행복하고 충만했다. 이쯤에서 내 필살기 중 하나를 소개하겠다. 영어가 내겐 제2외국어였던 만큼 아무리 내가 완벽한 영어를 구사한대도 미국에서 태어나고 자란 경쟁자보다 문장을 빠르게 읽어내고 머릿속에서 처리하여 글로 써나가는 속도에서 다소 뒤처질 수밖에 없었다.

그럼에도 불구하고 경쟁에서 살아남기 위해 로스쿨에서 습득한 기술 아닌 기술이 있다. 그것은 오랫동안 소변을 참는 것이다. 로스쿨의 여러 과목의 시험은 보통 4-5시간을 보는데 시험에 들어가며 집중력을 돕기 위해 스타벅스 아메리카노 벤티 사이즈를 챙겨간다. 시험을 보는 중간에 마시다 보면 한 시간 내에 한 잔을 다 마시게 된다. 이윽고 몇십 분이 지나면 자연스레 소변 신호가 세게 온다. 이때 후딱 화장실에 다녀오면 되는데 나는 자리를 뜨지 않았다. 나의 경쟁자들보다 더 잘하기 위해선 화장실에 가는 시간도 내겐 사치였기 때문이다. 결국, 그 자리에서 집중을 놓지 않는 연습을 하다 보니 화장실에 가지 않고도 시험을 마무리할 때까지 버텨낼 수 있었고, 이 기술은 여전히 내게 경쟁에 있어 필살기로 작용하고 있다. 그렇듯 남들은 학기 중에 공부하며 연애도 하고 밥도 먹으러 다니고 했다면 나는 수업 첫날부터 당시 나의 고스트 모드인 시험 모드로 들어가 공부와 운동으로 이루어진 나만의 루틴을 돌렸다. 그렇게 매일 시험 당일까지 똑같이 반복하는 것이다.

학기가 끝나면 방학을 짧게 갖는데 이때도 나의 고스트 모드는 끝나지 않았기에 나만의 정해진 루틴을 이어갔다. 학기 중만큼은 아니지만, 방학 중에는 다음 학기에 들을 과목에 대한 예습에 들어갔다. 일례로 겨울 방학 동안에 학생들은 가족들을 만나러 본가에 많이들 갔는데 나는 여전히 아파트 안의 데스크에 앉아 나름 여유롭고 편안한 마음으로 공부를 하곤 했다. 로스쿨을 졸업하고 난 후 변호사 시험을 준비할 당시 7월 4일 미국의 독립기념일이 다가왔다. 독립기념일은 미국에서 큰 행사 중에 하나로 온종일 불꽃과 폭죽이 터지며 모든 이들이 불꽃놀이를 감상하며 미국의 독립을 기념하고 축하한다. 당시 내가 살던 아파트는 통유리로 되어 있어 공부하다가 고개를 잠시 들면 LA 다운타운이 한눈에 보였는데 공부하면서도 폭죽을 쳐다보지 않을 수 없었다. 폭죽이 터질 때마다 사람들의 환호성이 들리는 와중에 열 시간을 넘게 책상에 앉아 공부했다면, 당신은 어떤 생각이 들까? 열에 아홉은 '하아 나도 나가서 구경하고 놀고 싶다. 푸드 트럭에서 밥도 먹고 사람들이랑 축제에서 어울리고 싶다…'라는 생각이 들었을 것이다.

하지만 그때 역시 나는 저들이 파티를 즐기고 있을 때 나는 '나는 묵묵히 갈고닦는다'라고 스스로 주문을 외우며 '기다려라, 곧 시험을 마치고 고스트 모드를 깨고 나갔을 때 나의 성취를 당당하게 남들 앞에 보여줄 것이다'라고 속으로 다짐했다. 그렇게 고스트 모드를 깨고 나올 때마다 나는 목표달성과 성취의 에너지로 활활 타올랐으며 나의 성취를 목격한 주변 사람들의 인정과 찬사는 내게 자신감과 자존감의 에너지로 재생되었다.

그렇다. 앞의 쇼츠를 통해 내가 하고 싶었던 말은 결국 당신이 꼭 이루고 싶은 일들 중 당신만의 우선순위를 정하고 난 후 고스트 모드에 진입하라는 것이다. 그렇게 진짜 강력한 실행이 뒷받침되어야 우선순위들이 결과와 성취로 이어질 수 있다. 다시 말하지만, 고스트 모드란 당신만의 동굴에서 남들 놀 때 잠깐 튀어나와 같이 놀다가 다시 들어가 갈고닦는 활동이 아니다. 동굴 안에 들어가면 외부와 완벽하게 차단되어 남들이 파티를 하든 여행을 가든 당신은 목표달성을 위해 스스로를 갈고닦으며 묵묵히 수행만 하는 것이다. 남들 놀 때 같이 놀면 남들보다 성공할 수 없다는 진리는 과거에도 그랬고 지금도 그랬고 미래에도 그랬고 진리로서 계속 이어질 것이다. 남들보다 발전하고 성장하고 성공하고 싶다면 당신만의 고스트 모드에 들어가야만 한다. 그러다가 가스가 꽉 차서 폭발해요라고 말하는 사람은 단 한 번도 고스트 모드에 들어가 본 적도 없으며, 고스트 모드가 무엇인지도 모르고, 설명해봐야 그 필요성조차 못 느끼는 사람일 것이다. 그들은 결코 고스트 모드를 통해 얻을 수 있는 기쁨과 뭉클함, 뿌듯함에 대해 모를 것이고 그렇기에 지속적으로 발전하고 성취하는 삶을 살아갈 수 없을 것이다.

자, 이제 성공을 열망하는 당신이 당신만의 우선순위에 따라 해야 할 일을 정하고 고스트 모드에 들어가 볼 차례이다. 잘 버티고 해낼 수 있는지 걱정이 앞서는가? 얼마 되지 않아 튀어나올까 두려운가? 걱정하지 마라. 당신에겐 감성운동이 있다. 나의 고스트 모드엔 항상 공부-일이라는 우선순위를 뒷받침해주는 감성운동이 함께 존재한다. 성취를 만들어가는 과정에서 차오는 스트레스와 게으름, 각종 잡생각과 실패에 대한 걱정과 두려움, 중압감이라는 가스를 감성운동이 빼주고 계속해서 버틸 수 있게 힘을 만들어준다.

그리고 또 하나, 고스트 모드를 반복하면 할수록 당신은 적응이 되어 유연해지고 능수능란해질 것이다. 즉, 고스트 모드에서 자신이 관리할 우선순위의 것들을 조금씩 늘려갈 수 있게 되는 것이다. 우선순위를 점차 달성해가는 과정에서 나름대로 노하우가 생기고 셀프 컨트롤이 능숙해지면 기존의 우선순위 외의 활동들이 가능해지고, 그렇게 되면 보다 효율적으로 가스를 빼낼 수 있게 되어 고스트 모드를 버텨나가는 일이 더욱 즐거워진다. 그렇게 하다 보면 나와 같이 성실하게 일을 해나가면서 운동도 하고 골프도 치고 연애도 할 수 있게 되는 것이다.

다만 여기에서 중요한 전제는 고스트 모드에 들어갔다 나오기를 반복해서 능수능란해져서 자신만의 노하우가 쌓이고 우선순위 항목이 늘어나더라도 각 항목에 적당히 시간을 분배하고 해야 할 일들을 반드시 해내는 칼 같은 실행이 뒷받침되어야 할 것이다.

자, 이제 방법을 알려줬으니 당신이 실행할 차례다. 안 된다고만 하지 말고, 남들을 부러워만 하지 말고, 그놈의 워라밸만 따지지 말고, 그냥 대충 살자고 합리화만 하지 말고 단 한 번뿐인 인생, N잡러로서 최대한 많은 것을 경험하고 성취하고 누릴 수 있게 되길 응원한다.

## 깝치는 망나니에서 알파메일로 거듭나는 과정

≫ QR 찍고 쇼츠 보기

　미국에서 대학교가 입학 지원자들에게 공통으로 요구하는 서류 중에는 자기소개서Personal Statement가 있다. 자기소개서는 학교성적과 시험성적과는 달리 지원자에 대해 정성적으로 평가하는 항목으로, 학부뿐만이 아니라 대학원 레벨로 올라갈수록 자기소개서의 중요성이 높아진다. 자기소개서를 요구하는 학교들의 취지는 지원자가 진짜로 어떤 사람인지에 대해 알아보고자 하는 것이다. 즉, 지원자의 인생에 있어 어떤 이야기가 있고 그런 이야기들로 인해 지원자가 어떻게 성장을 했는지가 평가에 있어 주요 관건이다.

　이때의 이야기는 지원자 자신만의 이야기여야 하며 그저 늘 승승장구해온 이야기보다는 여러 우여곡절과 실패의 이야기로 채워질수록 입학사정관들의 눈을 더 사로잡아 실제로 플러스 요인으로 작용할 수 있다.

미국 사회에서 바라보는 인생이란 장밋빛의 화려하기만 한 그림이 아니라 어두컴컴한 가시밭길의 연속이고, 앞으로 나아가는 과정에서 누구나 반드시 돌부리에 걸려 넘어진다고 생각한다. 나아가 넘어지지 않고 인생을 살아가는 사람은 실제로 없고, 또 그러한 삶이 이상적이라고도 생각하지 않는다. 그런 만큼 지원자가 어떤 실수로 인해 넘어지고 아파했는지에 대해 궁금해하고 무엇보다 어떻게 고난을 딛고 다시 일어섰는지를 중요하게 본다. 하여 미국 사람들이 보는 실패란 세상 모든 사람의 것이며, 실패한 자의 반등하는 방법과 과정은 결국 모두가 가장 궁금해하는 이야기인 것이다.

한국에서 살며 내가 다소 이해하기 어려웠던 부분이 한국 사회에서 실패를 바라보는 시각이었다. 세상 그 누구도 넘어지지 않고 인생을 살아갈 수 없는 것이 진리인데 한국에서는 절대로 넘어지지 말라고 가르친다. 한 번 넘어지면 인생이 그대로 끝나버리는 것처럼 말이다. 우리 사회에서는 예전부터 좋은 고등학교에 가고 일류 대학에 가고 대기업에 들어간 후 무난한 결혼을 하면 인생성공이라고 여겨왔다. 하지만 정말 그러한가? 그렇게 '코리안 성공 루트'를 밟은 사람은 진정 성공한 것인가? 그렇다면 성공이란 과연 무엇인가? 자신이 원하는 것을 하며 살아가는 것인가 아니면 절대 넘어지지 않고 인생을 살아가는 것인가? 혹은 그저 돈을 많이 버는 것인가? 누가 성공을 어떻게 정의하든 간에 과연 단 한 번도 넘어지거나 실패하지 않는 코리안 성공 루트를 밟아가면 앞서 말한 성공을 이룰 수 있는 것인가?

유토피아적인 인생이 아닌 일반적인 인생을 살아본 이들이라면 모두가 동의할 것이다. 인생은 절대로 넘어지고 실수하고 실패하지 않고는 살아갈 수 없음을. 그렇기에 하루빨리 넘어졌을 때 털고 일어나는 방법을 배워야 한다. 내 생각 역시 같다. 결국, 성공을 어떻게 정의하든 간에 넘어졌을 때 재빨리 자세를 잡고 일어나 반응하는 방법을 잘 아는 사람이야말로 진정 성공에 가깝게 다가가는 사람일 것이다.

그렇다면 나는 나의 자기소개서에 어떤 이야기를 담았는가? 나의 자기소개서는 내가 즐겨 했던 카레이싱에 대한 이야기가 있다. 로스쿨 자기소개서에 카레이싱이 웬 말인가 싶은데, 보통 변호사가 되기 위한 직업학교인 로스쿨에 보내는 자기소개서의 키워드는 정의justice와 공평fairness이다. 아마도 절반 이상의 지원자들은 자신들이 변호사가 되면 사회정의에 이바지하고 법 위에 만인이 평등한 사회를 만들기 위해 노력하겠다는 말을 한다. 하지만 이게 과연 자기소개서의 본래 취지에 맞을까? 자기소개서란 고유한 자기 이야기를 담아야 비로소 '자기' 소개서라 할 수 있다. 특히 미국 사회의 맥락에서 볼 때, 좋아하는 어떤 일에 실패하고 고난의 바닥을 찍은 뒤, 불굴의 의지와 실행력으로 다시 도전하고 반등해 역경을 극복한 경험을 보여주는 것이야말로 설득력 있는 서사일 것이다. 그것이 진정한 의미의 인간 승리이며, 자아발전character development을 입증하는 게 아닐까?

나의 레이싱 스토리는 그 모든 과정을 담고 있다. 이것이 바로 나의 자기소개서가 시작되는 지점이다. '일요일 아침 햇살이 타맥으로 깔끔하게 포장된 레이스 웨이에 뜨겁게 내리쬐던 바로 그 시각, 나의 두 손은 핸들 위에서 쿵쾅쿵쾅 뛰는 심장박동을 전달하듯 떨리고 있었고 내 두 눈은 레이스의 시작을 알리는 신호등에 고정되어 있었다.' 당신이 입학사정관이라면 매번 정의와 공평을 운운하는 것들만 읽다가 이런 자기소개서를 읽으면 어떤 생각이 들었겠는가.

'레이스 결과 나는 하위권에 속했다. 이유를 분석해서 자동차의 특정 부품과 잘못된 튜닝 탓이라고 결론짓고 다음 레이스를 위해 사비를 들여 최고의 상태로 자동차를 점검했다. 하지만 다음 레이스에서도 하위권을 면하지 못했다. 한참을 비관하고 낙담하다가 천천히 돌아보니 문제는 나 자신이었다. 내가 연습이 부족해서 성적이 저조했는데 괜한 부품과 튜닝 탓을 했다. 뼈저린 반성 후에 오롯이 나에게만 집중한 훈련을 통해 다음 레이스에서는 상위권으로 마무리할 수 있었다. 그렇게 깨달았다. 문제를 발견하면 문제를 피하거나 돌아가려 하지 않고 문제의 핵심을 정면으로 직시해야 함을. 문제를 해결하려면 진성성 있고 솔직한 자세로 정면돌파 해야 하는 것이다. 하지만 요즘 많은 사람이 자신이 직면한 문제를 제대로 보려 하지 않고 늘 지름길shortcut을 찾아 얼렁뚱땅 넘어가려 하는 경향을 지니고 있다. 그러다가 결국 더욱 해결하기 어려운 문제에 봉착하고 막대한 손해를 입는다. 나 역시 지름길로 쉽게 가려다가 실패를 경험했고 뼈저린 자기반성과 만회의 노력으로 인해 좋은 결과를 얻어냈듯 그런 경험을 토대로 기업들이 올바르고 정정당당한 선택을 하게끔 정도를 비추는 착실한 등대의 역할을 하는 기업 변호사가 되고 싶다.'

이것이 내 자기소개서의 내용이었다. 나의 자기소개서는 내가 다닌 로스쿨 입학 담당 부서에서 참신하고 건실한 내용으로 그들 사이에 널리 알려졌다고 전해 들었다.

여기에서 내가 말하고 싶은 건 바로 경험의 중요성이다. 그중에서도 실수나 실패, 좌절의 경험이야말로 인간을 넘어뜨리고 고난과 역경의 순간으로 밀어 넣어 그의 의지를 테스트하는 중요한 수단으로 작용한다. 결국 많이 실수하고, 실패하고, 넘어지고, 좌절하고, 후회해봤을수록 그것을 딛고 일어나는 방법을 터득하게 되고 일어나는 과정에서 힘들었던 만큼 더욱 강해지고 단단해지기 마련이다. 나아가 그러한 강인함과 단단함으로 추후 더 많은 성취의 열매를 거두는 사람으로 거듭날 수 있게 되는 것이다.

그렇다면 이쯤에서 독자들은 궁금할 것이다. 쇼츠에서 이야기하는 것처럼 대학 시절 쓸데없는 짓과 실수들을 그리도 많이 했는지. 이미 앞에서 언급했지만, 대학에 입학하자마자 갑자기 웬 밴드 활동에 빠져 매주 몇 번씩 연습실에 몰려가 연습을 하느라 가장 중요한 공부를 게을리했다. 특히 당시 스무살 남짓에 하늘이 내려준 세기의 사랑을 하고 있던지라 매주말 위스콘신에서 뉴욕을 오고 가느라 공부를 소홀히 했다. 그 결과 살아생전 처음으로 F라는 성적을 받아보았고 학사경고를 받기에 이르렀다. 암만 뉴욕행 비행기에서 불을 켜고 공부를 했어도 그런 유치하고 미성숙한 '공부 쇼'만으로 쉽게 성적을 얻어낼 수 없음을 깨닫게 되었다.

그러다가 세기의 사랑이 끝나고 정신을 좀 차릴 때쯤에 이번엔 천년의 사랑을 하늘이 내려주어 캐나다 오타와에 있는 친구와 사랑에 빠지게 되었다. 이번에는 비행기를 타고 내리면 끝이 아니라 입국 심사까지 하게 됐다. 하도 매주 왔다 갔다를 많이 하다 보니 입국 심사 직원은 나를 수상하게 생각했고 의심쩍은 눈빛으로 여기에 뭐 하러 왔냐, 누구 만날 거냐, 미국에서는 직업이 뭐냐, 가방에 뭐 들고 왔냐, 얼마나 자주 올 계획이냐 등의 질문을 해댔다. 심지어는 어느새 입국심사장에 있는 직원들과 친해져 의심의 질문들 대신 "헤이 친구, 다음 주말에도 우리 또 보는 거야?"라고 말하기에 이르렀다. 물론 이때 역시 내 가방엔 공부할 책들로 가득 찼고 실제로 데이트 중간중간 공부를 했지만, 이번에도 공부 쇼는 그다지 성공적이지 못했다. 결국, 성적표를 받아들었을 때가 돼서야 발등에 불이 제대로 붙었음을 실감했다.

그제야 공부 쇼는 막을 내렸고 드디어 공부가 우선순위로 재정렬된 로스쿨에 가기 위해 집중 모드로 들어갔다. 이후 만회하기 위해 피나는 노력을 기울여야만 했다. 이때 하루 열 시간 이상을 공부하고, 밥 먹으러 다니는 시간도 아까워 도시락을 싸 들고 도서관에서 해결하고, 운동도 집에 벤치프레스 랙에서 하는 등 내 우선순위에 집중하는 루틴을 만들어냈다. 이때 만들어진 우선순위에 초집중하는 나만의 루틴은 로스쿨 시절을 거쳐 현재까지도 내 인생에서 성장과 발전을 만들어내는 중요한 역할을 해 나가고 있다.

나는 대학 시절부터 자동차를 매우 좋아했다. 그냥 보통의 남자들이 좋아하는 정도가 아니라 모터 서킷에서 하는 스포츠 주행을 즐겼고, 내 차를 직접 정비하고 튜닝하는 등 자동차에 대한 애정이 상당했다. 오죽하면 우선순위에 초집중하는 나만의 루틴으로 들어가 있는 몇 되지 않는 항목 중 하나였을 정도로 말이다. 당시 내게 스포츠 주행은 감성운동과 더불어 온종일 공부로 인해 쌓인 스트레스와 외로움, 긴장감, 중압감, 걱정, 두려움 등의 가스가 폭발하지 않도록 빼내는 역할을 했다. 하여 당시 내 인생에 있어 자동차는 내 우선순위의 일을 더 잘하게 해주는 필수 자산이었다.

그렇게 자동차에 대해 투자하는 돈과 시간을 당연하게 생각했기에, 나는 당시 학생으로서의 내 경제 수준과 맞지 않는 자동차를 계약하기에 이르렀다. 이것은 분명한 무리수임에도 불구하고 나의 우선순위인 공부를 더욱 잘하게 해줄 거라는 믿음과 자기 합리화로 일을 저질러버린 것이다. '그래! 미친 듯이 공부하다가 답답할 때 이 차로 신나게 달리고 스트레스 푸는 거야. 그리고 공부에 더 집중하면 돼! 다 공부를 위한 거야!'

하지만 역시 숫자는 거짓말을 하지 않았고, 당시 나의 예산에서 어긋났던 소비는 공부에 더 집중이 되기는커녕 매달 발생하는 생활비 적자로 인해 불필요한 스트레스를 가져왔다. 부모님께 말도 하지 않고 독단적으로 차를 바꾼 것이었기에, 부모님께 이런저런 핑계를 대며 부족한 생활비 때문에 아쉬운 소리를 해야 하는 것도 은근히 스트레스였다. 그러다 보니 어느새 그렇게 좋아하던 자동차가 짐짝처럼 느껴졌고 가끔 스트레스 풀러 스포츠 주행에 나서도 주행이 그리 신나지 않고 부담으로 다가왔다. 나아가 사고가 났을 경우 수리비와 보험료 생각까지 하니 이건 내 초집중 공부를 위해서 스트레스라는 가스를 빼주는 게 아니라 오히려 불을 붙이는 격이 되어버렸다.

결국, 나는 차를 처분하고 당시 내 예산과 목적에 맞는 자동차로 다운그레이드를 하게 되었다. 아직은 이성적으로 성숙하거나 충만하지 못했던 당시의 나는 '나만의 초집중 라이프가 더 안정적이고 탄탄하게 이어질 수 있다면 어떤 무리수를 두어도 좋다'라는 다소 극단적이고 편협한 생각을 했었다. 그러한 사고를 기반으로 무언가 다소 무리가 있는 선택 앞에 놓이게 되면 두 번 생각하지 않고 결정하고는 그대로 불도저같이 실행해버리는 성향이 있었다.

하지만 이때의 미성숙한 자동차 구매 결정과 그로 인해 얻은 경험과 교훈으로 인해 극단적이고 편협한 생각을 변화시킬 수 있게 되었다. 무리에 기반한 경제적 결정은 반드시 훗날 부작용으로 다가온다는 것을 뼈저리게 느낄 수 있었고 특히나 비싼 자산을 구매할 때는 나의 예산뿐만 아니라 훗날의 현금 흐름cash flow을 보수적으로 타이트하게 예상하고 관리해야 한다는 것을 깨닫게 되었다. 당시의 경험은 현재 부동산을 비롯한 여러 자산 투자에 대한 나의 고민 및 타인에게 제공하는 조언에 있어 매우 큰 영향을 미쳤고 그렇게 얻은 교훈은 요즘처럼 영끌과 인생 한방역전이 난무하는 자산 시장의 미친 분위기에서 다소 극단적이고 불도저 같은 나의 성향을 단단하게 잡아주고 지탱해주는 역할을 해내고 있다.

  패션의 완성은 무엇인가? 요즘 이런 말들을 많이 한다. 예전의 나라면 패션의 완성은 멋진 옷과 핏이라고 했을 것이다. 하지만 지금의 내가 생각하는 패션의 완성은 멋진 몸이고 센스다. 여러분은 어떤가? 동의하는가? 아무리 멋지고 비싼 디자이너 옷이라고 해도 누가 입는지에 따라 360도 달라진다. 나는 옷 자체보다는 옷걸이가 더 중요하다는 것을 패션에 미쳐보고 이것저것 다 해보고 나서 깨달았다. 그래서 대학을 졸업한 이후 내가 명품 가게에서 옷을 사본 적은 손에 꼽힌다. 명품 옷은 갈수록 줄어들었지만, 태는 나날이 멋져졌다. 월마트에 가서 5달러짜리 티셔츠를 사 입고 저가 브랜드의 옷을 입어도 사람들은 줄곧 그 옷의 브랜드를 물어보고 나의 패션을 벤치마킹하려 했으니 말이다.

  이는 감성운동의 또 다른 효과이기도 하지만 그간 시간과 노력, 돈을 써서 개발해온 나의 패션 스킬과 센스 덕이기도 하다. 돌이켜보면 패션에 대한 과거의 관심과 사랑, 그리고 그로 인해 저질렀던 무모함까지도 지금의 나를 만드는 데 큰 몫을 했다. '과소비로 치장해 패션이 사람을 입던' 시절을 지나, 이제는 '사람이 패션을 입어 자기 색으로 승화시키는' 진정한 멋을 알게 되었기 때문이다.

그러니 모든 게 다 경험이다. 세상에 쓸데없는 경험이란 없다. 그저 어떤 경험이든 어떻게 소화하고 자기발전으로 승화시키는지에 따라 그 질과 가치가 결정되는 것이다. 앞서 말했듯 무모함과 실수, 실패, 좌절의 경험 없이는 누구나 인생사 필연적으로 벌어지는 고난과 역경을 딛고 일어나는 방법을 배우지 못한다. 그러한 경험이 없는 이들은 한번 넘어지면 크게 당황하고 좌절하여 역경의 순간을 버텨내질 못한다. 한평생 과도하게 조심하는 자세로 온실 안에 스스로를 가두고 살았기에 애초에 넘어져 본 적이 없기 때문이다. 그렇게 한참을 당황하고 허우적대다 반등을 위한 이렇다 할 노력도 없이 그대로 주저앉고 마는 것이다.

내 주변에도 그러한 사람이 너무나도 많다. 이들 중 대다수는 SKY 출신 수재들로 어릴 때부터 그들의 부모에 의해 탄탄대로만 달릴 수 있도록 철저하게 프로그래밍되고 관리된 삶을 살아온 사람들이다. 하지만 언제까지나 그들의 부모가 그들의 인생을 옆에서 보살펴주거나 그들의 인생을 대신 살아줄 수 없기에, 그들은 자신들의 인생길에 혼자 남겨졌을 때 필연적으로 넘어진다. 이때 너무나도 많은 이들이 지나치게 당황하거나 좌절하고 낙담하여 그대로 주저앉아 불행한 인생을 살아가는 것을 다수 목격했다.

반면 위에 말한 지금껏 나의 각종 무모한 짓과 실수, 실패의 스토리들은 나를 수시로 넘어지고 낙담하게 했지만 그만큼 고난과 역경, 좌절의 시간을 버티는 방법을 알려줬다. 또, 다시는 똑같은 실수와 실패를 하지 않도록 나를 무장시켜 주었을 뿐만 아니라 나의 자아를 성장시키고 발전시켰다. 같은 맥락으로 내가 사업하며 한 실수들과 피나는 노력에도 불구하고 겪은 여러 손해를 생각하면 화병이 날 것 같지만 그때의 다양한 경

힘들이 현재 내 인생에 여러 양분으로 작용하고 있음을 나는 안다.

그러니 여러분들도 할 수 있을 때 실컷 부딪치고 실행하시라. 무모해도 좋고, 실수여도 좋다. 대신 그로 인한 고난과 역경, 좌절의 시간이 올 때 반드시 철저하고 솔직하게 돌아보시라. 즉, 자아성찰의 시간을 통해 무엇이 잘못되었고 어떻게 그 실수와 실패의 경험을 통해 자신이 성장할 것인지, 어떻게 그것들을 통해 자신의 자아발전을 만들어내고 성공을 향한 길로 접어들어 갈지에 대해 깊게 고민하시라. 나아가 자아성찰을 통해 과거 자신의 모습을 잘 수습하고 정리하고 나면 쉼표를 확실히 찍으시라.

그렇다, 마침표가 아닌 쉼표를 찍으시라. 그 이유는 여러분이 과거에 겪은 무모함, 실수, 실패들이 반드시 여러분의 성장과 발전을 위한 밑거름으로 남아 여러분이 나아가는 인생길에서 강력한 양분으로 작용하리라 확신하기 때문이다. 쇼츠에서 내가 당당하게 말하듯, 과거의 내가 했던 무모함과 실수, 실패, 좌절의 경험이 마침표로 끝나지 않고 현재 나의 도전적이고 자신감 넘치는 강인한 캐릭터를 만드는 데 소중한 양분으로 이어지고 있으니 말이다.

## 긴장감을 극복하는 유일한 해결방법

≫ QR 찍고 쇼츠 보기

몇 년째 유튜브 활동을 해오며 많은 팬으로부터 받는 공통적인 질문이 있다. "자신감이 굉장히 남다른 것 같은데 언제부터 그렇게 당당하고 도전적이었나요? 그 자신감과 당당함의 원천은 무엇인가요?" 나의 답변은 바로 삶에 대한 진정성이다. 내가 생각하고 느끼는 바를 솔직하고 당당하게 말하고 행동하는 것. 내 인생은 오로지 내 것이며 내 인생에서 벌어지는 모든 일은 나의 책임하에 있음을 알기에 나의 말과 행동에서 언제나 나만의 진정성이 묻어날 수밖에 없는 것이다. 그렇다면 진정성의 원천은 무엇인가? 나의 학벌인가? 직업인가? 아니면 다른 스펙인가? 전부 아니다. 나의 가치관과 소신대로 말하고 행동하며 살아가게 해주는 진정성의 원천은 바로 교육과 인생의 불확실성에 대한 경험이다.

첫째, 교육이 어떻게 내 삶에 대한 진정성을 일깨워주었을까? 어릴 적부터 미국에 건너가 학업을 시작한 나는 비교적 큰 문화적 충격 없이 미국 생활에 빠르게 적응할 수 있었다. 우리나라와는 달리 미국에서는 사회에서 롤 모델로 꼽는 특별한 직업이나 정해진 행동방식이 없다. 예를 들면 우리나라에서는 의사, 변호사 등 소위 사자 직업을 가져야 하고, 겸손해야 하며, 자신을 드러내지 않으려 최대한 말수를 줄여야 하고, 싫어도 싫은 티를 낼 수 없는 등 자신의 감정에 솔직하면 안 된다는 일종의 사회적인 기준 또는 기대치가 있다. 하지만 미국의 경우 그렇지 않다. 미국인들이 생각하는 이상적인 직업은 자신이 좋아하거나 잘하는 일을 하는 것이다. 우리나라와 같이 부모가 자식에게 무조건 공부 잘해서 의사, 변호사가 되어야 한다고 중·고등학생 때부터 압박을 가하는 것이 아니라, 미국의 부모들은 자식이 무엇에 관심이 있는지 무얼 잘하는지를 파악하고자 애쓴다. 비단 부모님뿐만이 아니라 미국의 어른들은 그렇게 어린 친구에게 조언하고 이들의 성장과 발전을 독려한다.

　미국의 어느 대학교에나 존재하는 진로지원 센터에서는 학생들의 진로상담에 있어 늘 진정성의 가치를 강조하려 노력한다. "그냥 너의 진짜 모습대로 해. 다른 사람을 흉내 내지 말고 그냥 너의 모습 자체를 보여줘. 그러면 돼." 이것은 학생들의 면접을 위한 준비과정 또는 모의 면접에 늘 학생들에 귀에 딱지 앉도록 하는 조언이다. 이는 나의 로스쿨 진로지원 센터에서도 똑같이 강조하는 부분이다. 즉, 아무리 면접을 잘하고자, 면접관에게 좋은 인상을 남기고자 해도 절대로 자신의 모습을 숨기지 말고, 면접이 절실하면 절실할수록 자신의 의사 표현을 명확하게 해야 한다고 코칭한다. 면접 상황에서도 그렇게 조언한다면 일상생활에서의 'just be you'는 얼마나 중요한지 가늠할 수 있을 것이다.

따라서 미국 사회에서 어느 누구와 이야기하더라도 자신의 솔직한 의사를 제대로 표현하지 못하거나 실제 자신의 의사와 다르게 표현하는 것을 이상적으로 또는 올바르게 보는 사람은 찾아보기 어렵다. 바로 이런 미국에서 공부하고 자란 덕에 나는 매사 남 눈치를 보거나 나답게, 내 삶의 주인처럼 행동하지 못하게 하는 제삼자의 쓸데없는 기준들에 귀를 닫아버릴 수 있었다. 대신 내 삶의 주인으로서 내 삶에만 오롯이 집중하고 내 삶에서 벌어지는 모든 일에 책임을 다하고 사는 것을 진정 올바른 삶의 방향이라고 자연스럽게 내 의식과 가치관에 녹여내고 흡수시킬 수 있었다.

미국만의 특별한 교육방식과 문화는 여기에서 끝나지 않는다. 미국에서는 어릴 때부터 무얼 하든 그냥 들이대는 것을 좋아하고 독려한다. 오죽하면 미국의 상징적인 기업인 나이키의 슬로건이 'just do it'일까. 나는 고등학교 시절 수영팀과 미식축구팀에서 활동했는데 그 누구도 뭔가 대단한 준비를 하고 팀에 들어오는 게 아니다. 처음엔 그저 미식축구를 향한 관심과 의지만이 필요하다. 팀에 들어와서야 본격적으로 'just do it'을 하고 그러면서 점차 능력이 업그레이드되는 것이다.

나 역시 처음 미식축구팀에 들어갔을 때 경기의 규칙도 몰랐다. 팀에 합류해서 여러 훈련을 해가며 규칙과 각종 작전을 빠르게 습득했고 그러는 와중에 잠재됐던 나의 신체적 능력이 발현되어 대표팀에 발탁되고 꽤 괄목할 만한 결과를 낼 수 있었다. 처음 시작할 때 못한다고 아무도 뭐라 하지 않고 스스로 창피해하지도 않는다. 못하는 것이 지극히 당연하기 때문이고 나뿐만 아니라 누구나 다 그저 관심과 호기심만 가지고 하고 싶은 일에 들이대는 것이 미국의 문화이기 때문이다.

이런 문화는 한국의 문화와 확연히 다른 점이 있다. 미국에서는 잘하는 사람이 팀 스포츠 활동을 하고 훗날 프로로 전향하기보다는 즐기는 사람이 실제로 프로로 전향하고 실력 발휘를 하게 된다는 점이다. 즉, 아무리 특정 스포츠를 잘해도 즐기지 못하는 사람이 프로로서 성공하는 경우는 드물다. 그렇기에 즐겁게 웃으면서 '뭐든 다 해보자'라는 미국의 문화는 자연스럽게 내 정신과 가치관에 스며들어 매사 진정성 있게 내가 원하는 것을 선택하고 도전하고 노력하며 살 수 있게 해주었다.

또 하나의 사례를 들어보자. 로스쿨에 입학하여 같은 클래스의 동기들과 동고동락하며 힘들기로 악명 높은 1학년을 버텨내고 있었다. 오전 7시에 수업을 시작하여 밤 11시까지 계속되는 혹독한 일정을 마치면 뇌에 과부하가 걸린다. 그렇게 머리가 멍한 상태로 녹초가 되어 집으로 돌아온다. 밤마다 수업을 마치고 버스를 기다리며 동기들과 했던 말들이 생각난다. "너무 힘들고 지치지만 우리 스스로가 선택한 일이잖아. 그러니 마땅히 할 일 하고 기왕이면 즐겁게 해보자." 여기 이 말에서 한 번 사는 인생 뭘 하든 즐길 수 있어야 한다는 미국 정신을 엿볼 수 있다. 그저 변호사가 되면 돈을 많이 벌고 사회에서 인정받을 것이기 때문이 아니라, 변호사가 되는 과정과 변호사로서 할 일들이 재미있고 즐거울 것이라는 기대가 있기에 우리는 혹독한 1학년을 버텨낸 것이다.

한번은 이런 생각을 해본 적 있다. 타고난 DNA, 선천적 성향은 무엇일까? 나는 선천적으로 주관이 강하고 당당하고 도전적인 성향인 걸까? 다른 이유는 없을까? 고민 끝에 나는 답을 내릴 수 있었다. 그것은 일부 나의 선천적인 성향 때문일 수도 있지만, 미국에서 살면서 흡수하게 된 미국의 문화가 내 안에 잠자고 있던 그러한 성향과 가치관들의 봉인을 풀어

준 것이다. 즉, 가전 기기의 전원 플러그를 꽂아야 전기가 연결되어 기기가 작동하듯 미국의 문화가 내 안에 잠재돼 있던 성향들이 발현될 수 있게끔 에너지를 공급한 것이라는 결론을 내리게 되었다.

만약 내가 미국에 건너가지 않고 그대로 계속 한국에 살았더라면 지금과 같이 내 특유의 거침없는 말투와 당당함, 솔직하고 확실한 자기표현, 상황에 굴하지 않는 자신감 등의 성향이 발현되지 못했을 거란 생각이 강하게 들었기 때문이다. 결국, 한국 사회 특유의 사회적 기대치에 묶여서 살았더라면 나 역시 매사 남의 눈치를 보고, 내 삶을 남의 삶과 비교하며, 내가 원하고 잘할 수 있는 것이 아니라 사회에서 정해놓은 이상적인 직업을 쫓으며 살고 있을지도 모르겠다. 그렇게 내 삶의 주인의식이 사라진 채 그저 남이 정해놓은 기준대로 살아가고 있을지도 모를 일인 것이다.

내 삶에 대한 태도와 진정성의 또 다른 원천은, '인생사 새옹지마'처럼 앞일을 한 치도 내다볼 수 없음을 뼈저리게 깨닫게 해준 나의 경험이다. 앞에서도 언급했다시피 로스쿨 졸업 무렵 아버지는 갑작스레 암 진단을 받으셨고, 내가 한국에 돌아온 지 사흘 만에 세상을 떠나셨다. 아버지는 가족만 바라보며 IMF 때에도 두 아들의 미국 유학을 위해 좋아하는 일까지 내려놓고 육십이 넘도록 쉴 새 없이 일하셨다. 형이 귀국해 아버지의 일을 배우기 시작하자 아버지는 사랑하던 골프를 즐기며 노년을 보내시려 했다. 그런데 그때 병마가 아버지를 덮쳤다. 이번 생에 미처 즐기지 못한 그 기쁨을 하늘에서는 마음껏 누리시길 바라는, 미안하고 안타깝고 간절한 마음을 담아 우리는 관 속에 골프채를 넣어드렸다.

아버지의 별세는 내 인생에 있어 가장 큰 전환점이 되었다. 아버지가 가시기 전까지 나는 어떻게 살아왔을까? 대학 졸업 후 직장에 들어가서 밤낮으로 신나게 일하고 다양한 경력을 쌓았고 다소 늦은 나이에 로스쿨에 가서도 앞만 보고 달렸다. 당시 나의 가치관은 '미래를 위해서 현재를 기꺼이 희생한다'였다. 남들이 놀 때 나는 일했고, 남들이 '워라밸'을 지독하게 따질 때도 그저 일과 삶에 몰두하는 것만으로 충분히 행복했다. 그렇게 살면 언젠가 모든 노력이 보상으로 돌아올 것이라 확신했기 때문이다.

하지만 아버지가 그렇게 허무하게 떠나시고 나니 나의 가치관이 흔들리기 시작했다. 너무 일만 하다가 가신 것이 너무나 안타까웠고 내가 만약 아버지의 입장이었다면 나는 도저히 억울해서 이승을 떠나지 못했을 것 같은 생각이 들었다. 아버지가 그렇게 힘겹게 병마와 사투를 벌이다가 마지막 숨을 들이마시며 두 눈을 감았을 때, 그 마지막 순간에는 어떤 생각을 하셨을까? 한동안 아버지를 떠올리다가 문득 이런 생각이 들었다. '아, 현재가 없으면 미래가 아무런 소용이 없구나…. 아무리 미래만 보고 참고 아끼고 살아봐야 세상사 무슨 일이 벌어져서 언제 내가 이승을 떠날지도 모르는데…. 현재를 마냥 희생하고 살다가 갑자기 저승사자가 날 찾아오면 난 저승에 못 따라갈 것 같다.'

그때부터 내 인생 가치관의 전환이 일어났고, 무엇보다 오늘을 소중히 여기고 나답고 진정성 있게 충실히 살아야 내일이 찾아온다는 말을 가장 중요한 인생 교훈으로 여기게 되었다. 전처럼 미래를 위해서 현재를 그저 희생만 하는 게 아니라 현재 내가 진정으로 원하는 일을 찾아 나답게 삶을 살아가고 당장 내일 내가 죽더라도 죽기 전에 한 것들에 후회와 아쉬움이 남지 않도록 하는 것을 인생 우선 순위로 삼았다.

유튜브 라이브에서 가장 많이 받는 질문 중 하나가 "그렇게 열심히 사시는 이유가 뭔가요? 인생 목표가 궁금합니다"이다. 나는 아버지가 세상을 떠난 뒤부터 목표가 바뀌었다. 진정으로 원하고 잘할 수 있는 일, 나다운 일, 즐길 수 있는 일에 집중하며 하루하루를 살아가고 있다. 우리들의 인생은 언제 어떻게 끝날지 아무도 모른다. 우리 모두 이 말을 수십 번이고 들어봤을 테지만 정작 진지하게 생각해본 적은 없을 것이다. 사람은 누구나 경험한 만큼 알고 아는 만큼 느낄 수 있기에 정작 자신에게 어떤 일이 일어나기 전까지는 그 일의 영향에 대해 알 수가 없다. 마치 어떤 동기부여 영상을 볼 때 백 번 들어본 명언이라도 그 명언이 적용되는 경험을 해본 적이 없다면 그 명언은 그저 듣기 좋은 말에 지나지 않는 것처럼 말이다. 하지만 직접적인 경험이 있는 사람이 그 명언을 들었을 때 그 영향은 실로 어마어마하다. 온몸에 전율이 올라오고 감성 에너지가 충만해진다.

  나 역시 아버지가 돌아가시기 전까지는 '내일 당장 삶이 끝날 수 있다'는 사실을 단 한 번도 제대로 생각하거나 이해해본 적이 없었다. 내게는 늘 남의 일이었다. 하지만 이제는 분명히 알고 있다. 언제 어떻게 인생이 끝날지 모르는 지금 이 순간 건강한 것이 얼마나 감사하고 소중한지. 다시는 돌아오지 않는 시간이라는 걸 너무 잘 알기에 일분일초가 마지막이라고 생각하고 실컷 즐기며 살고 있다. 위암이라는 병마와 고된 싸움을 한창 하는 중이라 아무런 식사도 할 수 없고 수액에만 의존했던 아버지가 화가 나고 답답한 나머지 오렌지 주스를 벌컥벌컥 드신 적이 있었다고 한다. 이미 폐암이라는 역경도 이겨내셨기에 재발한 위암도 반드시 이겨내리라는 의지가 있었지만, 몸 상태가 따라와 주지 못해 화가 나셨을 것이다. 결국 모든 걸 다 게워내시고 더욱 힘들어하셨다고 한다. 오죽 힘들고 답답했으면 그러셨을까? 당시 미국에서 전화기 너머로 소식을 듣고 나 역시 많이도 답답해하고 힘들어했다.

　가끔 내 인생이 고되고 힘들어 현재가 불만족스럽게 느껴지고 낙담할 때마다 나는 아버지의 당시 모습과 심정을 떠올린다. 그러고는 원하는 일을 해낼 수 있는 건강하고 에너지 넘치는 몸, 마음껏 먹고 힘을 낼 수 있는 지금의 형편을 떠올리면 불만과 허탈함이란 그저 사치였음을 새삼 깨닫는다. 삶이 언제 끝날지 모르기에 매 순간의 소중함을 마음에 새기고, 나만의 즐겁고 후회 없는 인생을 설계해 실행으로 옮기려 오늘도 땀을 흘린다. 그리고 그 모든 과정을 소중히 여기며 살아가고 있다.

　이런 마인드셋은 현재까지도 유효하다. 중요한 일을 하는 중이라 긴장될 때 나는 스스로에게 주문을 건다. '와, 진짜 너무 재밌다. 너무 즐거워!' 뭐든 힘들다고 생각하면 할수록 더욱 힘들어지지만 오늘이 다신 오지 않는다고 생각하면 어느새 내 일분일초가 아깝다는 생각이 들고 기왕이면 즐겁게 보내리라는 생각을 하게 된다. 힘든 지금도 지나가 버리면 사라질 시간이라 오히려 즐기려 하게 되고 그러다 보면 긴장이 없어지고 진짜로 즐기고 있는 자신을 발견할 것이다. 오늘이 당신 인생의 마지막 날이라면 어떤 생각이 들겠는가? 무얼 하더라도 어차피 생애 마지막 순간이니 일분일초를 소중히 여기고 최선을 다해 순간의 감정과 경험을 기억에 남기려 하지 않겠는가? 아니면 늘 그랬듯 그저 멍하니 시큰둥하게 보낼 것인가?

　특히 새로운 사람을 만날 때면 긴장 반 설렘 반의 감정이 스멀스멀 올라올 경우가 있다. 이때 나는 '내가 당장 내일 아프거나 무슨 일을 당하게 되면 앞으로 다시는 만날 수 없는 사람이겠지?'라는 생각을 해본다. 그러면 어느새 내 입가엔 미소가 지어지고 사람을 만나는 그 순간이 감사하고 소중해진다. 그렇게 집중력과 진정성이 올라가게 된다. 무언가 절박

한 심정으로 꼭 상대에게 잘 보여야겠다, 상대로부터 무언가를 얻어내야겠다라는 결과에 대한 집착보다는 그저 상대와 함께 있는 것 자체에 집중되고 어느새 상대와 함께하는 시간이 즐거워진다. 그러다 보면 적극적으로 상대와 눈을 맞추는 동시에 표정을 더욱 관찰하게 되고 상대의 말에 집중하게 된다.

이때 나의 감정을 어떻게 표현할까. 상대와 대화하고 있는 그 시간이 너무나 즐겁다. 소개팅 자리에서 나의 이상형에 완벽하게 부합하는 사람을 만났는데 상대방 역시 나에 대한 호감을 직설적으로 표현해줄 때의 감정이라고나 할까. 무엇보다 결과적으로 그럴 때 자연스럽고 진정성 있게 소통하게 되어 상대의 기억 속에 나는 꽤 괜찮은 사람으로 자리 잡게 된다. 지레 겁을 먹고 긴장해서 말실수하거나 소극적인 대화를 하는 것이 아니라, 아무리 나보다 멋지고 대단한 사람을 만나더라도 내가 그 순간을 즐기게 되면 저자세가 아니라 동등한 위치에서 대화할 수 있게 된다. 그러면 자연스럽게 상대에게 매사 즐겁고 쾌활한 사람이라는 인식을 주게 되는 것이다. 나아가서는 상대에게 계속해서 나와 어울리고 관계를 이어가고 싶게 만드는 마성을 느끼게 하는 경우도 종종 있다.

비슷한 예시로 방송 촬영에 들어가기 직전 긴장 반 설렘 반의 감정이 들 때가 있다. 그럴 때마다 오늘이 아니면 내가 언제 또 이런 걸 해보나, 당장 오늘이 내 삶의 마지막 날이라면 이걸 하는 내 모습이 얼마나 소중하게 느껴질까를 생각해본다. 그러면 나도 모르게 떨림과 긴장보다는 진짜로 현 순간을 즐기는 내 모습이 그대로 스며나오게 되고, 더욱 유쾌하고 활기차게 촬영에 임하게 되어 시청자에게 나의 있는 그대로의 에너지를 흠뻑 느끼게 만든다. 과하게 긴장해서 눈을 제대로 못 뜨거나 눈을 계속 깜박이거나, 말을 더듬는 게 아니라 카메라를 의식하지 않고 친구들과 평상시 대화를 하듯이 자연스럽고 편안한 나의 모습이 카메라에 담기는 것이다. 그렇게 시청자들에게 나는 활력에 넘치고 매력 있는 사람으로 자연스럽게 인식되는 것이다.

그래서 내가 긴장이나 두려움에 휘둘리지 않는 자신감과 당당함의 원천은 삶에 대한 진정성이다. 그리고 또 그 진정성은, 언제 끝날지 모르는 한 번뿐인 삶을 진지하게 살아내면서도 'just do it' 정신으로 과감히 도전하고, 그 과정을 나답게 즐기며 오늘을 더 풍성하고 보람 있게 만들려는 노력에서 나온다. 그런 오늘들이 쌓이고 쌓이다 보면, 언젠가 내가 떠날 시간이 되었을 때 걸어온 길에서 찍은 한 편의 멋진 영화를 감상하며 뜨거운 보람을 느끼고 미소를 머금게 되리라 확신하기 때문이다.

그러니 당신도 당신의 인생에서 긴장하거나 떨리는 순간이 오면 나와 같이 당신의 내면의 목소리에 귀를 기울여 보시라. 내면의 자아와 대화해 보시라. 진정으로 당신이 원하는 대로, 당신 인생의 주인으로서 살아가고 있는지. 스스로 떳떳하고 당당하게, 진정성 있게 살아가고 있는 것인지. 그 대화의 대답이 'Yes'라면 당신은 실제로 당신의 인생이 즐겁다게 느끼게 될 것이다. 그리고 그제야 긴장감, 떨림, 두려움이 어느새 당당함과 넘치는 자신감으로 변하게 될 것이다. 나아가 어디에서 무얼 하든 에너지가 넘치고 자신감으로 빛나는 사람으로 보일 것이며, 자신도 모르게 나날이 성장하고 풍성해지는 자신만의 의미 있는 인생을 살아가고 있음을 발견하게 될 것이다.

## 힘들 때마다 기댈 수 있는 최고의 친구

≫ QR 찍고 쇼츠 보기

나는 어릴 때 학업을 위해 미국에 건너가 13년간을 혼자 살아왔다. 늘 공부가 나의 최우선이었고 공부를 더 잘하기 위한 감성운동과 스포츠 드라이빙을 빼면 별다른 이야기를 할 수 없을 만큼 초집중의 삶을 살아왔다. 앞서 언급한 대학 생활 첫 2년간 고삐 풀린 방탕과 '천년의 사랑'을 지켜내려 뉴욕과 캐나다를 오고 가던 세월을 제외하고는 말이다. 보통 어릴 적부터 혼자 살게 되면 외로움을 느끼고 방황의 시간을 보낼 법도 한데 나의 경우 단 한 치의 외로움을 느껴본 적이 없다. 어떻게 이게 가능했을까? 주변에 친구들도 외모, 피부색, 언어, 문화 등 죄다 다른 점뿐인데 어떻게 외로움이라는 걸 모르고 살았을까?

지금 돌아보면 그 이유는 당시 내가 우선순위에 초집중하면서 해야 할 일로 하루를 꽉 채웠던 덕분이었다. 대학교의 경우 공부 시간이 최소 열

시간이 됐고 나머지 시간은 두세 시간의 감성운동으로 채웠다. 그리고 잠자는 시간 여덟 시간을 제외하면 하루가 끝나니 외로움을 느끼기에 쉽지 않은 일정이었다. 대학 졸업 후 로스쿨에 가기 전 경력을 쌓기 위해 한국에서 3년간 직장 생활을 했다. 그러고는 미국으로 돌아가 로스쿨에 진학했다.

앞서도 이야기했지만 미국 로스쿨은 본래 1학년이 가장 스트레스가 심하고 혹독한 시간이다. 이유는 생소한 여러 법 과목을 공부하는 것도 있지만 로스쿨은 변호사를 길러내는 직업학교라는 말과 걸맞게 온종일 수업 외 교육들로 학생들을 들들 볶는다. 학업 외에도 일찌감치 로펌과 회사를 비롯한 여러 법률 관련 단체의 현직 변호사들과 네트워킹하는 자리를 주선하여 학생들에게 참여하고 조언을 얻기를 독려한다. 그리하여 온종일 공부하고 여기저기 돌아다니느라 어떻게 지나가는지도 모르게 하루가 훅 가버리고, 집에 들어오면 그대로 쓰러져 잠드는 나날이 이어진다.

그뿐만 아니라 졸업 후 최대한 좋은 곳에 취업하기 위해선 로스쿨 1학년 성적이 매우 중요하다. 실제로 1학년을 망치면 웬만해서는 인턴십을 잡기도 쉽지 않으며, 심지어 졸업 후 취업할 때도 오랜 시간이 걸린다. 그래서 모든 1학년 학생은 피 터지게 경쟁하고 그중 일부는 매일 울면서 보내는 경우가 허다하다.

나 역시 매일 살인적인 일정을 소화하며 보냈다. 하루 평균 열두 시간은 학교에서 수업과 공부, 세 시간은 감성운동, 수면시간 여덟 시간을 제외하면 남는 시간이 없었다. 당시 미국에서 똑똑하다는 사람들이 모여 있는 탑 20 로스쿨에서 누가 책상 앞에 오래 앉아 있나 피 터지게 경쟁하기에도 모자란 상황에 감성운동을 위해 두세 시간을 투자해야 했으니 더더욱 심심함이나 외로움 따위는 느낄 겨를이 없었다. 그뿐만 아니라 나의 경쟁자들처럼 가끔 밖에 나가서 식사나 데이트, 혹은 파티에 가는 시간조차 내게는 허락되지 않았다. 그것들 대신 나는 감성운동을 선택했고 감성운동을 통해 나의 각종 부정감정을 깨부수고 감정을 유연하게 조절하여 더욱 공부에 집중할 수 있었기에 나는 전혀 개의치 않았다. 그렇게 나는 목표지점을 향해 미친 듯이 질주하며 나아가는 자동차와 같이 앞만 보고 달렸다.

학기를 마치는 기말시험을 보기 전날까지 나는 초집중을 유지했고 늘 그랬듯 바로 전날에도 어김없이 두세 시간 동안 감성운동으로 마무리했다. 이때 감성운동의 초점은 명확하다. 지금까지 고생하며 잘 버텨낸 나를 독려하고 다음 날 있을 시험에서 에이스가 될 수 있도록 운동하면서 거울을 보며 동기부여하는 것이다. "드디어 내일이야. 지금까지 너무나 고생 많았어. 넌 잘할 거야. 너도 알지? 네가 얼마나 초집중하고 열심히 준비했는지. 그러니 믿어. 너를 믿어. 분명히 네가 에이스야. 내일 마음껏 능력을 발휘해보자! 가서 실컷 다 던지고 와!"

그렇게 시험을 만족스럽게 마무리하고 나서 나는 바로 헬스장을 찾았다. 전날 감성운동에서 동기부여 해준 거울 속 나를 찾기 위해서다. "친구야, 역시 네 말대로 에이스가 됐어! 열심히 한 만큼 자신 있게 훨훨 날았어! 고마워, 친구야. 네가 응원해준 덕분이야. 역시 우린 최고의 파트너야! 매일 성장하는 우리, 앞으로도 잘 부탁해!" 시험이 끝나고 한 학기 중에 꽁꽁 싸매고 있던 긴장이 풀린 만큼 서너 시간을 열심히 쇠질하고 거울 속 스스로와 대화한 뒤에 집으로 돌아왔다. 집으로 돌아오면 이제 매 학기를 마무리하는 나만의 의식이 시작된다. 바로 물을 받은 욕조 속에 들어가 그간 걸어온 길을 돌아보며 마음 놓고 실컷 울어버리는 것이다.

대체 이런 의식은 언제 어쩌다 생긴 걸까? 어릴 때부터 혼자 살아와서 나도 모르게 내면에 쌓인 외로움들이 있는 것일까? 아니면 그간 허튼짓 안 하고 초집중의 삶을 살며 하고 싶은 것들을 참아온 것에 대한 일종의 억울함인가? 아니다. 그렇게 목표를 달성하기 위해 피땀 흘리고 절제하며 버텨온 스스로에 대한 대견함과 뿌듯함을 내 방식대로 느끼고 표현하는 의식이다. 또 평소 목욕이나 반신욕을 굉장히 좋아했는데 평소에는 바빠서 하지 못해 참아왔던 것을 학기를 끝내고 나서야 하게 되니 뿌듯하고 감사한 마음이 들어 욕조에서 눈물을 흘리게 된 것 같다.

눈물이 나올 때의 감정은 말 그대로 성취의 행복 그 자체였다. 마치 내가 할 수 있는 최선을 다해 노력했을 때, 이보다 더 잘할 수 없다는 확신이 들었을 때, 다시 돌아가도 이만큼 잘할 수 없겠다는 생각이 들 때, 단 한 치의 후회가 남지 않는다고 느꼈을 때 드는 세상 둘도 없는 행복이었다. 환희의 눈물이 미소를 머금은 내 얼굴 위로 스르륵 흐르면서 한 학기 중에 있었던 일들이 한 편의 영화와 같이 지나갔다. 희한하게 그 영화에서 이 악물고 노력해온 내 모습이 보일 때마다 뭔가 환희라기보단 악에 받친 사람처럼 서글프게 엉엉 울음이 터졌다. 사실 억울하고 서글픈 게 아니라 너무 대견하고 감사하고 기뻐서 그렇게 나오는 건데 말이다. 어쨌거나 복잡하고 미묘한 감정이 뒤섞인 희한한 의식임에는 틀림이 없었다.

그렇게 한참을 울고 나서 가족 모두가 들어와 있는 단체 메신저 방을 열었다. '가족 여러분, 한 학기를 무사히 성공적으로 잘 마무리했습니다. 그간 이러이러한 일들이 있었는데 그때마다 고생하시며 지원해주시는 가족 여러분을 생각하고 특히 아버지, 어머니를 떠올리는 이미지 트레이닝을 통해 잘 이겨냈습니다. 앞으로의 계획은 이러이러하고 이렇게 저렇게 해보려고 합니다. 늘 지원해주셔서 감사하고 더욱 발전하고 성과를 내는 사람으로 점차 보답하겠습니다.' 이렇게 울고 나서 목욕을 마치면 내 몸과 마음은 행복과 성취의 에너지로 충전돼 있음을 흠뻑 느낄 수 있었고 또 다른 도전을 위한 새로운 항해를 준비하는 선장의 마음처럼 설렘으로 가득 차 있었다.

그렇게 나의 의식은 가혹하게 채찍질당하며 열심히 달려와 준 나에게 감사의 마음을 전하는 시간이었다. 얼마나 왔는지 수시로 뒤를 돌아보는 게 아닌 앞만 보고 달리게끔 채찍질 당하던 나에게 성취의 기쁨을 만끽하게 해주는 자신만을 위한 시간이었다. 그렇게 나를 다독이고 독려하고 응원하고 나면 나는 목표를 향한 길에서 그 어떤 유혹도 이겨낼 수 있는 더욱 단단하고 강인한, 감정적으로 충만하고 안정적인 사람으로 한층 거듭나게 되는 것이다. 일종의 성인식처럼 같이 나는 매 학기 말과 같이 중요한 성취의 순간에 나의 레벨 업을 축하해온 것이다.

결국 힘들 때마다 여러분이 기댈 수 있는 세상 가장 소중한 친구는 바로 자기 자신이다. 어린 시절부터 혼자 미국이라는 외딴곳에서 살아오며 내가 터득한 인생의 진리는 바로 자기 자신을 믿고 스스로와 대화하며 채찍질하고, 다독이고, 독려하고, 축하하는 것이다. 사람은 누구나 언젠가 자신을 키워준 부모 곁을 떠나 독립적으로 인생을 살게 되는데, 자기 스스로 설 수 있어야만 자신의 인생의 진정한 주인이 될 수 있다. 혼자 일어서고 버티면서 어떻게든 앞으로 나아가야 한다. 그렇게 스스로 삶을 개척하고 발전시킬 수 있어야 단 한 번뿐인 소중한 인생을 즐겁고 가치 있고 충만하게 살 수 있다. 욕조에 몸을 담그고 눈물을 흘리던 나만의 의식은 내가 어떠한 척박하고 위험한 길을 지나든 유혹과 위험에 빠지지 않고 안정적이고 집중적으로 나아갈 수 있도록 스스로를 동기부여하고 위로하는 시간이었다. 그리고 동시에 더욱 힘차게 나아갈 수 있도록 자신감과 자존감으로 무장시키는 시간이었다. 또 열심히 달려온 만큼 나라는 자동차의 엔진과 타이어가 장시간 열을 받아 터지지 않도록 잠깐 브레이크를 밟아주고 식혀주는 과정이었다.

당신은 스스로 동기부여하는 의식이 있는가? 스스로와 만나고 대화하며 당신의 목표를 향해 나아가도록 동기부여하는 방법을 갖고 있는가? 없다면 하루빨리 자신을 찾아 나서시라. 헬스장 거울이 됐든 화장실 거울이 됐든 어디에서든 자기 자신을 불러내고 목표달성의 어렵고 고단한 과정에서 함께할 것을 주문하고 약속하시라. 당장 찾아 나서시라. 왜냐면 당신이 모르는 사이 당신의 자아는 당신을 애타게 기다리고 있을지도 모르기 때문이다. 당신이 낙담하고 우울해하고 포기하려던 순간마다 당신의 자아는 당신이 자신의 잠재력과 가능성을 실현해주길, 채찍질해주길, 성공하고자 하는 열망을 알아차려 주고 독려해주길 바라고 있었을 테니 말이다. 반면 만약 당신이 지금껏 목표달성을 위해 앞만 보고 너무 질주했다면 그간 지쳐 있을 당신의 엔진과 타이어를 잠시라도 식혀주시라. 그러한 시간을 통해 몸과 마음을 재정비하여 다시금 목표의 길에서 힘껏 달릴 수 있도록 재충전하시라.

## 일요일의 우울감을 겪고 있는 당신에게

≫ QR 찍고 쇼츠 보기

나의 외가 식구들은 1970년대부터 미국에 건너가 자리를 잡고 살고 있다. 그중 둘째 이모의 경우 이화여자대학교 의대를 졸업하고 미국 노스웨스턴대학교에서 레지던트를 거쳐 재활 전문의로 일찌감치 자리를 잡았고, 슬하에는 세 명의 자녀가 있다. 첫째인 제니퍼는 로스쿨을 졸업했지만, 자신의 적성에 맞지 않는다고 판단하여 변호사 시험에 응시하지 않고 미네소타 주에 있는 미니애폴리스에서 일반 사무직으로 전향했고, 둘째 캐롤라인과 막내 라이언은 전문 간호사로 라스베가스에서 근무하고 있다. 나와 형은 어릴 적부터 미국에서 유학을 했기에 우리는 연휴 때마다 사우스다코다 주 수 폴즈에 있는 이모 집에 모여 많은 시간을 함께했다. 또 서로 나이 차가 두세 살 정도라 어릴 때부터 사촌이라기보다 형제와 같은 친밀한 관계를 맺었다. 그중 나와 라이언은 운동을 좋아하는 성향이 비슷하여 둘 다 고등학교 때 미식축구 선수로 활약하는 등 여러 공감대를 형성하며 친형제와 같은 관계를 유지하며 지내왔다.

내가 LA에서 로스쿨에 다니고 있을 때 라이언은 전문 간호사 입학시험을 비롯한 여러 준비를 하고 있었다. 당시 라이언은 격주로 나를 보러 LA에 왔고 우리는 함께 공부하고 운동을 하면 시간을 보냈다. 당시 라이언은 자신도 PA스쿨에 들어가면 공부에 우선순위를 둔 루틴이 필요하니 나의 일상을 함께하며 내 초집중 루틴에 대해 배우고 싶다고 했다. 그래서 라이언이 내게 놀러 올 때마다 우린 실제로 노는 게 아니라 나의 초집중 루틴대로 공부와 운동을 함께했고 그 와중에 나는 초효율 생활요리를 통해 짧고 굵게 양질의 식사를 해결하는 방법까지 라이언에게 전수해줬다. 그뿐만 아니라 여러 마인드 컨트롤 방법과 시간을 효율적으로 쓰는 방법, 감성운동의 디테일, 파워냅 등 그간 만들어온 나만의 필살기를 전수해주었다.

그렇게 그가 곧 PA스쿨이라는 직업학교에 들어가면 내가 한 것처럼 자신의 우선순위에 초집중하여 건강하고 단단한 삶을 만들어가길 바랐다. 베가스에 돌아간 라이언은 내가 가르쳐준 대로 열심히 입학을 준비했고 결국 좋은 PA스쿨에 합격했다. 그러고는 여러 번 가족들에게 자신의 합격에는 나의 공이 가장 컸다고 말했고 입학한 후로도 나와 똑같은 루틴으로 자신의 삶이 안정적이고 단단하게 꾸준히 발전하고 있음에 행복하다고 말했다.

3년간의 PA과정을 끝낸 라이언은 네바다 주의 PA 자격증을 취득하고 라스베가스 인근 병원에서 드디어 전문가로서 자리를 잡았다. 탄탄하게 자리를 잡고 나서도 그의 인생에 제대로 뿌리내린 초집중 루틴은 계속되었다. 그는 집을 구입하고 멋진 여자 친구와 만나 결혼을 준비하는 등 그 어느 때보다 활력과 자신감이 넘치는 삶을 살아가고 있었다. 이때 나는 나대로 한국에서 쉴 새 없이 초집중 루틴을 돌리며 사업가이자 동기부여 유튜버로서 정신없는 나날을 보내고 있었다.

그러던 와중 어머니께 전화가 걸려왔다. 라이언이 자동차 사고로 현재 매우 위독한 상태라고 했다. 자초지종을 알아보니 여느 날과 같이 퇴근 후 병원을 나서 헬스장으로 향해 감성운동을 한 후 집으로 돌아가는 길에 블랙 아이스를 미처 피하지 못해 미끄러지는 사고를 당한 것이다. 이때 다행히 의식은 붙어 있었으나 척추 쪽에 부상이 심했고 운이 나쁘면 한쪽 팔을 사용하지 못할 수도 있다고 했다.

그렇게 응급수술을 받고 중환자실에서 며칠을 보내고 살아 돌아왔지만 결국 라이언은 하반신 마비 판정을 받았다. 청천벽력과 같은 소식을 전해 들은 나는 다시 한 번 인생사 새옹지마라는 현실을 느끼고 씁쓸함과 비통함을 느낄 수밖에 없었다. 그로부터 몇 달간 라이언은 고통스러운 치료와 재활을 버텨야 했고 스쿼트 200kg을 무난하게 하던 그의 다리는 점차 가시나무와 같이 말라져 갔다.

세상이 참 얼마나 가혹한가? 왜 하필 평소 그렇게 선하고 착실한, 남에게 봉사하고 귀감이 되는 이들이 이런 일을 당하는 것인가? 특별한 욕심 없이 그저 자신의 자리에서 묵묵하게 땀 흘리고 최선을 다해 미래를 준비하던 사람에게 왜 이런 일이 일어나는 것인가? 갑작스런 사고 후에 눈을 떠보니 하반신이 움직이지 않았던 라이언을 생각하니 가장 중요한 순간에 자기계발의 노하우를 가르쳐주고 가치 있는 땀방울의 시간을 함께 보낸 나로서는 너무 안타깝고 비통했다.

그는 어떤 마음이 들었을까? 매일 나와 같이 헬스장에서 땀 흘리고 운동하며 거울 속 스스로와 대화하고 지속적인 자기발전과 성취의 기쁨을 위해 동기부여를 했을 텐데, 하루아침에 그 모든 것이 날아간 듯한 기분을 느꼈을 것이다. 얼마나 몸을 움직이고 싶을까? 단 하루만 운동을 못해도 온몸의 근육이 간질거리고 쇠질을 못하면 몸에 활기와 기운이 돌지 않을 텐데 어떻게 그냥 누워만 있을 수 있을까? 그의 비통함과 슬픔, 좌절이 얼마만큼일지 나는 도저히 가늠조차 할 수가 없었다. 매 격주 LA에 나를 찾아오며 그토록 집중하고 땀 흘리며 성취하는, 스스로 충만한 인생을 살고자 한, 열의에 넘치던 친구였는데 아무리 정신의 신호를 보내도 움직이지 않는 그의 몸은 얼마나 큰 좌절로 그에게 다가왔을지 한참 생각했다.

몇 개월을 거쳐야 하는 재활 프로그램은 비용 또한 어마어마했다. 비용을 마련하기 위해 라이언의 가족들은 공개적으로 치료를 위한 펀드를 모집했고 나는 내가 할 수 있는 최대한의 모금을 보내며 나의 비통함과 안타까움이 섞인 응원을 보냈다.

그렇게 나의 바쁜 일상을 살아가다 그의 소식이 들려오면 다시금 비통함을 느끼고 안타까워하는 것을 되풀이했다. 당시 나 역시 사업이나 유튜브나 생각만큼 되지 않아 고군분투했는데, 가끔 나도 모르게 부정의 기운에 자주 휩싸이고는 했다. 그럴 때마다 문득 생각이 든다. '하아, 지금 내가 왜 이렇게 힘들어하고 있지? 라이언은 지금 몸이 움직이지도 않는 상황에서 어떻게든 살아보려 안간힘을 쓰고 재활하고 있는데, 난 이게 뭐그리 대단한 일이라고 이렇게 매일 스트레스에 둘러싸여 비관적인 감정으로 사는 거지? 만약 내가 라이언의 입장이었으면 이런 불평불만이 얼

마나 하찮게 보일까? 이런 스트레스와 불만에 찌든 하루라도 얼마나 그에게는 살아보고 싶은 하루일까?'

그가 느꼈을 간절함과 평범한 일상에 대한 감사함은 내가 지금껏 살며 느끼거나 감히 상상하고 헤아려보지 못했던 것이었다. 그렇게 생각하니 당시 상황에 힘들어하고 괴로워하던 나 자신이 한없이 부끄럽게 느껴졌다. LA에서 내가 라이언에게 했던 말이 생각났다. "헤이, 라이언. 감성운동이란 이런 거야. 그 어떤 역경이라도 널 쓰러뜨릴 수 없을 거야. 왜냐하면 헬스장에 들어오는 순간 너는 강인한 너 자신을 불러내서 너의 모든 부정감정을 깨부술 수 있거든. 그렇기에 인생 그 어떤 적도 너를 쓰러뜨리지 못해. 그렇기에 너는 항상 승리자로 거듭나는 거야."

당시 병상에 누워 욕창을 치료하던 그와 달리 내 몸은 너무나 멀쩡했고, 내 정신 역시 어떤 주문이든 걸 수 있고 어떤 신호든 보낼 수 있을 만큼 강인했다. 그에게 말한 것처럼 나는 감성운동 모드에 들어가 부정적인 감정들을 가차없이 채찍질하며 역경을 헤쳐나갈 수 있었다. 그럼에도 불구하고 어느새 알게 모르게 부정감정들에 서서히 잠식되어 가고 있음을 느낄 수 있었다.

그렇게 나는 당시 나의 어려운 상황을 바라보는 시각을 전환했다. 현재 안 되는 일들, 내가 하지 못하는 일들이 아닌 내가 당장 할 수 있는 일들에 집중하며 하나하나 어려움의 실타래를 풀어가기 시작했다. 그러면서 원망을 느끼기보단 어려운 상황에 그나마 내가 할 수 있는 일들이 있다는 것에 감사함을 느끼고, 재빠른 실행으로 상황을 나아지게 만드는 것에 집중할 수 있었다. 즉, 제 아무리 내 생활이 어렵고 우울해도 병상에 누워 있는 라이언의 상황에 비할 바가 아니라는 생각은 그에게 부끄럽지 않도록 나를 계속 움직이고 실행하도록 만들었다.

누군가는 이렇게 이야기할 수 있을 것이다. 어떻게 사촌 동생의 안타까운 상황을 보고 자신은 그렇지 않음에 감사함을 느낄 수가 있느냐고. 하지만 이것은 매우 일차원적인 단순한 생각이다. 그저 '사지가 멀쩡하니 괜찮다'로 끝내는 것이 아니라, 주변에서 일어나는 일들을 보고 교훈을 만들어 내 자리에서 더 열심히 살아갈 동기로 삼겠다는 뜻이며, 이는 남의 불행을 나의 원동력으로 삼는 지극히 기회주의적인 태도와는 질을 달리한다. 아버지가 갑자기 돌아가셨을 때를 떠올려보면, 비통하고 원통한 마음에 아버지를 따라가려 하기보다 훗날 다시 뵐 때 자랑스러운 모습으로 서기 위해 아버지의 몫까지 더욱 치열하게 살아가고, 그 결과 여러 결실을 맺을 때 '그래도 버티고 이겨내길 잘했다'고 생각하게 되는 것과 같은 이치다.

즉, 인생의 양면성을 바라보면서 힘들고 어려운 일 이면에 반드시 버티고 이겨낼 수 있게 하는 요소들이 존재함을 상기하고, 묵묵히 제 할 일을 해나가는 마인드셋은 누군가의 불행을 나의 행복으로 여기는 자기위로 따위가 아니다. 자신의 인생에서 남부끄럽지 않게 살기 위한, 어려움을 이겨내고 발전하고자 하는 절박하고 처절한, 눈물겨운 노력의 증거인 것이다.

만약 당신 주변에 경제적으로 어렵게 살고 있거나 신체적인 장애를 갖고 사는 사람을 봤을 때 어떤 생각이 드는가? 나는 저 사람처럼 없이 살거나 장애가 없어서 너무 좋다는 생각을 가질 것인가? 아니면 저런 사람도 열심히 살려고 애쓰는데 나는 이대로 널브러져서 살면 안 된다는 생각을 가질 것인가? 사촌의 불행을 나의 에너지로 쓴다고 생각하는 사람들은 전자처럼 생각할 테지만 삶의 고난 속 인생의 양면성을 보고 앞으로 나아가려는 사람은 후자처럼 생각할 것이다. 결국 자신의 단 한 번뿐인 인생에서 언제 인생을 마감하기까지 어떤 사람으로 살아갈지는 당신의 선택에 달렸다.

그렇게 어렵고 힘든 고난 속에서도 라이언은 딛고 일어섰다. 여전히 하반신을 쓰지는 못하지만 피나는 재활의 노력 끝에 휠체어를 능수능란하게 조종하며 각종 운동 경기와 패럴림픽에 참가해 눈부신 활약을 하고 있다. 또 자신이 다니던 병원에 다시 취업하여 할 수 있는 일에 매진하며 바쁜 일상을 살아가고 있다. 그는 가족을 비롯한 타인에게 자신의 신체장애 때문에 자신을 도와주려 하거나 다르게 취급하지 말아 달라고 하며 누구보다 독립적이고 진취적으로 살아가고 있다. 그는 내가 아는 사람 중에 아마도 가장 긍정적이고 밝은 사람이기에 장애로 인한 암울함과 절망 대신 기적과 같이 살아나 일상생활을 할 수 있게 된 것에 대한 감사의 힘으로 하루하루를 보내는 것이다.

사고 이후 라이언은 이렇게 말했다고 한다. "나보다 더 큰 사고로 상반신마저 쓸 수 없는 사람들을 보면, 나는 지금의 내 모습에 그저 감사할 따름이다. 오히려 못 하는 게 없다고 생각하며, 더욱 열심히 살아야겠다는 마음이 든다." 라이언은 사고 전보다 오히려 삶에 대한 감사와 절실함, 그리고 충만함을 훨씬 더 깊이 느끼고 있었다.

세상엔 다양한 사연을 가진 사람들이 존재한다. 가끔 텔레비전 또는 유튜브에 나오는 영상을 보면 누군가가 자신의 구구절절 아픈 이야기를 하면 시청자들은 그들의 어려움과 절망, 아픔에 공감하고 눈물을 흘린다. 그러고는 자신의 인생을 돌아보며 '아, 저 사람에 비하면 내 인생의 어려움은 정말 아무것도 아니구나' 하며 다시 열심히 살아볼 의지를 다지곤 한다. 이것은 너무나 자연스러운 인간의 본능이자 자신의 인생을 나아지게 해보려는 자기성찰과 동기부여의 과정인 것이다.

그렇다면 당신은 어떤가? 당신의 삶 속에서 힘들고 우울하고 좌절을 느낄 때 당신의 주변을 한 번이라도 돌아본 적이 있는가? 당신보다 더 어렵고 절망스러운 상황에 있는 사람들을 보고 무엇을 느끼는가? 더욱 어렵고 절망스러운 상황에 있는 사람들이 오히려 당신보다 더욱 열심히, 즐겁고 충만하고 감사한 마음으로 만족하며 살고 있을 때, 정작 당신은 낙담하고 무기력하게 살고 있다면 어떤 마음이 들겠는가?

그러니 고난의 과정을 지날 때 잠깐 멈추고 주변을 돌아보시라. 어렵고 안 되는 것들에만 집중하다 보면 어느새 그 상황에 갇히게 되고 진흙 구덩이에 점차 빠져들듯 어려움 속에 파묻히게 될 것이다. 이때 잠깐 멈추고 주변을 돌아보고 현 상황을 바라보는 당신의 관점을 전환하여 환기하시라. 그럼 어느새 힘들고 불리한 것들에, 내가 못하는 것들에 얽매여 좌절하는 게 아니라 현재 당신이 할 수 있는 것들에 감사함을 느끼고 집중해서, 상황을 나아지게 만들 수 있을 것이다. 불행한 사고와 그로 인한 장애 속에서 제2막의 인생을 감사의 마음으로 눈 코 뜰 새 없이 즐기고 있는 나의 사촌 동생 라이언처럼.

## 외모 콤플렉스를 이겨내는 첫걸음

≫ QR 찍고 쇼츠 보기

나는 미국 고등학교 시절 미식축구팀에 들어갔다. 이 책에서 이미 여러 번 이야기한 바 있듯 내가 미식축구를 시작하게 된 계기는 인종차별과 동양인에 대한 무시를 이겨내기 위해서였다. 미국에 건너갈 당시 나는 한국인치고는 체격이 좋은 편이었는데 백인이나 흑인 친구들에는 비할 바는 아니었기에 늘 그들에게 보이지 않는 무시를 당했었다. 더구나 당시 미국에는 아시아인을 '작고 왜소한 체격에 안경을 쓰고, 운동과는 거리가 멀며, 타인의 눈치만 본다'고 묘사하는 고정관념이 팽배해, 한국에서 갓 건너온 나 역시 그런 취급을 받곤 했다. 더구나 인종차별에 더불어 영어가 제2외국어였기에 FOBFresh Off the Boat(배에서 막 내린 사람) 취급까지 더해져 나는 외모로부터 오는 각종 무시와 멸시와 매일 싸워야 했다. 그러던 와중 미국인들이 가장 좋아하고 선망하는 미식축구 선수가 되기로 마음을 먹었고 그간의 설움과 오기를 실컷 풀어내고자 했다.

그렇게 팀에 들어가고 나서 혹독하게 훈련하고 운동했다. 당시 주로 학교 헬스장에서 운동했는데 평소엔 일반 학생들에게 오픈돼 있었지만 미식축구팀의 웨이트 훈련 시간에는 팀원들만 독점적으로 사용할 수 있었다. 이때 팀원들과 훈련 복장을 한 채 헬스장에 들어설 때의 기분이 굉장히 짜릿했다. 평소 왜소하고 소극적이고 내향적인 아시안이라는 꼬리표를 항상 달고 다녔는데 이때만큼은 뭔가 학교의 주류로서 당차고 진취적인 사람이 된 것 같은 느낌이라 마치 갇혀 있던 새장에서 나와 하늘을 나는 새와 같다고나 할까? 웨이트하는 동안의 기분만으로도 기존에 갖고 있던 나만의 외모 콤플렉스에서 자유로워지는 것을 느꼈다. 하지만 이는 그저 시작에 불과했다. 외모 콤플렉스를 극복하기 위해서는 우리 팀원들 모두에게 나의 능력과 가능성을 입증해야 했기에 헬스장에 들어섬과 동시에 나는 미친 정신으로 무장하고 죽기 살기로 운동했다.

당시 팀에서는 운동 종목별로 목표 무게를 설정했고 목표를 달성하는 사람에게 인정과 보상의 증표로 아이언 맨이라고 쓰인 티셔츠를 증정했다. 예를 들어 벤치프레스의 경우 100kg을 들어 올리면 아이언 맨 티셔츠를 받는 것이다. 나는 그 티셔츠를 받기 위해 미친 듯이 운동했다. 티셔츠는 내 외모 콤플렉스를 극복하는 데 아주 좋은 아이템이었고, 그것을 입고 다닐 내 모습과 사람들의 시선을 떠올리면 인종차별의 벽을 깨뜨리려는 강력한 동기부여가 되었다. 악착같이 눈이 빨개지도록 100kg를 들어 올리려 애를 쓸 때면 팀원들이 옆에 붙어서 소리를 지르며 응원했다. 그중 팀의 주장인 잽 테리는 어떻게든 성공시키려고 내 얼굴 앞에다 미친 듯이 침 튀기며 소리를 지르고 무조건 들어 올리라고 협박에 가까운 응원을 해줬다.

참 희한한 게 처음엔 나를 전부 무시했던 아이들이었는데, '나도 할 수 있다, 어떻게든 해보겠다'라는 정신으로 팀에 합류하고 함께 훈련을 받기 시작하니 그들이 점차 나를 팀원으로 받아들이는 게 느껴졌다. 어쩌면 인종차별은 외모와 언어 차이에서 시작되기보다는 그저 익숙하지 않음과 다름으로 인한 무관심과 교류의 부족에서부터 시작된 게 아니었나 싶기도 하다. 나 역시 그들과 마찬가지로 목표를 달성하고 자기발전을 이루기 위해 정신없이 도전하는 한 사람으로 보이기 시작하니 그들의 마음이 열리고 비로소 친밀한 내적 공감과 교류가 생겨나지 않았나 싶다.

어쨌든 당시 나의 목표인 덩치를 키우고 활발한 스포츠 활동으로 작고 숫기 없는 아시안의 고정관념을 깨는 것은 아이언맨 티셔츠를 받아내면서 본격적으로 시작됐다. 지금 생각하면 그깟 티셔츠가 뭐라고 그렇게 독하게 들이댔나 생각이 들지만, 당시 어린 나이에 나를 깔아뭉개는 주변의 시선과 무시를 박살내는 방법으로는 그만한 게 없었다. 그렇게 몸집이 커지고 나니 팀 훈련과 경기에서 점차 나의 역할이 늘어가더라. 근육이 커지고 힘이 올라가면서 나의 순간 속도는 치솟았고 상대의 태클을 쳐내는 나의 반사 태클 능력 역시 확연히 증가했다.

나의 터치다운 카운트도 올라가면서 점차 팀에서 나의 비중과 성과는 팀원들의 이목을 집중시켰다. 그러다 보니 어느새 팀원들이 나를 대하는 태도와 모습이 점차 달라지는 것을 느꼈다. 그리고 나는 더 이상 외모 콤플렉스에 눌려 있는 안경 쓰고 소심한 작은 아시아인이 아니라, 묘한 피부색과 호기심을 불러일으키는 외모를 가진 매력적인 미식축구선수로 거듭나고 있었다.

이러한 변화는 팀에서뿐만이 아니었다. 미식축구를 하면 학교 전체에서 인싸이자 매력남으로 통한다는 말은 미국 어느 학교에서나 동일했다. 따라서 내가 캠퍼스를 걸어다닐 때마다 내게 먼저 인사를 건네고, 같이 공부하거나 밥을 먹자고 하는 친구들이 부쩍 많아졌다. 때로는 내가 모르는 친구들이 먼저 인사를 건네고 아는 척하는 경우도 많았는데 이때 처음 느껴본 뭔지 모를 우쭐함과 신기함은 아직도 내 가슴속에 선명하게 남아있다. 그러면서 어느새 학교생활이 재밌어졌고 나는 뭐든지 다 할 수 있을 것 같다는 에너지와 자신감은 당시 나의 인생을 충만하게 만들어줬다.

당시 학교 캠퍼스 안에 소위 핵인싸만 앉을 수 있다는 벤치가 있었는데 자연스레 학교 내 핵인싸는 미식축구 선수들과 하키 선수들이었다. 누가 더 터프하고 힘이 센가라는 다소 유치한 주제를 두고 미식축구 선수들과 하키 선수들 간에 갈등과 도발이 난무했다. 한번은 하키 선수들이 다수 앉아 있었고 나의 미식축구 팀원들 몇 명이 누가 먼저 왔는가, 고로 누가 자리를 비켜줘야 하나를 두고 말싸움을 벌이고 있었다. 이때 길을 가고 있던 나는 이 장면을 목격하고 내 팀원들에 힘을 실어주고자 가슴과 광배에 힘을 주고 다가갔는데 나를 본 하키 선수들이 나와 친한 척 그냥 쿨하게 인사를 하고는 자리를 내어주는 것이 아닌가? 당시 열일곱 살이었는데, 그때까지 살아오며 처음으로 느껴본 뿌듯함과 우월감이었다. 지금 생각하면 다분히 유치하고 미성숙하지만, 당시 나를 짓누르던 외모 콤플렉스와 인종차별을 단방에 부숴버리기에 손색 없는 일화이다.

미식축구팀에 들어가고 날이 갈수록 몸이 커졌고, 몸이 커지고 강해질수록 팀에서는 나날이 괄목할 성과를 냈다. 팀 밖에서는 인싸로서 사람들에게 인식되어 갔다. 그러다가 한번은 학교에서 가장 예쁘고 매력적인 대만 출신 친구와 사귀게 되었다. 평소 그냥 오고 가며 인사만 하던 친구였는데 갑자기 내 경기를 매번 보러 와서 내게 인사를 하더니 결국 고백을 한 것이다. 그녀에게 이유를 물어보니 우연히 내 경기를 보러 왔는데 팀의 유일한 아시아인으로 꽉 끼는 미식축구 유니폼을 입고 경기장을 뛰고 있는 모습이 너무 인상적이었다고 한다. 더구나 덩치가 큰 백인들과 흑인들 사이에서 꿇리지 않고 플레이하는 모습이 소름 끼쳤다고 했다.

하지만 그렇게 느꼈던 것은 그녀뿐만이 아니었다. 백인, 흑인, 동양인을 가리지 않고 여학생들은 나를 신기하게 생각하고 그들의 호기심을 매우 적극적으로 표현했다. 당신은 어두컴컴한 다수에 끼어 있는 밝게 빛나는 소수의 존재 가치를 어떻게 생각하는가? 뭔가 궁금하고 오묘하고 다가가서 유심히 보고 싶은 충동을 불러일으키지 않는가? 바로 그런 것이었다. 처음 학교에 입학했을 때엔 분명 어두컴컴한 다수에 끼어서 더욱 어두컴컴하게 보였던 소수가 나였다. 하지만 외모 콤플렉스를 외모 강점으로 이를 악물고 변화하려던 나의 노력이 결실을 맺어, 마침내 어둠 속에서도 빛을 내는 소수로 거듭날 수 있었다.

자신감이라는 건 참 희한하다. 무언가 목표를 설정하고 난 후 스스로 노력을 통해 성취해보면 '어? 나도 할 수 있네?'라는 자신감이 올라온다. 그 목표와 성취의 크기가 크든 작든 말이다. 그렇게 자신감이 생기면 자신도 모르게 더욱 능동적이고 적극적으로 다음 과제에 임하게 되고, 자연히 목표를 달성할 확률이 높아지게 되어 또다시 성취를 거머쥐게 된다. 그러한 자신감과 도전, 성취 사이클이 계속 돌다 보면 자신은 무엇이든 할 수 있는 사람이라는 자존감이 꾸준히 만들어지고, 이 자존감은 당신이 인생이라는 거대한 정글을 지날 때 마주할 어떤 고난과 역경 속에서도 꺼지지 않는 불꽃으로 당신의 앞길을 비추어주게 된다.

당시 미국에서 동양인이라는 외모 콤플렉스를 이겨내기 위해 나는 목표를 설정했고, 그걸 달성하기 위한 피나는 노력을 통해 나는 자신감과 자존감이라는 두 마리의 토끼를 거머쥘 수 있게 됐다. 그렇다면 외모 콤플렉스를 갖고 있다는 당신은 어떠한가? 키, 외모, 몸매 등 외모 콤플렉스를 이겨내기 위해 어떤 노력을 기울여보았는가? 물론 키나 외모는 일부 컨트롤할 수 없는 영역이 있다. 그렇다면 몸은 어떠한가? 운동과 지속적인 관리를 통해 극복할 수 있는 부분임이 분명하지 않은가?

미국에서 내가 다수의 사람들과 피부색과 골격이 다른 것은 어찌할 도리가 없는 부분이었다. 그렇다고 나는 콤플렉스를 이겨내려는 노력 자체를 내려놓았나? 그렇지 않다. 내가 컨트롤할 수 있는 부분에서 이를 악물고 과정마다 최선의 노력을 다했다. 피나고 멍들게 운동을 시작하여 티셔츠를 따내고 인싸가 되고 여자 친구를 만들고 궁극적으로 단단하고 자신감 넘치는, 다수 중에서 가장 밝은 빛을 지닌 소수로 거듭나지 않았는가?

당신이 외모 콤플렉스로 고민하고 있다면 처음부터 내가 바꿀 수 없는 것에 몰두해 바꿀 수 있는 것을 외면하지 말라고 말하고 싶다. 일단 복잡하게 엉킨 실타래를 생각해보자. 당신은 이 실타래를 어떻게 풀 것인가? 당연히 한쪽 끝을 찾은 후 하나하나 매듭을 풀어가지 않겠는가? 그렇듯, 당신의 외모 중 당신이 바꿀 수 있는 것이 무엇인지를 생각해보라. 누구나 운동으로 몸을 바꿀 수 있을 것이고 그 밖에 화장, 머리, 눈썹, 손톱, 패션 등 꾸준한 자기관리의 방법이 있을 것이다.

뭐가 됐든 자신만의 방법으로 꾸준히 하나씩 매듭을 풀다 보면 어느새 거대한 실타래가 서서히 풀리듯이 당신의 노력으로 인한 성과가 서서히 보일 것이다. 그 성과는 평소 느껴보지 못했던 나름의 자신감을 만들 것이고, 그 자신감은 다음 찾아올 더욱 큰 성과의 자양분이 된다. 그렇게 자신감과 성과가 쌓이면 자존감이라는 강력한 무기가 당신 허리춤에 장착되어 있을 것이다. 그렇게 당신의 외모 콤플렉스는 극복되는 것을 넘어 당신의 자신감과 자존감의 양분으로 변화되어 가는 것이다.

그러니 외모 콤플렉스라는 거대한 실타래 안에 갇혀 있지 말고 당장 실타래의 한쪽 끝을 찾으시라. 그리고 바로 할 수 있는 것에 집중하고 첫 매듭을 풀려는 모든 노력을 기울이시라. 실타래의 매듭은 결국 풀린다. 아무리 두껍고 복잡하게 얽혀 있어도 결국 풀린다. 그저 시간이 걸릴 뿐이다. 이건 당신이 무조건 이기는 게임이다. 그러니 당장 시작하시라.

## 헬스장에서 오로지 자신에게만 집중하는 방법

≫ QR 찍고 쇼츠 보기

 미식축구를 해본 사람은 알겠지만, 몸싸움과 태클 같은 부딪힘이 많아 굉장히 과격하고 위험한 운동이기에 보호장비가 필수적이다. 따라서 전신에 각종 충격 흡수 패드를 착용하고 머리를 보호하기 위해 헬멧을 써야만 한다. 헬멧의 경우 무척 무겁다. 또 충격을 받았을 때 헬멧이 돌아가거나 벗겨지지 않도록 굉장히 타이트하게 머리에 맞게 써야 한다.

 하지만 헬멧을 쓰면 시야가 상당히 좁아진다. 딱 자신의 눈앞 정면만을 볼 수 있도록 디자인되어 있다. 따라서 측면을 보려면 고개 전체를 돌려야만 한다. 왜 미식축구 헬멧이 그렇게 만들어져 있을까? 오히려 넓은 시야가 확보되어야 더 안전하지 않을까? 당시엔 이에 대해 별생각이 없었지만 지나고 보니 여기저기 신경 쓰고 한눈팔지 말고 눈앞에 있는 것에만 집중하라는 의미라는 생각이 들었다. 그렇다면 왜 미식축구를 할 때 유독 눈앞에 있는 것에 집중해야 할까?

미식축구 경기를 보면 모든 플레이에서 몸싸움이 벌어진다. 미식축구는 보통 공을 던지는 플레이와 들고 뛰는 플레이로 나뉘는데, 어떤 플레이를 하든 상대편이 뚫고 들어오지 못하게 막는 저지선의 역할을 하는 라인 배커line backer 포지션의 경우 무조건 상대편을 몸으로 막아야만 한다. 그뿐 아니라 공을 들고 뛰는 러닝 백running back과 와이드 리시버wide receiver의 경우 공을 들고 뛰어갈 때 상대 수비수로부터 온갖 태클과 차징charging이 들어오기에 자칫 주의를 놓쳤다가는 큰 사고로 이어질 수 있다. 그렇기에 잠시라도 주의를 풀지 못하도록 미식축구 헬멧은 전면에 집중하라는 의미로 전면 시야만을 강조하며 만들어졌을 것이다.

또 공을 던지는 역할인 쿼터 백quarter back이 패스를 할 때 날아오는 공을 받기가 쉽지 않다. 미식축구 공은 긴 거리를 던질 수 있어야 하기에 공기역학적으로 저항을 적게 받도록 납작하고 둥근 모양을 하고 있다. 쿼터 백은 공을 빠르고 멀리 던지기 위해 손목에 스냅을 강하게 주어 공에 스핀이 강하게 걸리도록 하는데, 그렇게 강하게 돌며 날아오는 공을 받을 때 주의를 기울이지 않으면 자칫 타박상을 입을 수도 있다. 그러니 리시버들이 공을 받을 때 오로지 공이 날아오는 것에만 온 집중을 모으라는 의미에서 헬멧이 그렇게 생겼을 수도 있을 것이다.

어쨌든 당시 나는 헬멧을 쓰고 경기장을 누비며 헬멧망 너머로 상대 수비수의 눈을 노려보면서 기싸움을 걸기도 했고, 내게 들어오는 태클을 피하려 상대의 움직임을 선제적으로 주시했고, 내게 날아오는 공을 받으려 고도의 집중으로 쿼터백의 움직임과 수비수의 움직임을 살폈다. 그렇듯 헬멧은 각종 충격으로부터 내 머리를 보호하는 동시에 고도의 집중력으로 전면을 바라보고 플레이할 수 있게 해주었다. 이때의 경험이 훗날 나의 감성운동 시간에 오롯이 운동에 집중하고, 자기와의 싸움을 이어갈 수 있게 '나만의 필살기'를 만들도록 도움이 됐다.

누군가는 고작 헬스장에서 운동하는 데 무슨 고도의 집중이 그리 필요하냐고 궁금해할 것이다. 미식축구와 달리 상대방과 몸싸움을 하는 것도 아니고 빠르게 날아오는 공을 받아야 하는 것도 아닌데 어떻게 미식축구 경기의 경험이 헬스장에서 도움이 되었을까?

헬스장에서 운동을 하다 보면 남들과 눈이 마주치는 경우가 많다. 아무리 헬스장이 크다 하더라도 제한된 공간에서 수시로 움직이다 보면 상대방과 눈이 자주 마주친다. 대부분 아무런 뜻 없이 상대방을 쳐다보는데, 웨이트 운동을 할 때는 싸움으로 번지거나 자칫 위험한 상황을 불러올 수 있다. 이유인 즉, 웨이트 운동을 하다 보면 자연히 아드레날린이 치솟는다. 아드레날린은 부신수질에서 분비되는 호르몬으로 스트레스를 받을 때나 위급상황에 대처할 수 있도록 하는 역할을 한다. 무거운 무게를 들고 버티는 것은 일종의 위험한 순간일 수 있기에 당연하게도 아드레날린이 분비된다. 이런 상태에서는 별것 아닌 불씨가 큰불로 번져가듯 헬스장에서 운동하는 이들 간의 아무 의도 없는 응시와 눈 마주침은 자칫 싸움으로 번질 수도 있다.

헬스장에서 운동을 해봤다면 누구나 이러한 경험이 있기에 서로 매우 조심하며 자신의 운동에만 집중하려 애쓴다. 그러나 다른 사람의 시선이나 눈 마주침이 불편해서 자신의 운동을 망치는 일도 많다. 즉, 헬스장에서 운동한다는 것 자체가 굉장히 불편하고 신경이 쓰이는 일이기에 운동을 굳이 열심히 하지 않더라도 심적으로 지치게 되는 경험을 누구나 한

번쯤 해봤을 것이다. 바로 이 점 때문에 많은 사람이 헬스장을 끊어놓고도 운동을 못 하거나 몇 번 하다가 그냥 포기해버리기도 하는 것이다.

그렇다면 나의 경우는 어떤가? 워낙 남의 시선을 신경 쓰지 않고 내가 원하고 생각하는 대로 당차게 행동하는 것에 익숙하니까 신경전에서 마냥 자유로웠을까? 사실 헬스장 신경전은 우리나라에서만 벌어지는 게 아니다. 미국도 그렇고 세계 어느 곳에서나 마찬가지다. 웨이트 운동을 할 때 분비되는 아드레날린과 남의 시선에 신경 쓸 수밖에 없는 인간 본성 때문에 어느 헬스장에서나 크고 작은 신경전은 매일 일어난다.

특히 나의 경우 감성운동의 특성상 하루 중 쌓여 있던 부정감정을 미친 듯이 두드려 패고 최대한 무거운 무게를 고반복으로 들어 올리며 스스로를 거칠게 채찍질하느라 아드레날린이 미친 듯이 분비되는 것을 경험한다. 이때 나와 같이 고강도 운동을 하는 사람과 눈이 한두 번 마주치다 보면 의식하기 시작하면서 더 자주 눈을 마주치게 된다. 그러다 보면 나도 모르게 신경전에 휘말리는데, 쓸데없는 말싸움으로 번지기도 했지만 오히려 상대와 운동 친구가 된 적도 있다.

이런 경험은 나만 겪은 건 아닐 테다. 오랜 시간 헬스장에서 웨이트 운동을 해본 사람이라면 누구나 일어날 수 있는 일이다. 운동 기구를 차지하고 핸드폰을 쓰고 있는 사람에게 거친 말을 쓴다거나 사소한 신경전이 말싸움으로 번지거나 하는 일은 아드레날린이 분비된 상황에서 빈번하게 일어난다. 반면 어떤 이의 경우는 이런 아드레날린 분비가 즐비한 환경에서 지레 겁먹고 운동에 집중하지 못하고 이들의 눈치나 살피다가 슬쩍 자리를 피하고 결국 그대로 헬스장을 나가버리기도 한다. 그렇게 운동 포기자로 전락하고 다시는 헬스장에 발을 들이지 못하기도 한다. 하지만 헬스장에서 운동할 때는 누구나 그러한 상황에 휘말리거나 그러한 상황으로부터 도망치지 않고 자기 운동에만 집중하는 것이 매우 중요하다. 그래야만 실제로 쓸데없는 시비로 시간과 에너지를 낭비하지 않고 본연의 목적인 감성운동에만 집중할 수 있으니 말이다.

헬스장에서 하는 감성운동은 거울 속에 있는 나를 불러와 때로는 응원과 독려를, 때로는 거침없는 채찍질을 하며 부정감정을 부수는 것이기에 남들과 쓸모없는 눈싸움, 말싸움, 신경전 따위는 애초에 만들지 말고 피해야 한다. 또는 아무리 주변에 아드레날린이 들끓더라도 그들의 기세에 눌리고 분위기에 지레 겁먹어서 자리를 피하지 말자. 비단 헬스장뿐만 아니라 사회생활을 하다 보면 주변인들의 시선이 신경 쓰이고 이들의 눈치가 보일 때는 수도 없이 많다. 그때마다 자신의 목적을 포기하고 그저 자리를 피하기만 할 것인가? 평생 그렇게 실패자로 전락할 것인가? 상황이 어렵고 주변의 시선이 불편하더라도 자신만의 방법을 고안하고 실행하여 마땅히 자신의 목표를 이뤄내야 하지 않겠는가?

그렇다면 24년을 고강도 트레이닝으로 미친 수준의 아드레날린을 매일 폭발시키는 나의 경우 어떻게 나만의 방식으로 불필요한 다툼에 휘말리지 않고 내 운동에만 집중할 수 있게 되었는가? 즉, 24년의 운동경력을 통해 어떤 필살기를 만들었는가? 바로 미식축구 경기에서 헬멧을 쓰고 경기에 임했을 당시의 경험을 통해 나의 시야를 오롯이 내 전면에만, 거울 속 자신에게만 집중시키는 방법을 고안해낸 것이다.

나의 경우 매사 경쟁심이 강하고 승부욕이 넘쳐서 누군가와 한번 눈이 마주치면 나도 모르게 상대의 기선을 제압하려는 경향을 보였기에 우선 내 시선을 먼저 관리해야 했다. 이를 위해 고강도 운동 세트를 진행할 때 점차 한계치에 다다를수록 나의 시선을 한곳으로 고정시켰다. 힘에 부치고 점차 한계치를 넘어갈 때면 나의 인상은 극도로 찌푸려지는데 이때 나의 눈은 반쯤 감겨 시선은 마치 미식축구의 헬멧을 쓰고 있던 당시의 시선처럼 좁혀지고 집중된다. 이때 주변의 시선 따위는 전부 사라진다. 이런 상황에서는 주변의 시선을 보고 신경을 쓸래야 쓸 수가 없다. 한계상황에서 집중 또는 힘을 풀었다가는 그대로 다칠 수 있기 때문이다.

이것을 나는 변화의 시야transformative vision라고 부른다. 왜냐면 두 가지 변화가 일어나기 때문이다. 첫째는 남의 시선으로부터 완전히 자유로워져 '이겨낼 것이냐 포기할 것이냐'라는 나와의 싸움이 시작된다. 둘째는 한계 시점에 도달해 그것을 넘어가는 '한계 트레이닝 상황'으로 전환되어 몸과 정신이 한 단계 업그레이드되는 실질적 발전과 변화가 일어난다. 즉, 헬스장에서 남들의 시선을 신경 쓰지 않고 오로지 자신에게만 집중하는 방법은 운동 세트마다 변화의 시야를 만드는 것이다. 내가 늘 주장하는 최고의 운동 방법이 한계 트레이닝이라고 말하는 것과 일맥상통하다. 다시 말해 나의 오랜 운동 철학인 감성운동과 한계 트레이닝에 이어 변화의 시야가 24년 동안 꾸준하고 묵묵하게 쇠질하며 흘려온 굵직한 땀방울들의 결정체인 것이다.

그래서 당신은 어떠한가? 당신의 운동 목적은 무엇인가? 운동을 통해 이루려 하는 것이 무엇인가? 멋진 몸인가? 강인한 정신인가? 강력한 체력인가? 그렇다면 그걸 이루려는 노력은 어떻게 하고 있나? 그냥 헬스장에서 남들 하는 만큼 대충 한 시간 정도 하다가, 거칠게 괴성을 지르고 땀 흘리고 운동하는 사람들의 눈치나 보다가 그대로 짐을 싸서 나가는가? 아니면 그들과 같이 자신의 한계에 도전하고 자신의 운동에 집중하며 아드레날린을 마구 뽑아내 본 적이 있는가?

 당신의 목적이 무엇이든, 분명한 것은 헬스장은 목적을 이루기 위해 땀을 흘리는 당신과 게으른 본성으로 나태와 포기를 종용하는 당신의 싸움이 벌어지는 매우 야생적인 장소이다. 그 장소에서 당신은 오롯이 스스로와 마주하고 싸워서 이겨내야만 한다. 이때 주변에 있는 다른 존재가 당신의 싸움에 방해요소가 되면 안 된다. 그렇기에 이곳에 필연적으로 존재하는 남들의 시선과 주변의 눈치를 상관 않고 스스로에게 집중하는 방법을 생각해내야 한다. 그래야 비로소 진정한 나와의 승부가 시작되고, 당신의 궁극적인 목표를 달성할 수 있다.

 자, 이제 어떠한가? 만약 당신만의 필살기를 만들어내지 못했다면 변화의 시야를 한번 시도해보시라. 단, 삼박자가 어우러져야만 완벽한 힘을 낼 수 있다. 바로 감성운동과 한계 트레이닝이 함께해야 한다는 뜻이다. 거울 속 나에게 오롯이 집중하기에 감성운동이고, 한계 시점을 넘어갔을 때 얼굴이 일그러지고 시야가 좁게 집중되기에 한계 트레이닝이다. 처음엔 다소 어렵지만 이를 꾸준히 연습하고 자기 것으로 만들어낼 수 있다면, 당신의 몸과 정신은 폭발적으로 성장하고 이어 미친 자신감과 자존감의 사이클이 쉴 새 없이 돌아가는 경험을 할 수 있을 것이다. 어떤가, 충분히 시도해볼 만하지 않은가? 어쨌든 할지 말지에 대한 선택은 당신의 몫이다.

〈3장〉 미국에서 나의 모습 발견하기